光の注がれた場所

フィリップ・ヤンシー自伝

フィリップ・ヤンシー［著］
山下章子［訳］

Where the Light Fell: A Memoir
Philip Yancey

いのちのことば社

Where the Light Fell: A Memoir

Philip Yancey

ジャネットへ――言うまでもなく

日本の読者の皆さんへ

日本、そして日本の読者の皆さんとは、とても親密なつながりを感じています。私の作品の多くが日本語に訳されてきましたし、皆さんの住む美しい国を私は今までに五回訪れました。

『光の注がれた場所――フィリップ・ヤンシー自伝』は他の作品と趣を異にしています。私は通常、何らかの考えに突き動かされて本を書きますが、本書の執筆を突き動かしたのは自分自身の物語でした。私の幼少年期、家族、教会、そして心の内がどのようであったか打ち明けています。

私の人生のある局面は日本の皆さんにとって重ね合わせることが難しいかもしれません。それでも私が公民権運動の黎明期にアメリカ南部で育ち、カルト的とも言えるほど極端な教会で礼拝をしていたのは動かしようのない事実です。私の背景は皆さんのそれと異なるかもしれませんが、だれでも家族や教会について未解決の問題を抱えているものです。私の話を読んで、皆さんがご自身の物語を思い起こし、それぞれの自己理解につながればと思います。

本書を読むと、私が人生でどんな難題に直面してきたかがわかるでしょう。けれども私はそんな自分の物語を恵みのレンズを通して見ながら書きました。神は私のすべての経験を用いて、今ある私という人間をつくりあげてくださいました。振り返ってみると、それがわかるのです。かつてどれほど曲がりくねって見えた道も、実はまっすぐの道であったのだ、ということが。

本書は「処女作以前の過去を描いた続編」と言えるかもしれません。私は自分を語ることによって自分を理解しようとしました。ペンを置く段になって、自著の多くが苦しみと恵みをテーマにしている理由がわかりました。私は苦しみも恵みも深く味わってきましたが、そのうえで、恵みが打ち勝つと確信をもって言えるからなのです。

フィリップ・ヤンシー

太陽光線をさかのぼって行くことにより、私は太陽に到達した。
――レフ・トルストイ。タチヤーナ・トルスタヤ『トルストイ――娘のみた文豪の生と死』
〈木村浩・関谷苑子訳、ＴＢＳブリタニカ、一三三頁〉より

目次

＊本文中の〔　〕は訳注あるいは訳者による補いです。

Ⅰ　家族の陰謀

自分の中にある物語を、語らぬまま抱いているほど苦しいことはない。
——ゾラ・ニール・ハーストン『ハーストン自伝 路上の砂塵*』

1 秘密

父の死の真相を知ったのは大学生のときだ。

一九六八年の初め、後に妻となる恋人のジャネットが初めて私の故郷アトランタに来ていた。母と三人で祖父母の家に寄って、軽い食事をとり、その後は居間でくつろぐことにした。祖父母はお揃いのリクライニング・チェアに腰を落ち着け、ジャネットと私はその向かい側で布張りの長椅子に座った。背後のテレビから退屈きわまりない「ローレンス・ウェルク・ショー」の音が流れていた。八十歳の祖父はこの番組をつけっ放しにして、いびきをかき、いつも絶妙のタイミングで目を覚まして「最高の番組だ！」と言うのだった。しかし、その夜はだれもが目を見開いてジャネットに注目していた。「フィリップが女の子を連れて来るなんて初めてじゃないか。こりゃ本気だな。」

会話はぎこちなく進んでいたが、ジャネットがこう切り出すと、流れが変わった。「ヤンシー家のお話を聞かせてください。フィリップのお父様にお会いできないのはとても残念です。」ジャネットが興味を示したことに祖母はすっかり気をよくして、クロゼットの中をかき回すとアルバムや家族のスクラップブックを出してきた。ジャネットはページをめくるたびに、目の前に現れる一人ひとりの顔や名前を覚えようとした。この先祖は南北戦争で南軍のために戦った。あの遠いいとこはクロゴケグモに嚙まれて死んだ。そのいとこの父親はスペイン風邪で命を落とした。

突然、折りたたんだ新聞の切り抜き記事がアルバムからはらりと床に落ちた。古い『アトランタ・コンスティテューション』紙の黄ばんだ記事だった。屈んで拾おうとしたとき、見たことのなかった一枚の写真に目が留まった。

病院のベッドに寝ている男性。気の毒なほど衰弱し、頭を枕にもたせかけている。その傍らで一人の女性が微笑みながら、身体を前に傾けて男性の口にスプーンを運んでいる。今よりやせていた若かったころの母だとすぐにわかった。変わらぬ高い鼻、豊かな黒い巻き毛、うっすら見え、その後くっきり刻まれた眉間の皺。

写真の下の説明文を見て凍りついた。「ポリオの犠牲者とその妻、『鉄の肺』を拒否。」記事を顔に近づけて、家族の話し声をシャットアウトした。読み進むにつれて記事の印字が大きく浮かび上がって見えた。

二か月前にポリオに罹患した二十三歳のバプテストの宣教師は、次の言葉を残して入院先のグレイディー病院の「鉄の肺」から出た。「主は私がここから出ることをお望みだと思います。」ヘイプビルのプールクリーク通り四三六番地に住むマーシャル・ヤンシー牧師は、ジョージア州からカリフォルニア州までの各地で五、〇〇〇人近くが回復を祈っているので、「すぐに」癒やされることを確信していると言う。
医療者たちの助言に抗《あらが》い、ヤンシー牧師は退院届に署名した。

「医療者たちの助言に抗い」という文言に身体がぞくっとした。まるで背骨に氷水をかけられたようだった。異変を察したジャネットが訝《いぶか》しげな目を向けてきた。左の眉が前髪に触れるほど吊り上がっている。ジャネットにも読めるよう、その手に記事を滑り込ませた。

新聞記者は、人工呼吸器から出れば「重篤な状態に陥りかねない」と警告するグレイディー記念病院の医師の言葉を引用した後に、この患者は「確実に良くなっている」し、治療を続ければ六週間後には歩けるようになるかもしれないというカイロプラクティックセンターの整体師の言葉も載せていた。

そして記事は母に言及する。

ヤンシー牧師夫人——青い目をしたうら若き女性——は、夫がグレイディー病院を退院した理由を次のように語った。

「私たちはあの鉄の肺から出るべきだと思いました。信仰による癒やしを信じる多くの人が夫のために祈ってくれています。お医者様たちのことは信頼しています。でも神様が祈りに応えてくださって、夫は癒やされると信じているのです。」

新聞の日付を見ると一九五〇年十二月六日だった。父の死の九日前だ。顔がほてった。ジャネットも読み終えていた。「なぜ、このことを話してくれなかったの？」その目が問うていた。私は驚きを仕草で表した。「僕だって知らなかったんだ！」

父が亡くなったときの話は何十回、何百回と聞かされてきた。残酷な病が働き盛りの若く有能な牧師をどんなふうに襲ったか。そして、この悲劇から何らかの意味をつかみ取るという高貴な仕事を、一文無しの未亡人に残して逝ってしまったことを。私は母のその誓いに支配され、拘束もされながら成長した。「兄と私に父の生涯の衣鉢を継がせて、あの悲劇を贖います。」母はそういう誓いを立てたのだ。

しかし何が父を死に追いやったか、その裏話を聞いたことはなかった。新聞の切り抜きをスクラップブックに戻そうとすると、隣のページに母の故郷の新聞、『フィラデルフィア・バルティン』紙に掲載された同様の記事も見えた。まったくの偶然によって、私は自分の知らなかったこの男性を発見していた。今に至るまで聖なる巨人として圧倒的な存在だった男は、聖なる愚か者とも言えたのだ。神の癒やしを確信し、それにすべてを――仕事、妻、息子二人、自分の生涯を――賭け、敗北したのである。

父親の裸体を目の当たりにしたノアの息子の一人になったようだった。父を高め、何千人もの支持者を獲得した信仰は、父を殺しもしたのだった。

その夜ベッドに横になると、子どものころの様々な思い出やエピソードが走馬灯のように思い出されたが、それらは今や異なる光の中にあった。夫の墓に寄りかかり、二人の息子を神に献げてむせび泣く若き未亡人。その未亡人であった母は、息子たちが痙攣《けいれん》を起こして床の上でのたうち回っていたとき、助けを求める前にまずこう祈った。「主よ、この子たちが父親に代わってアフリカ宣教の奉仕をすることをお望みでないなら、どうぞ今、この二人の命をお取りください……。」兄と私が定められた運命から逸れているように見えると、母は怒りを爆発させた。

　新たな恐ろしい気づきに打たれた。兄も私も、信仰の決定的な誤りを補うための存在だったのだ。母が親という仕事にあれほど変わった考え方をしているのも、息子たちを自由にさせまいとあれほど猛烈に抵抗したのも当然だ。父の死を正当化できるのは兄と私だけだったのだから。

　あの記事を偶然見つけた後、母と何度も話をした。「お父さんにすれば、生きていないも同然だったのよ。麻痺した身体のままあの機械の中で過ごすなんて。大の男が鼻に止まったハエを叩くことすらできなかった。お父さんはグレイディー病院から出たくてたまらなかった。あそこに連れ戻すようなことはだれにもさせないでくれって言ってたのよ。」母の論法にはしっかり筋が通っていたが、私は納得できなかった。

　抗議して言った。「それはわかるよ。でも、なぜ信仰による癒やしの話を一度もしてくれなかったの？　父親の死のいちばん大切な事実を、たまたまスクラップブックの中で知ったんだよ。母さんは記者を部屋に招き入れた。カメラマンもね。彼らには真実を話したのに、兄さんと僕には話してくれなかった！」

　いったん明らかになると、父の死の謎は新たな抗しがたい力を獲得していた。私はいろいろな人を訪ねて聞いた。家族でつき合いのある友人が打ち明けてくれた。「多くの人が二人の決断には失望した。君のお父さんを設備の整った病院からカイロプラクティックセンターに転院させるなんて。」

まるで、だれかが私たち家族の神話という万華鏡をくるりと回し、散らばったガラスの破片がまったく新しい模様を形作ったかのようだった。背教者となった兄にもその事実を知らせた。兄はアトランタのヒッピー対抗文化に入って、母の怒りをかっていた。母さんは夫の「コンセントを引き抜いて」俺たちから父を奪ったんだ。兄はすぐさまそう結論づけた。この小さな家族の中に、決して埋めることのできない裂け目ができた。

どう考えればよいのだろう。今まで誤ったやり方で導かれてきたことだけはわかった。秘密は暴かれた。この秘密を調べ、いつかできるかぎり正しく書き残そう。私はそう決心した。

＊邦訳、『ハーストン自伝　路上の砂塵』常田景子訳、新宿書房、二一三頁

実践的な愛というのは空想的な愛とくらべて、
なにぶんにもじつに残酷で恐ろしいものだからですよ。
――フョードル・ドストエフスキー『カラマーゾフの兄弟』*

2 賭け

二十世紀半ばに生きた人でなければ、かつてポリオがどれほどの脅威をふるったか想像もできないだろう。ポリオはHIVウィルスや新型コロナウィルスのようなパンデミックと変わらないほどの恐怖を引き起こしたのである。どのように広がるのか、だれも知らなかった。空気感染なのか、水を介してうつるのか。腐った食べ物なのか。紙幣なのか。予防のため全米のプールが閉鎖された。猫が菌を媒介するかもしれないとの噂が流れると、七二、〇〇〇匹の猫がニューヨーカーたちの手で殺処分された。

ポリオに罹《かか》るのがほとんど子どもであったことが、さらに恐怖を煽った。親たちはこれほど恐ろしい病気はないと言って、疲れるほど遊ばないように、公衆電話を使わないように、身体が汚れないように、危険な人々の中に入らないようにと、子どもたちに注意した。「鉄の肺の中で一生過ごしたいの？」新聞は毎日死者数を記録し、巨大なソーセージの端から小さな頭が出ているような呼吸器がずらりと並ぶ写真を掲載した。

犠牲者のすべてが子どもというわけではなかった。世界で最も有名なポリオ患者であったフランクリン・ルーズベルト大統領は、三十九歳でこの病気に罹った。

私の父は二十三歳という若さでポリオを発症した。最初の症状はインフルエンザに似ていた。喉の痛み、頭痛、軽い吐き気、全身の筋力の低下。だが一九五〇年十月七日の朝、目覚めると両足が麻痺していたのである。動くことができず、ベッドから出ることすらできず、父は最悪の事態が生じたのではないかと恐れた。

救急車が到着したとき、母は隣人に三歳のマーシャル・ジュニアを窓に近づけさせないでとお願いした。ところがその人は、あまりに激しく泣く兄をあわれに思って、父が運ばれて行く様子を見せてしまった。兄はその後何週間も、父が動かない身体でなすすべもなく家から運び出される悪夢にうなされ続けた。

救急車は猛スピードでジョージア・バプテスト病院に向かった。医師たちはすばやく検査をすると、診察着だけ着ている父をいきなり車椅子に乗せて外に出し、母に言った。「ポリオです。グレイディー病院に移送しましょう。この辺りでポリオを治療する設備があるのはあの病院だけです。」

母はその週のうちに、「あなたがた宣教師夫妻を支援します」と言った故郷フィラデルフィアの教会やその他の信徒たちに緊急の手紙を送った。メッセージは単刀直入だった。「どうぞ祈ってくださ い！」

アトランタの中心部に立つグレイディー記念病院は、まとまりなく広がる歴史的建造物で、どんな患者も受け入れる慈善病院だった。一九五〇年代、この病院は地域の人々から「グレイディーズ」と呼ばれていた。大方の南部の病院と同様、グレイディーでも人種隔離が行われていた。施設は白人用と「有色人種」用に分かれ、地下トンネルでつながっていた。人種に関わらず、自分の番号が呼ばれるまで何時間も座って待たされることがあったので、患者たちは、「グレイディーはどんな人種にも同じ治療をする。同じようにひどい治療をね」と冗談を飛ばしていた。だがポリオに罹った場合は違っていた。ヘルパーたちは即座に父を廊下の先の隔離病棟へ運び去った。

当時私たちが住んでいたのは、ブレア・ビレッジという第二次世界大戦の帰還兵用公営住宅だった。兵舎のようなコンクリートブロックのアパートが数棟、袋小路をはさんで馬蹄形に並んでいた。父が病を得ると、わが家のドアに保健師が検疫隔離期間と書いた紙を貼り、家族以外の人間はいっとき立ち入り禁止になった。

それから二か月、母は毎日同じ仕事を繰り返した。子どもたちに朝食を食べさせ、おむつとおもちゃをカバンに詰め、その日の子守りをしてくれる隣人に預ける。まだ車の運転ができなかったので、公共バスに揺られながら何十もの停留所を通過して町に出る。バスは労働者であふれていたが、白人の乗客は母だけのことも多かった。母は前方に設けられた白人専用の座席にひとりで座った。グレイディーでは暗くなるまで夫に寄り添い、またバスで家路についた。

看護師たちは、成人のポリオ患者で身体が麻痺するのは七十五人中一人だけだと母に言った。父がその不幸な一人だった。麻痺が横隔膜まで及んでいたため、グレイディーは恐怖の対象だった鉄の肺に父を移した。

　からし色に塗られた円筒形の大きな鉄の装置が父の身体を包み込み、突き出た頭はクッションを置いたテーブルに載せられた。空気が漏れないよう、ゴムの襟が首をぴったり覆っていた。この機械は、空気を送り込んではそれを吸い出して真空を作る。そうやって、もはや機能しない父の両肺に代わって拡張と収縮を繰り返すのだった。機械の音がうるさくて眠れないと父は文句を言った。鉄の肺はシュユーッというリズミカルな音と、擦り切れたワイパーが車のフロントガラスを擦るような金属音を立てた。

　病室にテレビのある病院は当時ほとんどなく、本のページをめくることもできない父は、一日中仰向けになってじっと寝ていた。天井を見つめ、吸音タイルの穴の模様を眺めて過ごした。目を転じると、入り口が映る角度に固定された鏡があり、ドアの小窓の向こうを通り過ぎる人々の顔が見えた。

　父には近づいて来る人がみな巨人のようにそびえ立って見えた。鉄の肺の脇には丸窓が並び、病院スタッフが手袋をはめた手をそれらの孔から出し、針を挿入したり便器を取り替えたりした。スタッフは鉄の肺から唯一外に出ている父の頭を、機械の中の身体とは別物のように扱った。

　トイレに行ったり、眠ったり、食事をしたり。こうした基本的な機能のコントロールが父にはできなくなった。人工肺が父に代わって呼吸をするので、息をするときすら選べなかった。世界は縮んだ。五年前の父は戦艦に乗って帰郷を果たそうとしていた。これから送る長い人生が待っていた。しかし今や鉄の肺に行動範囲を決定されていた。鉄の肺は身動きできないカニを包む窮屈な殻のようで、いわば外骨格だった。

グレイディーは訪問者に厳しい規則を設けていた。別の病院の看護師だったドリス伯母がナース服を着て訪れると、看護師長は伯母がポリオの専門教育を受けているはずはないと思い、こう言った。

「ドリスさんだって、彼がどれほど悲惨な状態にあるか、見たくもないでしょう。」

父の母、つまり私の祖母のヤンシーは、何度かマスクを着けて窓の向こうから手を振った。父の父も、一度だけ私と兄を連れて見舞いに行った。たくましい鍛冶屋の祖父は、息子たちの顔が父に見えるよう、兄と私を両肩に乗せて窓の向こうで持ち上げた。機械に固定された鏡に、反転した息子たちの姿が映るように。

医療行為でなく父に触れる危険を冒した唯一の勇敢な見舞い客が私の母だった。父にとって母は心の命綱だった。母は父に本を読み聞かせ、静かに賛美歌を歌い、より良い治療をしてくれと看護師やヘルパーたちにしつこくせがんだ。そして父の励ましになることなら、どんなにささやかなことでも行った。母自身の世界が足もとから崩れようとしていたときにも。

母は内心の恐怖を父に悟られまいと努めていたが、日記には正直な思いを綴っていた。「とてもつらい。正気でいられない。あの人がこんなに苦しまなければならないなら、みもとにお連れください、と神様にお願いした。」

自宅とグレイディーを往復する一時間と、鉄の肺に入った夫が午睡をするとき、父と知り合ってからの目まぐるしい五年間を母はたっぷり振り返った。

父と母は一九四五年四月に出会っている。バージニア州ノーフォーク海軍基地の水兵たちが週末休暇を利用してフィラデルフィア観光に訪れていた。父は日曜日の朝を教会で過ごしたが、その教会に「軍人をお昼に招いてください」という牧師の呼びかけに応じた中年夫婦がいた。昼食に招かれたその家で、父はミルドレッド・ディエムと出会ったのである。母はその夫婦のもとで病後の身体を休めていた。

アトランタ出身の冒険好きな水兵は、臆病で世間知らずな三歳年上のミリーと激しい恋に落ちた。異性とつき合ったことのなかったミリーは、彼の南部訛りと紳士的な態度に魅せられた。控えめな自分の性格と反対のおおらかな精神にも惹かれた。

互いの育ちを語り合いながら、ミリーはこのマーシャル・ヤンシーという若者に野性的な気質があるのを見て取った。マーシャルはちょっとしたギャンブラー、危険を冒す若者だった。十四歳のとき、いきなり家を飛び出した。母親は病気になるほど心配したが、四日後にミズーリ州セントルイスからコレクトコールがかかる。「すごい動物園があるって聞いたから見に来たんだ。」

息子が突然見せた独立心を誇らしく思った父親は、帰りの電車賃を電報為替で送って、こう自慢した。「あいつは自分の頭で考えて動く!」

次にマーシャルが聞きつけたのは、優秀な高校生が哲学の科目を取れるというシカゴ大学の秀才プログラムだった。十六歳になっていたマーシャルは、ある日家族と口論した後、再び家を飛び出した。シカゴまでヒッチハイクをし、大学にかけ合って秀才プログラムへの参加を許される。数か月大いに学んだが、連鎖球菌性咽頭炎にかかって体力が低下すると、頼りない声でまた親に電話をかけて家に帰る手筈《てはず》を頼んだ。父親は微笑んで言った。「息子には度胸がある。何にでも挑戦するやつだ。」

シカゴで上級課程のクラスをいくつか受けたマーシャルは、アトランタの学校に戻る気をなくしていた。第二次世界大戦はヨーロッパで終結に向かっていたが、太平洋の前線ではまだ激闘が続いていた。当時のアメリカの少年がみなそうであったように、父にも祖国のために力を尽くしたいという思いがあった。十七歳になると、親の許可を得て未成年で徴兵に応じた。父親は助言した。「海軍を選べ。陸軍の蛸壺《たこつぼ》と違って毎晩ベッドで眠れるぞ。」

シカゴ北部の五大湖の海軍基地で基礎訓練を三週間経験すると、マーシャルは再びアトランタに電話をかけた。「パパ、僕は間違えた。お願いだから、ここから連れ出して！　ひどいところなんだ。鼻炎になっているし、北部なんて大嫌いだ。それに教官たちは暴君だ。」父親はマーシャルの願いをかなえるべく下院議員に接触したが、戦時中の除隊は容易でなかった。父は人生で初めて行き詰まった。

その年は早くに雪が降り、ミシガン湖に氷の塊がいくつも漂った。クリスマスが来たが、父にとってこれほど孤独なクリスマスはなかった。ある日、凍えそうな寒さの中、海岸線を歩きながら霧の峰が押し寄せてくるのを見つめていると、未来全体も霧に覆われている気がした。高校の卒業証書すらなく、じきに船で出征し、戻って来られる保証もなかったのだ。

友人の勧めで車に便乗してシカゴの街中に出ると、いつか人気番組「アンシャックルド」で見たパシフィック・ガーデン・ミッションを訪れた。「ラジオドラマ史上最高位の長寿番組」であり、伝道者ドワイト・L・ムーディーの創ったホームレス・シェルターで路上生活者や依存症患者が回心する話が語られた。どれも同じ筋書きで、オルガン曲と音響効果はわざとらしかった。けれどもその番組はあの「新しい人生の秘訣」を約束していた。

軍服を着ていれば、シカゴで最も危険なスラム地区を歩いていても、かなり安全な気がした。それでも、暖房の鉄格子の上に寝て身体を温めている人々をよけて通らなければならないこともあった。驚いたことに、ミッションで声をかけてきたボランティア・ホストは、マーシャルが大好きな哲学者たちの著作を読んでいた。「彼らは良い疑問を多く提示していますが、罪悪感の取り除き方を教える哲学者はまだ見つかりません。それができるのは神だけです。神があなたの後ろにいるのがわかりますよ、マーシャル。」ボランティアは言った。二人で長く話をした後、他に拠りどころのなかった父は、一九四四年も押し迫ったその日に「クリスチャンになります」と祈った。

それから数か月、特にミリーと出会ってから、マーシャルは空き時間を聖書研究にささげてこの「新しい人生」を理解しようとした。そして航空機修理艦USSクロリスに乗艦して、六月に出征した。センセーショナルなニュースが届いたのはハワイ航路上だった。アメリカが日本に二つの原子爆弾を落として無条件降伏させたという。戦争は終わった。

* * *

国に戻ると、ミリーにプロポーズできる除隊の日を待ちながらノーフォークの海軍基地で過ごした。二人の間を手紙が行き交い、週末休暇は必ずフィラデルフィアを訪れた。

この恋には障害物が一つ立ちはだかっていた。ミルドレッドはアフリカ宣教をして仕えますと神に約束していたのである。ヘビ、ライオン、熱帯病と政治的不安のあるあの大陸は、当時のクリスチャンにとって真の試金石であり、それだからこそ母の理想主義に訴えた。母は他の人々が「暗黒大陸」の話をするのを聞くと、神は自分をそこに召しておられると強く感じた。結婚するからといって、その決心が揺らぐことはなかった。

ニュージャージーのケズィック湖畔のベンチに二人で座っていた夏の日に、マーシャルが何気なく尋ねた。「僕も君の夫として一緒にアフリカに行けないか、考えてくれる?」母は二、三日待たせてから父に返事をしたが、迷いはなかった。出会ってわずか五か月後の九月、二人はミリーの母教会で結婚した。マラナタ・タバナクル教会は多くの海外宣教に財政支援をしていた。若い夫婦はこの教会の助けを得て、これからも支援が見込めそうな人々のメーリングリストの作成に没頭した。

私の両親はそれから三年間をフィラデルフィアで過ごして、大学に入った。父は学位を得たが、最初の結婚記念日直後にマーシャル・ジュニアが生まれたため、母は学業を中断せざるをえなかった。父はインディアナの神学校で勉強を続けることにした。そして一九二七年、T型フォードを二五ドルで購入した。座席が一つしかない車だったので、捨てられていたダイニングルームの椅子を見つけると、その脚を短く切って床にボルトで留めた。ミルドレッドはひざに八か月の赤ん坊(私の兄)を抱いて、インディアナまで堂々、車上の人となった。

ところが残念ながら、この計画は頓挫してしまった。マーシャル・ジュニアが深刻なアレルギーを発症して、「自分の赤ん坊だったら、すべてを捨ててアリゾナに引っ越すでしょう」と医者に言われたのである。それで二人は西部を目指した。母は、ダイニングルームの椅子の上で跳ねながら咳き込んで唾を飛ばす赤ん坊の世話をした。

父が望んだ教会の仕事は一つも実現せず、アリゾナで失望の数か月を過ごした。二人はあきらめ、アトランタまでの長い道のりを走った。冒険は再び父を痛めつけた。父は、アトランタの中心部に位置する「有色人種の学校」カーバー聖書学院でしばらく教鞭をとった。聖書学院から俸給は出なかったが、住居が提供された。そこは二台の軍隊用簡易ベッドが置かれた二階の教室で、廊下の先に共用のバスルームがあった。一九四九年十一月に私が生まれると、母はもっと良い住まいを探しましょうと提案した。

年が明けて、ようやく明るい見通しがついた。父が非行少年の家で働く仕事を見つけたのである。程よい給料を得て、ブレア・ビレッジの戦争帰還兵用住宅に住む資格も手にした。二人は宣教の現場に行くという、次の大きな引っ越しを計画できるようになった。この間、母は、若い宣教師たちに財政支援をしてくれそうな人々に「祈りの手紙」を忠実に書き続けていた。リストは何千人にも膨らんだ。アフリカで奉仕するという二人の夢が実現しようとしていた。

ところが父がポリオを発症したのである。鉄の肺で二か月過ごし、信仰の大ジャンプをして死に向かうカウントダウンがはじまった。

ポリオ病棟で眠れない夜、父は病人として送る人生を思い描こうとした。ますます自分が妻に苦労をかけるばかりの人間に思えてきた。妻にはすでに世話の必要な二人の幼子がいる。「僕と結婚したことを後悔しているだろうね。」父はある昼下がり、母に言った。「貧乏くじをひいたんだ。」

母は言い返した。「いいえ！『富めるときも貧しきときも、健やかなるときも病めるときも』と私は本気で誓ったのよ。」 その夜、母はひとりでさらに熱意を込めて祈った。「神様、私から彼を取り去らないでください！」

ウォームスプリングスだったら最新の治療が受けられると医者から聞いたとき、二人に微かな希望の光が見えた。「ルーズベルト大統領が資金を提供したアトランタ南部の治療センターです。でも入院するのはとても難しいのです。」 医師は言った。

ウォームスプリングスに入院する資格を得るのは宝くじに当たるようなものだった。グレイディーの看護師たちに気に入られたのは若い十代のハンサムな青年だった。看護師たちは若者の髪を整え、彼を甘やかし、ちょっかいを出した。ポリオというくじに当たったように思った若者だったが、ウォームスプリングスに行く途中、救急車の中で息を引き取った。

ある朝早くグレイディーの看護助手が、家にいた母に電話をよこした。「奥様、こんな電話をしたら首になるかもしれませんが、ご主人は説教者だとうかがっています。そして助けになりたいのです。ご主人は昨夜、死にかけました。心臓が動かなくなり、注射を打って蘇生させなければなりませんでした。そして息を吹き返したとき最初におっしゃったのは、『どうして私を生き返らせたのですか』でした。」

母は必死になって、あきらめないで、と夫に懇願した。「あなたのために祈っているあの大勢の人のことを考えて。」 すべてを奇跡に賭けようと二人は決断した。たった一つのチャンスだった。自分たちは、癒やす力をもつ神を信じていたのではなかったか。神の手に信仰をゆだねればいいではないか。人生を主への奉仕にささげた男を神が「取られる」ことなどあるだろうか。

新たに力を得た父は二つの大きな目標を定めた。鉄の肺から出ること、そしてグレイディーを退院することだ。父は神の癒やしを信じていたが、できることはしたいと思い、毎日数分だけ大嫌いな装置の外に出してくれと医師に迫った。「そうしなければ、どうやって強くなれますか。」

最初の数日間、衰えた肺が機能を取り戻そうと奮闘し、父はぜいぜいと息を切らしていた。すぐに助けを呼びに駆け出せるよう、母がそばについていた。日に日に自分の力で呼吸する時間が伸びていった。十分、十五分、そして三十分。看護師たちが必ず呼び出し音に応えるとは限らなかったので、鉄の肺の外に出るたびに悲劇が起こる危険性があった。すぐに手当てをしてもらえなければ父は呼吸が止まるか、むせて死ぬかもしれなかった。

ポータブルの呼吸器の助けがあれば、数時間ほど外にいられるようになった。横になって動かぬままだったが、鉄の肺からどうにか八時間出ていられるようになって感謝祭を祝った。少しずつ段階を踏みながらだったが、奇跡は起きていた。

十二月二日、母は日記に分岐点を記している。「マーシャルをスタンフォード・カイロプラクティックセンターに移送した。『僕を愛しているならグレイディーから出してくれ』と懇願された。主が彼の最後の望みをかなえてくださったと信じている。」それは、賛同しない医師たちの面前でなされた、信仰の大いなるステップだった。「医師の助言に抗って患者は退院します。」そう書かれた用紙に署名することをグレイディーは二人に要求した。

救急車に乗せられてピーチツリー・ストリートを走って移送されているとき、父はほぼ二か月ぶりに太陽光を目にして新鮮な空気を吸った。すぐに弱さと不安を感じたが、自由と希望に満たされたような気もした。

母は夫の入院以来初めて一晩中一緒にいることを許された。父のベッド脇の椅子に座り、その夜、夫が死んでしまうのではないかと恐れた。けれども父はポリオ病棟の音やまぶしい光のないところで熟睡した。

父は二つの目標を達成していた。ついに鉄の肺からもグレイディーからも逃れたのだ。奇跡を起こされる神が二人の祈りに応えていた。

＊邦訳、『カラマーゾフの兄弟 1』亀山郁夫訳、光文社、一五二頁

新たな朝を迎えるたびに　新たな寡婦《やもめ》が嘆きの声をあげ、
新たな孤児《みなしご》が泣き、新たな悲しみが天の面《おもて》を打つのです。

――シェイクスピア『マクベス』*

3　死去

父がカイロプラクティックセンターに移ろうと考えていたとき、母はマーシャルと私の預け先を探していた。母の妹バイオレットがフィラデルフィアからアトランタに来て面倒を見ましょうと言った。理想的な解決策と思われたが、祖母ディエムは気に入らなかった。「絶対にだめ。ミルドレッドは、この家を出て、あの南部の説教者と結婚した人間だ。自業自得で苦しめばいい。」フィラデルフィアの祖母は気難しい女性だった。

十二歳で自身の父親を亡くした祖父のディエムは同情的だった。「この件は私に任せてくれ。あの子たちは飛行機でここに連れて来ればいい。航空会社の許可さえもらえれば、だがね。」五歳未満の子どもが保護者なしで飛行機に乗るには特別な許可が必要だったので、祖父は、ニューヨーク州ニューヨークのイースタン航空社長キャプテン・エドワード・V・リッケンバッカー氏宛てに搭乗許可を求める手紙を書いた。手紙は何とかリッケンバッカー氏のもとに届き、即座に許可が下りた。それをとだった。

知らせる手紙が届いたのは、父がグレイディーからカイロプラクティックセンターに移された日のことだった。

カイロプラクティックセンターに移った当日、それまで隔離されていた父は二か月ぶりに息子たちの顔を見て触れることができた。「フィリップ、何ができるようになったのか、パパに見せてあげなさい。」母が言うと、父は私が歩く姿を初めて見た。父にはもうできないことを私がしたのである。

それから父はマーシャルを枕もとに呼ぶと、「家でたくさんお手伝いをするんだよ」と言い聞かせた。ヤンシー家の祖父母と一緒に病室を後にするとき、母はマーシャルと私にさよならのキスをした。

祖父母はマーシャルと私を翌朝空港に連れて行くと、滑走路上のDC—3機のステップまで車で送ってくれた。マーシャル・ジュニアは硬いディナーロールの入った袋を手に搭乗した。ディナーロールを噛むのが大好きだったのだ。四時間のフライト中、素敵な制服を着た客室乗務員がたくさん相手をしてくれた。スイートポテトを食べさせようとしてくれたのに、マーシャルはディナーロール以外の食べ物を受けつけなかった。それから何年も経ってから、私は初めて飛行機に乗ったときのことを学校の友だちに自慢した。生後十三か月の自分が百万長者の服によだれを垂らしたんだよ、と。

フィラデルフィアの祖父母のもとで暮らした約二週間、マーシャルと私は母の二人の妹たちから猫可愛がりされた。運命の十二月十五日、家族全員がラジオの周りに集まって、ハリー・トルーマン大統領の演説に耳を傾けた。合衆国は朝鮮の戦場に向かっていた。その夜、大統領は非常事態宣言を発令し、ソ連邦と中国の共産主義者の脅威について語った。

トルーマン大統領のラジオ演説の途中で電話が鳴った。オペレーターが、めったに聞かない「長距離電話です」という言葉を使った。祖父は私を肩に乗せたまま、「料金を払います」と言った。そして黙って相手の話を聞くと、二言三言つぶやいた。周りに立っていた家族は、どんな知らせだろうと思った。電話を切った祖父の目は涙に濡れて光っていた。そして私の顔を見下ろすと言った。「フィリップ、私の孫よ、おまえはこれから苦しい人生を歩むのだ。」

カイロプラクティックセンターに移った父は希望に満ちあふれて見えた。もう鉄の肺のキイキイ、ギシギシいう音に煩わされることなく、ぐっすり眠ることができた。子どもたちはフィラデルフィアにいるので、母は父だけに注意を集中させることができた。父に吸引が必要なときは、母がブザーを押して看護助手を呼んだ。看護助手の対応はグレイディーのスタッフより格段に速かった。セラピストたちは蒸しウールで父の筋肉に湿布をし、関節が曲がりやすくなるよう手足を動かした。

「保証はできませんが、また歩けるようになるかもしれません。」ある医者が父に言った。アトランタやフィラデルフィアの記者たちは、若い宣教師の回復具合と癒やしの望みについて報じた。

しかし父の病状は一週間後に突然悪化する。呼吸するのが難儀になり、母は再び恐怖に襲われるようになった。十二月十三日、窓の外にクリスマスキャロルを歌う合唱隊の声が聞こえるなか、母は夫の前で初めて泣き崩れた。「あなたがいなくなったら、どうすればいいの。仕事も運転免許もなく、世話の必要な幼子が二人もいるのに。」そう言ってむせび泣いた。

父は、クリスマスまでにすべてが落ち着くだろうと言って母を慰めた。「信仰を持たなくてはいけないよ。僕のモットーを忘れないでくれ、ミリー。『神の御恵みは十分です』だよ。」

とはいえ、父にも悪い予感があった。「僕が死んだらどうする。息子たちをフィラデルフィアに連れて行くのか。」子どもたちの養育について、父は母の家族を信用していなかった。北部を信用していなかったとも言える。母は「いいえ」と答えた。両親の願いに反してフィラデルフィアを出た母は、実家に戻っても歓迎されないことがわかっていた。

「ヤンシー家で暮らすのか。」父はさらに尋ねた。宗教的信念が異なる自分の家族も、父は信頼していなかった。「いいえ、ひとりであの子たちを育てる方法を探すわ。」そう言って母は父を安心させた。「そうか、それはいい。」父は落ち着きを取り戻した。

十二月十五日金曜日の朝、剃刀を取り出して父の髭を剃ろうとした母に、父は「今日はやめてくれ」と言った。母はその返答に驚きながらも、父の願いを尊重した。数時間後に父の姉のドリスも病室に入り、昼には両親もやって来た。外は寒かったが、父はどの窓も開けてくれと言ってきかなかった。懸命に息をしようと汗でぐっしょり濡れた綿のパジャマを着て横たわっている父。そのベッドを取り囲んで座っている四人の見舞い客はみな冬用のコートを着込んでいた。

突然、父の身体から力が抜けて呼吸がゆっくりになった。昏睡状態に陥ったのだ。母が飛び上がって緊急ボタンを押すと、一分後にカイロプラクティックの医師が呼び出しに応えて姿を見せた。そして意識のない患者を一瞥すると言った。「残念ですが、グレイディー病院に連絡すべきだと思います。」

医師はグレイディー病院に緊急電話をかけると、アトランタに一つしかない可動式の人工呼吸装置を送り届けてほしいと言った。この装置も鉄の肺と同じ原理で動くが、野球のアンパイアが着けるプロテクターのように胴体に着けられるコンパクトな作りになっていた。

父の目は昏睡状態でも開いたままだった。緊張が部屋に満ちた。静寂を感じられた。やがてドリスが言った。「見えているとは思わないけど、聴覚は最後まで失われないのよ。話しかけ続けましょう。」　みな懸命に話しかけた。大げさで嘘っぽく感じるような会話であっても。開いた窓から救急車のサイレンが聞こえると、家族に希望があふれた。しかしその希望は、グレイディーの看護師たちが部屋に入って来るなり消え失せる。看護師たちの手に人工呼吸装置がなかったのだ。

「この状態の患者をグレイディーに移すことはできません。」　男性の一人が言った。彼らは父の脈をとり、検温し、それからなぜかうつ伏せにした。ポリオ患者の命取りになるような行為だった。父はもう一度息をした。最後の呼吸だった。

それからまもなく母はフィラデルフィアにあの長距離電話をかけたのである。

母の日記にもう一つ書かれていることがある。日付は十二月十五日。「マーシャルは突然、主のみもとに帰って行った。この病院で、二人で過ごした二週間は祝福された時間だった。持てる時間をすべて彼と一緒に過ごすことができた。なんて貴重な思い出だろう!!……息子たちも彼のような大人になりますように。」

日記はそこで終わっている。母は家庭生活を立て直すことに必死で、その後の出来事を記していない。そして、待ち受けていたものを知る由もなかっただろう。

飛行機に乗ってフィラデルフィアに行った記憶もなければ、車でアトランタに戻って葬儀に出た記憶もない。カイロプラクティックセンターの部屋や、グレイディー病院で祖父が抱き上げて見せてくれた黄色い機械のことも、鏡に反転して映った私の顔を見つめながら横になっていた弱々しい男性のことも覚えていない。

覚えているのは親戚から聞いた出来事、キリスト者として奉仕しようとする前途有望な仕事を断ち切った運命的な病気と勇敢に戦った父の話だけだ。十七年後に新聞記事を拾い上げたときに、起こらなかった奇跡の話を偶然知ったのである。秘密がすべからくそうであるように、その秘密にも隠されていた間に蓄えられた力があった。

私には父が生きていたことを証明するものがほとんどない。何枚かの白黒写真と、海軍の思い出に支給された勤務中の写真の入った小冊子。擦り切れた黒いカバーのかかった、父の書き込みがある聖書。かび臭い『シェイクスピア全集』と『ローマ帝国の衰亡』。大学時代に書いた二本のレポート。交際中の母に宛てた手紙の束。

そして樹木。父が自宅の前に苗木で植えたミモザの木で、葉はシダに似ていて樹皮はなめらかだ。祖父母の家に遊びに行くたびにこの木に登って、甘く香るピンクの花がいっぱい咲いている曲がった枝に腰かけ、父の人生に思いをめぐらした。やがてアリやスズメバチがやって来た。ミモザの木は今では祖父母の家より高くなっている。

ヤンシー側の親戚と一緒に父が住んでいた家は、父を思い出させる生きた証しだった。その家に着くと、マーシャルと二人でまっすぐ先にある校庭に向かって駆け出した。父が通った小学校だった。「おまえたちのパパは、いつもこのブランコや雲梯《うんてい》で遊んでいたんだよ。」祖父は必ずそう言った。

父の死後、祖父母はこんな言葉をかけて母を安心させた。「心配しなくていい。君たちの面倒は私たちが見る。」そのとおりにしてくれた。祖父は母にそっとお金を渡し、マーシャルと私には帰り際に一ドル硬貨をくれた。祖母は食事ごとに肉を二種類用意してくれたが、それは私たちの貧しさを思ってのことだったと後になって知った。

祖父母の家ではすべてが不思議で素晴らしかった。水とお湯とで蛇口が違う。レコードプレーヤーのアームが自動で大きく弧を描くと、次のLPレコードがパタッと音を立てて落ちてくる。共同加入線につなぐ必要のない私設電話。毎朝表玄関に取りに行く牛乳。しかもチョコレート牛乳だった。配達される牛乳瓶には結露がびっしりついていた。

バージニア通りの祖父母の家は避難所となった。家だったらお仕置きとして叩かれていたかもしれないバカ騒ぎも、祖父母の目には可愛い仕業に映った。遊びに行った祖父母の家から帰るのは、愛にあふれた温かいものから遠ざかることだった。

子どものころ、父がいなくて寂しい思いをすることはなかった。寂しく思うはずもなかった。父が亡くなったのは私がようやく一歳を迎えたときだったので、私は父を知らなかったからだ。きめの粗い二枚の写真が父の姿を偲ぶ、よすがとなった。一枚に写っているのは、濃紺のキャップを粋な角度にかぶって柵によりかかっている、さっそうとした細身の水兵だ。二枚目の写真はもう少しきちんとしたもので、細いメタルフレームの眼鏡をかけた、やや年上の学者っぽく見える父が写っている。襟もネクタイも幅広のダブルのスーツを着て、巻き毛が片側で分けられ、頭のてっぺんにこんもりした山を作っている。

「それがあなたたちのパパよ。」　まだその言葉がわからないうちから母は私にその二枚の写真を指さしてそう言った。母は父のことを「あなたたちのパパ」と言ったが、私は父を何とも呼ばなかった。しゃべれるようになったころには、父はこの世にいなかった。

マーシャル・ワッツ・ヤンシー・ジュニアと父の名前を受け継いだ兄は、父が亡くなったとき三歳だった。兄は三つの出来事を記憶している。一つ目は、兄が、わが家の車寄せに止まっていた大きな黒いポンティアックまで走って行くと、父が腕を伸ばしてグローブボックスから棒付きキャンディーを取り出したことだ。もう一つは、兄の目にはジョージアの赤粘土の巨大な丘に見えた山を父と一緒に登った記憶だ。父は片手でマーシャルの手を引き、もう一方の手で赤ん坊だった私を抱っこしていた。マーシャルは家に戻ると、こう自慢した。「僕は山登りをしたよ！　フィリップなんてまだ歩けないのに。」

三つ目は、兄に恐怖を与え続けた記憶だ。一緒に山登りをしたあの男性が、今では身体が麻痺して、空気を吸うために大変な努力をし、病院の枕の上で頭をゆっくり傾けると、苦しい呼吸の合間に一語か二語ずつ、言葉を絞り出す。「息子よ……お父さんが……ここにいる……あいだ……おまえが……家を守る……男だ。お母さんと……幼い……弟の……面倒を……見るのは……おまえしか……いない。」　マーシャルはうなずいて、三歳児として精いっぱいその重荷を厳粛に受けとめた。兄はすぐさま母に、フィリップのお仕置きはこれから僕がやると宣言した。

何年か後になって、私は生後数か月のときに撮られた自分の写真を偶然見つけた。どこにでもいる赤ん坊と変わらなかった。ふっくらした頬、生えそろっていない髪の毛、焦点の定まらないキラキラした目。まるで子犬がくわえていたようにしわくちゃでズタズタになっている写真だった。母がその理由を教えてくれた。「あなたたちのパパは鉄の肺に入っていたとき、私とあなたとマーシャルの写真を欲しがったの。三枚の写真を何本かのメタルの取っ手のあいだに押し込むほかなかった。だから三枚ともしわくちゃなのよ。」

突然、胸がきゅっと締めつけられた。生まれて初めて父と心の結びつきを感じた。実質的には見知らぬ人であった父が、私を心にかけてくれていたと思うのは奇妙だった。父はその生涯の数か月間、目覚めている時間は家族の写真、私の家族の写真を見つめて過ごしていた。父の視界にはそれしかなかった。

父と一緒の写真

父は私たちのために祈ってくれただろうか。もちろん、祈ってくれたのだ。父は私たちを愛していただろうか。愛してくれていたのだ。けれども、入室を禁じられている子どもたちにその愛を表すすべはなかった。

あのしわくちゃな写真のことを折に触れて考えてきた。私と父である見知らぬ人とを結びつける数少ない絆の一つである写真のことを。私に何の記憶もない、感覚的に何もわからないだれかが、毎日私のことを考えながら過ごしていた。自分のすべてを私にささげて

くれていた。ありったけの気持ちで私を愛してくれていた。そして大した痕跡を残すこともできぬまま
この世から消え去った。

私と父との関係は、はじまったところで終わりを迎えた。その時から、母が父の役割を担うようになった。

＊邦訳、『マクベス』松岡和子訳、筑摩書房、一三三頁

記憶とは、まず何かが起こり、それが完全には終わっていない段階で、後に残っているもののことである。
――エドワード・デボノ『頭脳のメカニズム』*

4 誓い

父がいないことを、むしろ父がいるように感じて育った。父は幽霊のような人物で、大事な時に母が呼び出す魔物のようだった。「お父さんが見ていますよ。お父さんはとても誇らしく思うでしょう。」学校では父親がいないところが他の子どもたちと違うので、私はそれを喜んでいた。いじめっ子たちは私に父がいないのをこれ幸いと、いっそう乱暴になることもあった。家に押しかけてその子たちの親に文句を言う保護者がいなかったからだ。

マーシャルや私に「君たちのパパはどうして死んじゃったの」と、無邪気に尋ねる子どももいた。ポリオで死んだと言うと、地位が上がった。狂犬病や自死ですら、一九五〇年代にはポリオほど劇的な効果をもたらさなかった。どの学校の壁にも国立小児麻痺財団マーチ・オブ・タイムズのポスターが貼られていた。両足に金属製の下肢器具を装着していたり、怪しげな機械の中に横たわっていたりする子どもが写っているポスターだ。「僕たちのお父さんもあの鉄の肺の中にいたんだよ」と言うと、

兄のマーシャルと

言葉に窮したように子どもたちは大きく目を見開いた。

マーシャルと私は教会で多くの人に注目された。「可哀そうな坊や。」　女性たちは私の頭の逆毛を軽くなでてあわれみ、「そのくしゃくしゃの巻き毛はお父さんにそっくり」と言った。女性たちの夫がいきなり私たちの指の爪に注目したり、自分のほつれた髭が洋服についていないか調べたりしはじめた。父が苦境に陥ったおかげで同情された私は顔を輝かせていた。

教会の人たちはこんなふうに慰めようとすることがあった。「お父さんは地上での働きを終えたから、神様が天国に連れて行ったんだよ。」　もっとひどいのは、「神様は君たち以上に、お父さんのことが必要だったに違いない」だった。兄はそうした言葉を聞くと、恥ずかしそうにうなだれた。二歳年上のマーシャルは、どうすれば悲しそうに見えるか、どうすれば慰めようとしている人たちからさらに優しい言葉をかけてもらえるかを知っていた。

聖書の教師として人気のあった母も慰めの対象だった。「ご主人のような方にお会いしたことがありません。何という悲劇でしょう。お二人なら、どれほど素晴らしい宣教師ご夫妻になっておられたことか。」　母はうなずいて、尊厳に満ち、傷ついた未亡人の表情を浮かべた。「神様がご主人をこんなに早く連れて行かれたのは、何か理由があるはずです。」　その言葉はいつまでも記憶に残った。その理由は「私たち」なのだ、と母は決めつけていた。マーシャルと私のせいなのだ、と。

マーシャルは、母が夕食のときにいきなり立ち上がってしばらく寝室にこもるとき、母を落ち着かせる方法を知っていた。あるとき兄は、母が食器用の布巾で両目を拭っているのを見て言った。「パパは僕たちよりちゃんと生きているよ。」母はその話を教会や電話で人々に話し、幼かったマーシャルは自分の知恵を得意に思って喜んだ。

私にとって唯一確かなことは、父が死んだということだった。マーシャルのように悲しんでいるふりはしなかったが、どうすればよいのかわからなかった。だれかが死ねば人々が泣くのはわかっていたし、どういうわけか父に起きたことが私たちの人生で最大の悲劇であったことも理解していた。だが、心の中では何も感じていなかった。父は思い出ですらなかった。ただの傷跡だった。

死が大ごとであることには気づいていた。母は、新聞の訃報欄という小さな記事に必ず目を通していた。そして家族で車に乗って出かけたときも、葬列が通り過ぎるときは他の車と一緒に車を脇に停めて哀悼の念を表した。死ねば、どんな名もない人も何者かになれるのだった。

母と何度か葬儀に出たことがある。南部ではたいてい棺の蓋を開けたままにする。亡くなった人は、身体が動かず目が閉じている以外は生きている人間とそっくりだった。死んだ人に触れたらどんな感じがするか知りたかったが、背が低すぎて触れなかった。棺の中に腕をしのばせてみようとするたびに、コートの袖に縫いつけられた金属ボタンが棺の脇を擦った。すばやく腕を引っ込めて、だれにもこの音が聞かれなかったようにと願った。

父は森の中に作られた田舎の古い墓地に眠っていた。礼拝が終わるとすぐ、そこに連れて行かれることが多かった。ジョージアの太陽がギラギラ照りつけた。マーシャルと私はネクタイを緩めて上着を脱ぎ捨てると、泥の水たまりの周りを用心しながら歩いた。二人で墓石の間を歩き回った。きれいな記念碑、天使の彫像や御影石に刻まれた詩、亡くなった赤ちゃんの墓標を示す石の子羊やケルビム。

南北戦争で命を落とした兵士が眠る墓もあった。貧しい人々の眠る墓所の一角には、十字架の形に釘で打ちつけた二枚の木の板があるだけで、ほかに何の印もなかった。埋葬されている人の写真が鋲で留められている十字架もあった。写真はビニールで覆われていたが、露を吸いに来たアリたちがその中を這い回っていた。

兄と私がほっつき歩いている間、母は、崩れたセメントの縁石の内側にあるヤンシー家の墓地の脇に佇んでいた。父の墓石は海軍から提供されたごく簡素なもので、地面と同じ高さで生年と没年の日付を記しただけのものだった。母はそこに眠るヤンシー一族の話もしたがったが、私たちはそんな話を聞くよりヘビをつかまえたかった。

成長するにつれて墓地はできるだけ行きたくない場所になった。無礼な人たちが柵越しにゴミや擦り切れたタイヤや古下着を投げ入れるので、それを片づけなさいと母に言われた。休もうとすると、もう聞き飽きているのに、私たちが知りもしない親戚の昔話がはじまった。

けれどもそんななか一度だけ違うことがあった。はっきりとは覚えていないが、九歳か十歳だったと思う。その場面は現在の出来事と同じくらい鮮明に覚えている。

いつものように家族三人で墓地に行って、家に戻ると、掃除をした。食事の時間でもないのに、母はなぜか私たちを台所の樹脂テーブルの周りに座らせた。マーシャルと私は何か悪いことをしたかなと思って顔を見合わせた。母の左手にはコーヒーの入った白いマグカップがあった。スプーンの柄がカップから突き出ていた。母はコーヒーをかき混ぜたのに飲まなかった。いつになく真剣な様子で、瞼を押さえて何度か涙を飲み込んでから口を開いた。

母は最初にサムエル記第一のハンナの話に触れた。すでに日曜学校で習った話だった。ハンナは何より赤ちゃんが欲しかった。神殿に行って、あまりにも長く熱心に祈っていたので、祭司はハンナが酔っているのかと思った。

そのくだりを母は英欽定訳聖書で読んだ。「エリは彼女に言った。『いつまで酔っているのか。酔いをさましなさい。』ハンナは答えた。『いいえ、祭司様。私は心に悩みのある女です。ぶどう酒もお酒も飲んではおりません。私は主の前に心を注ぎ出していたのです』〔Ⅰサムエル一・一四―一五、新改訳2017〕」。

マーシャルと私は横目で合図を交わした。母の声の調子から、今は飲酒についてくすくす笑ったりしてはいけないことがわかった。

母は言葉を続けた。「ハンナは不妊の女だった。赤ちゃんを産めない身体だったってことよ。でも、神様はハンナの祈りを聞かれた。『この子のことを、私は祈ったのです。主は私がお願いしたとおり、私の願いをかなえてくださいました。それで私もまた、この子を主におゆだねいたします。この子は一生涯、主にゆだねられたものです。』

神様はハンナの祈りに答えて赤ちゃんをお授けになり、ハンナはその子をサムエルと名づけた。それでサムエルが乳離れするとすぐにその子を神殿に連れて行って神様にお献げしたの。たぶん三歳ぐらいのとき。マーシャル、パパが亡くなったときのあなたと同じ年よ。」マーシャルの顔は驚きと不安の中間の色を浮かべていた。「何の話になるんだろう。」それでも兄と私は黙っていた。

母は次に言うことを決めかねているようだった。「あなたたちは知らないことだけど、お母さんは結婚する前に、女の人だけが罹《かか》る病気の治療で手術を受けたの。子どもを産めなくなるだろうとお医者さんに言われた。でもパパとお祈りして、結婚式からちょうど一年後にマーシャル、あなたが産まれたわ。危険な妊娠でお母さんは死にかけた。それから二年後にフィリップ、あなたが産まれたのよ。」

母は言葉を切って、ティッシュで鼻を、それから目を拭った。私の心臓がどっくん、どっくんと大きな音を立てたので、母に聞こえたかもしれないと思った。

「それから一年後にパパは亡くなった。どうすればよいかわからなかった。お母さんの夢はすべて打ち砕かれた。神様はアフリカで宣教しなさいとお母さんを召してくださったと思っていた。多くの人がパパと私を助ける準備をして、アフリカで働けるよう祈ってくれていた。それなのに、いきなりすべてが砕け散った。

お母さんはフィラデルフィアには戻らないとパパに約束していたから、あなたたちを育てるためにアメリカのこの新しい場所に来た。夫もなく仕事もなかった。ペンシルベニアの、むかし通っていた教会が毎月五〇ドルを送金してくれることになったけれど、家賃だけで五三ドルが必要だった。生活していけるかわからなかった。」

母はコーヒーカップの中でしばらくスプーンをかき回してから話を続けた。「お墓に行った。あなたたちがさっき行ってきたお墓に。あのころ、あのお墓はできたばかりで、盛られていた土はきれいにならされていなかった。その土の上にうつぶせに身を投げ出し、両腕を盛り土に伸ばして神様に向かって泣き叫んだ。ハンナのように。これは神様が私に与えた物語。まさにその時その場所で、お母さんはあなたたち二人を神様に献げたの。息子たちを用いてパパと私の抱いていた夢をかなえさせてください、とお願いした。私たちに代わって宣教師としてアフリカに行ってくれますように、と。そうしたらパパの死を初めて平安な気持ちで受け入れることができた。」

マーシャルも私も身動き一つしなかった。胃がぶるぶる震えて息をするのも怖かった。こんな母を初めて見た。母は泣くときはたいてい別の部屋に入って泣いた。このときは、しばらくすすり泣いて、また泣き出した。

「再婚は絶対にしないと決めた。あなたたち二人を育てることが私の仕事だった。二人とも幼いころは病弱だった。アリゾナにいたときマーシャル、あなたは砂漠熱にかかった。医者はリューマチ熱のようだと言った。高熱を出してひきつけを起こしかけたあなたを急いで病院に連れて行ったことが何度もあった。フィリップ、あなたは喘息や肺炎を起こした。しょっちゅう激しく咳き込んでいた。あなたのことも何度か車で救急救命室に運んだ。あなたたちを車に乗せるときは、必ずひざまずいて祈った。『主よ、この二人が父親に代わってアフリカ宣教の奉仕をすることをお望みでないなら、どうぞ今、この子たちの命をお取りください。この子たちはあなたのものです。私はこの子たちをあなたに差し上げました。』」

どんな反応を示せばよいかわからぬまま一分ほど座っていたが、一時間にも感じられた。何か言いたかったが、舌が膨れ上がり、口はからからだった。泣いている母の腕に手を置いた。マーシャルは母を抱きしめた。そしてそれが、母の誓いという恐ろしい力と初めて衝突したときだった。

私は選ばれた者のように、特別な人間なのだと感じながらテーブルを離れた。その誓いがどれほど残酷な仕打ちをもたらすことになるか、知らずにいた。ハンナは感謝のささげ物として息子を神に献げた。だがマーシャルと私はそれとは異なるもの――罪意識から、あるいはひょっとすると裏切られた思い――から献げられたのだった。

やがてハンナの話は聖書の中で私のいちばん嫌いな話になった。

＊邦訳、『頭脳のメカニズム』箱崎総一・青井寛訳、講談社、五〇頁

Ⅱ　少年時代

いかに人生というものが、もとはバラバラな体験の連続であっても、やがて渦を巻くようにまとまって一つの大きな波となり、いわば人はその波とともに丈高く盛り上がっては、勢いよく岸辺に自らを打ちつけるに至るものかが、いやでも生々しく感じ取れるのだった。
——ヴァージニア・ウルフ『灯台へ』*

5 気づき

幼いころの記憶にはすべて恐れが入り混じっている。

私が三歳のとき、兄が二段ベッドの上段から転落した。テーブルのとがった角にぶつかる直前、ナイトスタンドの黄色い光に照らされた兄の驚いた顔がスローモーションで私の顔の前をよぎっていった。叫び声、噴き出した血、母がマーシャルを急いで病院に連れて行くときに私の世話を隣人に頼んでいる電話。兄は額の縫い目をガーゼで覆われ、真夜中過ぎに戻って来た。

もう一つの記憶は、ドアを叩く大きな音からはじまる。母が応対に出る。「オブライエンさんの子どもに違いないわ。もうすぐ赤ちゃんが生まれるの。」

ところがドアが開くと、おかしな臭いの息をした女の人がふらふらと入って来た。「ドアに鍵をかけて！」その人は椅子のほうへよろよろと歩き、泣きじゃくりながら言った。右腕にあてがった布切れには血がにじんでいた。

マーシャルと私は寝室に行かされた。私たちはドアのすぐそばに立って、居間から聞こえてくるくぐもった声に一生懸命耳を傾けた。

やがて女の人の恋人がやって来て、まずドアを、それから窓をどんどんと叩いた。女の人は、「中に入れないで。私を追いかけてきたのよ。母の家に逃げ込もうとしたら、腕をこんなふうに強打してしまった。クソ窓を破ったときに。」「クソ」というキタナイ言葉が、銃弾のようにわが家の中に響き渡った。

しばらくしてその女性は、出かけるときに鍵をかけないでと母に言いながら出て行った。中庭から聞こえる叫び声、バタンと閉まるドア、警察のサイレン、赤い閃光。

私たちは、運に見放された貧しい白人だらけの公営住宅に住んでいた。日中は犬の吠える声、赤ちゃんの泣き声、網戸のきしむ音、「家に入りなさい。お昼ご飯よ!」と怒鳴る母親たちの声が聞こえた。夜になると、寝室の壁を隔てた隣家からどしん、どしんと音が聞こえてきた。翌朝になって母が隣の奥さんの目にあざができているのを見ると、その人は「あの人、またお酒を飲んでるのよ」と言って肩をすくめた。

もう一つ、ブレア・ビレッジの記憶がいちばん古い。私がこれと言った理由もなくマーシャルに噛みついたことがあった。マーシャルは、浴室にいた母のところにすっ飛んで行った。母は言った。「今すぐフィリップをここに連れて来なさい。」私はのろのろとその声のほうに進んで行った。マーシャルが半開きにした浴室ドアから、バスタブに座っている母が見えた。服も眼鏡も身に着けず、黒い髪の毛を束ねてもいなかった。初めて裸の女性を見た。石鹸で光っている丸みを帯びた肉体。見てはいけないものを見てしまったことを知って、めまいがした。

「こちらに来なさい。」母は警官のように厳しい口調で言った。足が固まった。母の目が細くなり、声はきつくなった。「さあ、早く！」私の足は一度に少しずつその声のほうへ、丸みを帯びた肌のほうへと近づいて行った。

「腕を出しなさい。」その声に腕を差し出すと、母は手首のすぐ上をきつく噛んだ。ショックで泣き叫ぶこともできず、赤みを帯びてゆく歯形の跡に目を落とした。「噛まれたらどんなに痛いか、これでわかったわね。」

腕を見つめて浴室のドアからよろめきながら出た。言葉で言い表せない、理解しがたい初めての経験だった。

＊　＊　＊

私は女性に囲まれて育った。男性は荒々しさや沈黙、危険な感じが怖かった。男たちは何を考えているのかわからなかった。女性は心にあることをだいたい何らかの形で知らせるものだ。

四歳のときに大きな変化が起きた。フィラデルフィアにいる母の実家ディエム家を家族で訪れたとき、車のドアに指を挟んだのである。「あなたが悪い。」泣きわめく私に母は言った。「ドアから手を離していればよかったのよ。」母が包帯を取りに走って家に戻る間、私は止血しようと指にぐるぐる布切れを巻いた。なんで痛い思いをしている僕が悪いんだろう。

私たちは車で教会に行って、何万年にも感じられるほど長い礼拝の間座っていた。指に包帯を巻いて後ろの座席ですねていると、車のドアが開いた。紐を結んだ短靴と、看護師の履く乳白色のストッキングに包まれた二本の足が見えた。ストッキングの後ろには縫い目が走っていた。見知らぬ人は屈んで車に頭を入れてきた。

母が言った。「マーシャル、フィリップ。こちらはケイおばさん。これから一緒に暮らすの。おばさんがあなたたちの新しいパパよ。」

そんなわけで私はひりひり痛む指のことを忘れてしまった。新しいパパだって？ 見知らぬその人は車に乗り込んで来た。白髪頭で目は緑色、顔にはすでに皺が刻まれはじめていた。本当のおばさんではないが、そう呼ばなければならなかった。

その後、私たちはアトランタを目指した。ケイおばさんは母の隣の助手席に座った。おばさんの持ち物が全部入っている厚紙のような二つのスーツケースを車のトランクに入れた。おばさんの後頭部を見つめながら、この新しい家族の形について黙ってあれこれ考えた。これから一緒に暮らすんだったら、この人を味方につけなくちゃ。

バージニアのモーテルで一泊することに決まると、「ケイおばさんと一緒に寝たい！」と宣言した。うまくいった。おばさんはベッドで私をそばに引き寄せると優しく抱きしめてくれた。おばさんはだれからも、どんな子どもからも、一緒に寝てほしいと言われたことがなかったのだ。おばさんの心のドアがぱっと開き、そのときから私はおばさんのお気に入りになった。

長旅の途中、ケイおばさんは祈りの答えなのよと母が言った。「お母さんはあなたたちを手もとで育てるとパパに約束したけれど、聖書クラブで教える仕事があるし、もうこれ以上ひとりで育てるのは無理。ケイおばさんは聖書クラブの仕事も家の中のことも手伝ってくれるのよ。」

ケイおばさん自身の話も明かされた。おばさんの弟が生まれると、父親は家を出て行った。そのときからおばさんの家族は転居を繰り返した。家賃の支払い時期が来ると、夜逃げをすることも多かった。怒った家主に家から閉め出されて持ち物を捨てられたとき、ケイおばさんはいちばん大切にしていた人形を失った。一家は結局ボートで暮らすようになり、母親は家族を養うために掃除婦のような仕事についた。ケイが高校を卒業するとき、一人の伯母が言った。「あなたのお母さんのように人の家の掃除をしてもいいけれど、一生懸命勉強すると言うなら看護学校の学費を出すわ」と。ケイはその提案に飛びついた。そして長く看護師として働いた後に、クリスチャンとして奉仕をしようと心に決めた。まさにそのときフィラデルフィアの教会が私たち困窮家庭の世話にケイを抜擢したのだった。

ケイおばさんがやって来ると、すべてが変わった。世知に長けていたおばさんは、道具の使い方、銀行との取り引き、車のオイル交換の仕方まで知っていたので、母はその手のことをおばさんに任せた。おばさんにはジョージア人が眉をひそめる不愛想なふるまいやペンシルベニア訛りがあったが、改めることはなかった。母にこんな助言をした。「男は未亡人につけこもうとするものよ。だれかに騙されそうな気がしたら、その時は私に任せて。」おばさんは男性に対して苦々しい思いを抱いているらしかった。幼い男にはそうでなかったけれど。

ケイおばさんとは三年間一緒に暮らした。本当に新しいパパのようだった。看護師だったので、鼻血が出たりハチに刺されたりしたときの対処法を知っていた。私はおばさんを味方につけて母に対抗できるようになった。ケイおばさんはたいてい私の味方だったので、おばさんにお風呂に入れてもらうほうが好きだった。母は身体がひりひりするまで強くこすったが、おばさんは浴用の布で優しくこすってくれた。ケイおばさんは急ぐことがないようだった。私がボートや石鹸の泡で遊びたがっても決して急かさなかった。

それに子どもたちを叩かないようにと母に進言することもあった。おばさんは子どものころ、あまりお仕置きを受けなかったようだった。

寝室がもう一部屋必要になったので、ブレア・ビレッジにいた私たちはアトランタ南部の田舎町エレンウッドの一戸建てに引っ越した。そこは農場で砂利道が通っていた。ケイおばさんは、私たちはチャールズ・ディケンズの世界からトム・ソーヤーの世界に来たのだと言った。どんな意味かわからなかったが、私はこの新しい場所が大好きになった。聞こえてくるのは隣人たちの口論でなく、鳥の鳴き声と田舎の静けさであり、それがさえぎられるのは、近くの鉄道からワクワクする音が聞こえてくるときだけだった。

最初の夜、私はこの静けさでほとんど眠れずに目を覚まして横たわっていた。すると鉄道車両のガタゴトいう音と、だんだん遠ざかってゆく汽笛の寂しい音が聞こえてきた。翌朝になると、兄と一緒に雨で銀色に光っている線路まで歩いて行った。飛び越えた水たまりは、薄い油膜に映る虹のように輝いていた。午前中のほとんどを、二人で機関車を見つめて過ごした。シュッシュッと煙を力強く吐き出しながら規則正しい音を立てて走り過ぎ去る機関車を、魔法にかかったように立ち尽くして見つめていた。線路は、長い汽車が通り過ぎるたびに、その重みにきしんで上下した。音を立てて走り過ぎる有蓋貨車の数を兄と一緒に数えた……七九、八〇、八一。乗務員車が現れると、貨車の中の制服を着た人に手を振り返してもらおうと精いっぱい大きく手を振った。

引っ越してまもなく、有蓋貨車が何両か脱線して、熟した西瓜を線路わきに何百とまき散らしたことがあった。地面を跳ねてぱっくり口が割れた西瓜もあり、そのみずみずしい赤い果肉にすぐさまハエの一群が群がった。マーシャルと私は、家まで運べるくらいの大きさの潰れていない西瓜がないか、甘い匂いを漂わせている西瓜の山をあさった。質の良い西瓜は直売所で、一玉一ドルで売られていた。それで翌日には何人かの地元の人が大きな西瓜を二五セントで提供する屋台を道端に設けた。ただで拾える西瓜のために車を停めてお金を払う間抜けな人たちを私たちは笑いものにした。

鉄道はありとあらゆる宝物をもたらした。別の脱線事故が起きたときには、教会に行く途中のイーストポイントで何台ものグランドピアノが落下した。私たちは線路に散らばったピアノの脚や鍵盤や磨かれた黒い板に、遠巻きにぽかんと見とれていた。数週間後に踏切で列車と車の衝突事故があり、居合わせた母の車は身動きがとれなくなった。救急隊による片づけ作業が長引いたので、母は車から降りてその辺をぶらぶらしていいわよと言った。線路の真ん中に、白い肉の塊がひっかかっているのが見えた。だれかの肘に違いなかった。触れてみてから手を引っ込めた。エレンウッドに戻って、人の肘を見つけたと言うと、遊び仲間はびっくり仰天した。

田舎の子どもはブレア・ビレッジの子どもより安心できると思った母は、私と兄が長く外を歩き回っても反対しなかった。新しい世界が招いていた。近所の子どもたちからタバコの形のお菓子を教わって、みんなで口の端にそれをくわえて歩いた。チューインガムはわが家で禁じられていたが、兄と私は近所の仲間からピンポン玉サイズの硬い飴をもらってガリガリ噛んだ。禁制品にはひそかな楽しみがあった。家に帰る前に歯をきれいになめておけば心配なかった。

わが家で銃はご法度だったので、少年たちがカウボーイハットをかぶって、おもちゃのピストルを挿したホルスターを腰に巻いて遊ぶとき、マーシャルと私は不利だった。父親のクロゼットから本物の銃弾をくすねた子がいて、その真鍮の物体は偶像のように私たちの目を釘づけにした。その子はハンマーで銃弾の端を叩けば、銃がなくても弾を発射できると言った。その危険性にみんな心が舞い上がり、何度もやってみたものの、一度も発砲できなかった。

五歳ぐらいになると自分の身体を意識するようになった。爪を噛む癖が抜けなかったが、最後は母が爪に辛いペッパーソースを塗り付けた。寝ているときも身体は私にいたずらをした。トイレに行く夢を見て目が覚めると、シーツが冷たくなってベッドが濡れていた。橋から飛び降りる夢を見たときは、足がピクピク動いて目が覚めた。銃撃されてお腹から血が流れ出た夢を見たこともある。メキシコ風豆料理を食べてガス攻撃を受けたのだ。

毎日ひざにかさぶたを作り、乾いた血液と同色のジョージアの粘土にまみれて遊んで家に帰った。水は庭のホースから飲んだ。太陽で温まった水が冷たくなってから飲んだが、ホースのゴムや井戸の金属のようなおかしな味がした。口からこぼれた水で服がびしょびしょになった。頭から水を滴らせたり、親指でノズルを覆って蟻塚に向けて噴出させたりもした。ガラスを叩く鋭い音が聞こえて目を上げると、台所の流しからこちらを見ている母がいた。

夏が来ると、世界は活気を帯びた。地面に落ちたリンゴの周りをスズメバチがぶんぶん飛び回った。発酵した果物の汁を飲んで酔っぱらったハチを目がけて私たちは石や腐ったリンゴを投げつけた。夕暮れにはホタルを追いかけた。闇が迫ると、コウモリが現れる。空にボールを放り投げると、地面に向かって落ちてゆくボールをコウモリが乱舞しながら追いかけた。

暗くなっても私がなかなか家に戻らなかったので、母は怒鳴った。「フィリップ、今すぐ帰りなさいって言ってるのよ！」

*　　*　　*

言葉のもつ力を発見したのがそのころだ。言葉に力があることを試そうとして、「エイプ」、「ゲイプ」、「テイプ」、「レイプ」など韻を踏む言葉の組み合わせを繰り返した。家の中の大人二人が目くばせし合っていることに気づきながら。いつもではなかったが、たいてい微笑みながら、こう言われた。「気をつけて、その言葉は使わないものなの。」

マーシャルの言葉をそのまま繰り返すと、イライラさせること、激怒させることもあると知った。「やめろ。」　やめろ。「やめろと言ったんだ。」　やめろと言ったんだ。「聞こえてんのか。」　聞こえてんのか。「言いつけてやる。」　言いつけてやる。「お仕置きをくらうぞ、フィリップ。」　お仕置きをくらうぞ、フィリップ。

本当にお仕置きされることもあった。泥の水たまりを飛び越えようとして、ぼちゃんと中に落ちた。床暖房の鉄格子の間に硬貨を何枚か落とした。夏になると、床置きの首振り扇風機の調子がきまって悪くなった。扇風機を見ると、機械仕掛けの巨大な昆虫を思い出した。頭を前後に振って羽がヘリコプターのそれのようにクルクル回転する。私が歌うと扇風機は音節を叩き切り、ウッドペッカーのような声になった。指を切り落とさないように、扇風機の羽に厚紙を押し込んでから指を突っ込み、できるだけ羽に近づけた。

水たまりで水を跳ね散らかせ、道に迷うまで森を探検しろ。通り過ぎる車にベリーを投げつけろ。心の中でささやく声があった。私はその声に従っただけなのだ。そんなことをするつもりはなかった。

「私には頭の後ろにも目があるのよ。」ケイおばさんの言葉をしばらく信じていた。何か悪さをすると、おばさんに必ずわかるように見えたからだ。ある日、私が部屋に入ると、母もケイおばさんも口をつぐんだ。二人は私を見た。そして母が言った。「小さなピッチャー〔水差し〕にも大きな耳〔取っ手〕がある。」 え？ 野球のピッチャー？ 部屋を出た私は、二人が話を続けるかもしれないと思ってドアのすぐそばに立っていた。

世界には二組のきまりがあると知った。大人のためのきまりと、子どものためのきまりだ。子どもは大人に言われたことをしなければならない。たとえ納得できることであろうと、なかろうと。やりたくても、やりたくなくても、しなければならない。子どもは悪さをしたら謝らなければならないが、大人は子どもに謝らない。大人は神のように、すべてのきまりを作る。そして私の遊び仲間によると、神を恐れる私の母のきまりは多過ぎた。

子どもでなく大人だけが秘密を持つことが許される。なぜ電話でひそひそ話をしていたのと母に尋ねても、「子どもは知らなくていいの」の一言でおしまいになった。それなのに私が秘密を持つと、母は私の背の高さまで身体を屈めて目をまっすぐのぞき込み、おそらく私の脳みそまでのぞき込み、何を隠しているか言いなさいと強く迫った。「本当のことを話しなさい。何があったの。お母さんに嘘をつかないで！」

子どもが大人をからかってはいけないが、その逆は構わない。「あのふくれっ面をごらん。」私が不機嫌な様子でいると、母が言った。「厚ぼったい唇でふくれている、あの不細工な子を見てごらん。」その教訓は忘れない。感情を表せば、大人がからかう。感情を表さなければ——さて、そんなことができるだろうか。

食べ物はいつもテーブルの上に魔法のように現れる。マーシャルと私はそう思っていた。食べ物が実際にどこから来るかを知ったのは、隣人から卵を買うようになったエレンウッドにいたときだ。ケイおばさんは、卵の中ですでにひよこが育っている受精卵の捨て方を教えてくれた。私はしばらく卵を食べなかった。フォークでつつくと黄身が皿中に流れ出す目玉焼きが特に嫌いだった。あれは液体状のひよこではないか？

その最初の夏、ケイおばさんは、ウサギが入って来られないように地面の一角に垣根をめぐらせて野菜畑を作った。鍬で耕したり、植え込みをしたり、雑草取りをしたりして大働きすると、成果が見えてきた。トマト、まだら模様のインゲン豆、ピーマン、オクラ、トウモロコシ。そよ風の中で色とりどりの飾りが揺れているようだった。すくすく育っている野菜の熱く湿った香りを吸い込んだ。野菜を育てるには多くの世話が必要なことを知った。雑草のごとく繁るスクワッシュやキュウリは例外だった。

その季節が終わるころ、畑の端に巨大なキュウリが生《な》っているのを見つけた。一夏中、雑草に隠れていた怪物のようなこのキュウリは、西瓜ほどの大きさに育っていた。持ち上げられないほど大きかった。母は言った。「そのキュウリは食べられないわね。道の先のラバに食べさせたらどうかしら。」

私はマーシャルの助けを借りて母の言うとおりにした。ところが、そのやせっぽちのラバは数日後に死んだと聞いた。あわれなラバのいのちを奪ってしまったという罪の意識が何週間も消えなかった。ラバが死んだ原因はほかにあったはずだと母は言ったのだが。

マーシャルと私の食べ方は異なっていた。マーシャルは何でもきっちり分けたがった。ミートローフはジャガイモに触れてはいけなかったし、ジャガイモは青野菜に触れてはいけなかった。青野菜はディナーロールに触れてはいけなかった。私はマッシュポテトに穴を開けてトンネルを作ると、茶色いグレービーソースを慎重に流し込み、ソースが浸みわたる前にポテトのてっぺんに豆をいくつか載せて飾りにした。皿の上のものは全部食べなければならなかった。「中国で飢餓に苦しんでいる人たちのことを考えなさい」と言われていた。私はいつもいちばん苦手な食べ物から手をつけ、徐々に好きな食べ物に進んでいった。

私にとってトマトは特別な部類の食べ物だった。ドロドロの有害物でしかなかった。母によると、とろ火で煮たトマトを口に入れたマーシャルが「トマト、大っ嫌い」と言うのを聞いて、私もトマトが嫌いになった。缶詰から出てくるエビ茶色のドロドロが、わが家の庭に実る身の引き締まったツヤツヤした果実と結びついた。

マーシャルが述懐した。「おまえがトマトを嫌がって大暴れした日のことは一生忘れない。四つだったかな。母さんはおまえを椅子に縛りつけようとした。物干し用のロープで両手を縛って無理やり食べさせたんだ。」

物干しロープのことは覚えていない。覚えているのは、母が「トマトを好きにさせてやる！」と言って私の口にトマトを押し込んだことと、私が頭を前後によじらせ、身もだえしながら泣きわめいたことだ。マヨネーズをつけたトマト、砂糖をまぶしたトマト、塩コショウを振ったトマト。酸味のある赤い汁が涙と混ざり合って顎を滴り落ちた記憶がある。声を限りに泣き叫んだので、泣き声はしゃくりあげになり、咳き込みになり、ついに口の中より身体の外側についたトマトのほうが多くなった。

今でもトマトは大嫌いだ。

ペットは子どものころのいちばん良い思い出だ。何より大きな喜びをくれたのがペットであり、それについてはケイおばさんに感謝している。何でもいいからペットを飼いたいとマーシャルと私がねだったとき、ケイおばさんはこう言って応援してくれた。「この子たちにはペットが必要よ。ここは田舎だからペットを飼うには理想的な環境だわ。猫はどうかしら。トイレトレーニングをする必要がないから、犬ほど手間もかからないし。」

けれども母は猫が大嫌いだった。母と父は結婚してから母方のフロス叔母と暮らした時期があった。叔母さんはフィラデルフィアのテラスハウスで三十二匹の猫を飼っていた。母は言った。「猫はどんなところにもこっそり忍び込むのよ。猫が来ると、肌がむずがゆくなるわ。」　表玄関で迷い猫が鳴くと、母は沸かしたお湯を猫に浴びせかけた。

マーシャルとケイおばさんと私はペットの必要を訴え続けた。何週間もお願いして、ようやく生後六週間の子猫を迎え入れた。真っ黒な猫だったが、まるで白ペンキの入った浅い皿に足を踏み入れたかのように、どの足にも白い「ブーツ」をはいていた。それで「ブーツ」と名づけた。ブーツは網戸で囲まれたベランダに暮らし、シダの削りくずを詰めた枕の上で眠った。ケイおばさんは、ブーツは外に出る前に自分の身を自分で守れるようにしておく必要があると言い、イースターの日に子猫の大試験を行うことに決めた。

ついにその日がやってきた。イースターの日曜日で私が五歳になる年だった。薄青い空に開いた白い穴のようなジョージアの太陽。春爛漫で空気まで色づいて輝いているかに見えた。礼拝が終わると、マーシャルと私は短ズボンのスーツ姿のまま、ブーツを抱いて外に出た。ブーツはその日初めて草葉の匂いを嗅ぎ、そよ風に揺れるタンポポを前足でポンと叩き、空高く弧を描いて見えなくなってゆく蝶々を追いかけた。そんなブーツを見て、私たちの胸は喜びでいっぱいになった。やがて近所の子どもたちもイースターエッグハントに加わった。

隣家の遊び仲間が来たとき、考えられないことが起きた。その子たちの飼っていたパグズというボストンテリアが後を追ってわが家の庭に入り、ブーツを見つけたのである。パグズは低いうなり声をあげるとブーツに突進した。私は叫び声をあげ、子どもたち全員がブーツに向かって走った。パグズはすでに子猫を口にくわえ、靴下のように振り回していた。みんなその場を取り囲んで飛び跳ねながら金切り声をあげていた。なすすべもなく、犬の光る歯と小さな毛束が飛んで行くのを目にした。マーシャルが棒切れをつかみ、歯をむき出してうなり声をあげているパグズを叩こうとした。ようやくパグズはぐったりした子猫を草の上に落とすと、早足で家に戻って行った。

私の幸せな世界は一瞬にして過ぎ去った。ブーツはまだ死んでいなかった。弱々しい声で鳴き、目に恐怖の色をたたえていた。噛まれた傷口から血がにじみ出し、黒い体毛にはパグズの唾液がかかっていた。大人たちがやって来て、私たち子どもをその場から素早く静かに離れさせた。

その日の午後は奇跡を祈り続けた。「死んじゃだめだ！　死ぬはずがない！　嘘であってくれ！」たぶんブーツは死なないだろう。ひょっとすると死んでからよみがえるかもしれない。日曜学校の先生はイエス様のそんな話をしなかったっけ。私は首を垂れて神様に約束し、数えきれないほどの策が頭をよぎったが、やがて現実を否定できなくなり、最後はブーツが死んでしまったことを受け入れた。

それ以来、子ども時代のイースターにはその日の芝生での思い出という染みがついている。さらに悪いことに、少し後になって本当はブーツを殺したのはパグズでなかったと母が言ったのである。「あの子猫はまだ息をしていたけれど、首が折れていた。だからケイおばさんがブーツを袋に入れて、ブーツが動かなくなるまで小川の深みに沈めていたのよ。」

夜になると、ブーツの夢を見た。ちっぽけな肺に水がたまっても、必死に袋から抜け出そうともがいたり噛んだりしていた。

近所の犬たちが慰めになった。犬たちは子どもに危険を感じなかったので、犬小屋やポーチの縁の下から突っ張った足で出て来て、私に挨拶をした。粗野な犬たちは、私がしゃがんで身体を丸め、開いた手のひらを伸ばすまでうなり声をあげていた。「グッバイ！」と言うと、警戒しながら尻尾を前後に動かした。犬を連れたハメルンの笛吹き男のように、私は犬の群れを引き連れて通りを歩いた。犬たちが私の靴の臭いをクンクン嗅いだり、ごほうびを期待して私のポケットを狙ったりすると、一匹ずつ頭をなでてやった。

母は、私がどんな迷い犬を連れて来てもペットとして飼うことを認めなかった。足が三本しかない可哀そうな宿無し犬を見ても心ほだされることなく、こう言った。「汚らしい犬だわ。手を洗いなさい。病気を持っていそうよ。」

私は自分だけの犬が欲しいとねだった。家族で夕食をとりながらマーシャルの学校の勉強の話をしているときに口をはさんだ。「犬を飼うと、こんないいこともあるよ……。」

教会の親切な夫婦が、身をよじらせているリスのような色の子犬をくれたのは、奇跡というほかない。この犬は毛の短いコッカスパニエルだと夫婦は言った。私たちは子犬をバスターブラウンと名づけた。広告に犬を載せている靴の会社にならったのだ。ニックネームはバギーブラウンにした。最初の幾晩か、この犬はタオルとお湯の入った瓶と、母犬の鼓動を思い出させるチクタク鳴る時計と一緒に箱の中で眠った。初めて鼻をクンクン鳴らしたとき、この犬を抱き上げて自分のベッドに連れて行った。バギーブラウンはまず掛布団を全部私の足もとに落とすと、体をくねらせながらベッドに上り、私の顔にぴったりくっついて眠った。朝になると、あくびをする子犬の息の臭いがした。バギーブラウンは長いピンク色の舌を突き出して自分の唇をなめていた。

私と子犬はいつも一緒だった。私が長椅子に座ると、バギーブラウンがひざに乗って頭を私の腕にもたせかけた。私は子犬の邪魔にならぬよう、腕を動かさないでいた。私がトイレに入ると、バギーブラウンは外に座ってドアをひっかいた。外では飛び跳ねながら階段を降り、庭の野菜の臭いを嗅いだ。毎晩、猿のように毛づくろいをしてやった。毛に着いたイガや耳についたダニを取ってやったりした。バギーのピンク色の皮をちょっぴり顎にくわえたダニが落ちることもあったが、バギーは私を信頼して不平を言わなかった。

バギーブラウンの生活は私を中心に回っていた。私の靴下か、捨てた服の中で眠った。私の匂いがするなら何でも良かったのだ。そしていつでも仲間として、小走りでついて来た。バギーを置いて出かけるとき、バギーは私が戻って来るまで窓のそばでじっと動かず座っていた。そして私が帰って来ると、キャンキャン鳴いて飛び跳ねた。バギーにとって私は学齢期に達していない子どもではなく、すべての答えを知っている大人のようだった。

私もこの犬を通して世界を再発見した。ラジオをつけると、子犬は驚いて飛びのいた。懐中電灯を照らすと頭を上げて突進し、熱いガラスに鼻が触れると、ぱっと引き下がって鼻をなめた。森や小川を一緒に探検するとき、バギーは立ち止まって、私が気づきもしなかったキノコや昆虫の臭いをかいだ(そして食べた)。夜になるとバギーは月に向かって遠吠えをした。まるで月がそこにあってはいけないように。

人間によく似て、子犬にも気分がある。バギーブラウンは耳をパタパタさせて喜び勇んで家の周りを駆け回った。足の爪がリノリウムの上で音を立てたかと思うと、いきなりベッドの前に滑って止まり、ぴょんと跳ねて、満足げな寝息を立てながら昼寝をした。家の中を散らかして、丸めた新聞紙で母に叩かれたり鼻を衝かれたりすると、バギーはあてどなく何時間も歩き回った。私がバギーを叱ると――めったになかったが――バギーは私の手首に顎を乗せ、私の足をなでたり、いつものように優しくしてもらおうとすり寄って来たりした。

バギーの噛んでいた骨を取り上げて、彼の忠実さを確かめた。バギーはテストに合格した。当惑したような表情でこちらを見ていたが、うなり声をあげることはなかった。「おまえは世界一の犬だね。」何度もそう言うと、バギーは全身をくねらせて感謝の気持ちを表した。バギーブラウンは私の人生でだれよりも頼りになる最高の友人だった。

運命の日、バギーブラウンは浄化槽の修理屋が裏庭に掘った穴に落ちた。バギーの名を呼ぶと、巨大な洞穴のような穴の底からクンクンという鳴き声が聞こえた。可哀そうなバギーブラウン。全身の体毛がこれでもかと思うほど汚物にまみれ、あれほど悲しそうなバギーブラウンを見たことがなかった。どうすればよいのか、だれにもわからなかったが、やがて近所の男性がそれまで見たこともなかった勇敢な行動に出た。その人は穴の中に板を立てかけて慎重に下りてゆくと、私の汚く不潔なバギーブラウンを拾い上げて胸に抱き、板を上って外に出てきた。バギーブラウンはいつもお風呂が大嫌いだったが、この日はスプレーをかけられ、泡立てた石鹸で何度もゆすがれている間、石のようにじっと動かなかった。

数か月後にバギーブラウンは病気になった。わが家の忠実な番犬は外に走り出て、近所の犬や自転車に乗った子どもに挨拶するのでなく、木陰で横になっていた。バギーは絶えず咳き込んだ。その熱っぽい身体を抱きかかえ、固くなった鼻と厚くなった肉球にワセリンを塗った。「ジステンパーです。」獣医は言った。「ワクチンを打っていれば防げたはずです。」いや、そんなことは知らなかったし、どのみちワクチンに費やすお金などなかっただろう。

バギーブラウンは獣医の診察室で発作のようなものを起こした。凝乳のような色の液体が口から滴り落ち、唇がめくれ上がり、歯が鋏のようにカチャカチャ音を立てた。

私の腕に抱かれたバギーをじっと見つめた。獣医はバギーを何日か預かりましょうと言ったが、私はバギーブラウンにそれきり会えなかった。獣医は本当にバギーを預かってくれたのか、すぐに眠らせたのか。それともブーツのように小川で溺れさせたのだろうか。

バギーの死をしばらく悼んだ後、私はもう一度犬を飼いたいという話題を持ち出した。食事の世話も、犬の散らかしたところやゴミの片づけも、家具の保護も全部自分でやるからと言った。母は言った。「そうね。でもペットを飼うと、あなたの心が壊れるわ、フィリップ。この辺りがどんなところかわかっているでしょう。車が急ブレーキをかけるし、犬はうるさく鳴くし、だれかの飼い犬も車にひかれたばかり。」

ある日曜日の午後に線路沿いを歩いていると、神が私の祈りに応えてくださった。身体を丸めて眠っているガリガリにやせた子犬を見つけたのだ。おわん型にした両手に子犬を乗せると、希望に息を切らして急いで家を目指した。ケイおばさんがスポイトで子犬にミルクを飲ませている間、私はこの子犬のために一生懸命祈った。それから幾晩か、おばさんは目覚まし時計をセットして子犬に食べさせ、細かく砕いたアスピリンをミルクに入れて看病し、何とかこの雑種犬を元気にしてくれた。片目の上に白い斑点があったが、それ以外は煤色《すすいろ》だったので、私は迷わずこの子をブラッキーと呼んだ。ブラッキーはバギーブラウンより元気いっぱいで、お利口でいたいという願望が少なかった。庭中にゴミをまき散らし、家の中では家具をかじった。そして母がしょっちゅう口にしていたが、食事の世話と庭の後片づけも、そのほとんどを結局、母がすることになった。ブラッキーは外に出された。だが、一度逃げ出すと何時間も帰って来なかった。ブラッキーは洗濯物を干すロープにつないでも、すぐにロープを引きずり下ろした。鎖を木につけると、鎖をぐるぐる回して身動きがとれなくなり、私が解放してやるまで泣きわめいた。

私は犬の気持ちになって考えようとした。手でなく口で物に触れるなら、何でも噛みたくなるだろう。私が目を留めると、ブラッキーは必ず尻尾をくるくる回した。リードから放してやると、人生最良の日であるように跳ね回った。

持っていた児童書の中に、言葉を話したり理解できたりする動物の物語があった。これって本当だろうか。不思議に思った。とっておきの優しい声を出して言った。「ブラッキー、おまえのような愚かで醜い犬は見たことがない。おまえはバカで、僕は我慢できない。おまえは単なる厄介者だ。」ブラッキーは尻尾を振って、キラキラした熱い目で私を見つめた。数分後に、できるかぎりきつい声で言った。「ブラッキー、さあ、僕の言うことを聞け。おまえはすばらしい犬で、僕はおまえが大好きだ！」ブラッキーは頭を下げると、僕、どんな悪さをしたの？と問いかけるように私を見上げた。私が行った最初の科学実験だった。

その日のことを伝えるとき、私はブラッキーの鼻と口に両手を当てた。ブラッキーは抵抗しなかった。英語はわからなかったかもしれないが、私の悲しみを理解し、愚痴に耳を傾けた。犬の唾をつければ傷が治るとみんな知っていたので、私は傷口をブラッキーになめさせた。「お利口にしていたかい。ずっと裏庭にいた？　庭の柵の下を掘ったのかな。」　ブラッキーは私の手をそっと口にくわえると、答えているかのようにクンクンと幸せそうな音を立てた。

ブラッキーが母をも味方にしようとすることはなかった。わが家のゴミばかりか近所の家のゴミ箱も襲った。いちばん人通りの多い道に糞を積み上げるので、マーシャルと私は靴の溝から犬の湿った汚泥をそぎ落とさなければならなかった。ブラッキーに鎖をつけると必ず草をズタズタに切り裂くので、わが家の庭はまもなく泥道の延長となった。母はこうした悪さのすべてを知っていて、ブラッキーを棒で叩くこともあった。

隣人が、自分の飼っているニワトリや鴨を追いかけているブラッキーを見たのが運の尽きだった。麦わら帽子をかぶり、オーバーオールを着た男性がわが家の玄関に現れて母に言った。「奥さん。そこの黒い犬はお宅の犬ですな。」　母は「そうです」とうなずいた。「言いたかないが、うちのニワトリ三羽があの犬に殺された。ちゃんとしつけてもらわないと。」「教えてくださってありがとうございました」と母が言うと、男性は帽子を傾けてから家に帰って行った。私はその悪さを否定しようとした。ブ、ブ、ブラッキーにそ、そ、そっくりの犬だ、だ、だったかもしれないよ。だが、ブラッキーの息が、死んだニワトリの臭いを放っていたのが動かぬ証拠だった。

次の日曜日の午後、私たちはブラッキーを車に乗せて出かけた。これから起こることを知っていたので、心臓が早鐘のように打ち続けた。ブラッキーは何も疑っていなかった。私はブラッキーをひざの上で抱きかかえていた。ブラッキーは窓の外に鼻を突き出し、冒険に向かう道中の空気を早くも感じていた。ただ嬉しくて、ブラッキーは何度も振り返っては私の顔をなめた。

「ブラッキーにさようならを言いなさい。」車が家から何マイルも離れた森の中の泥道の停車場に止まると、母が言った。ブラッキーと私が外に出ている間、母は車の中で待っていた。私はブラッキーをぎゅっと抱きしめ、「大丈夫だよ、別の人がきっとおまえのために素敵な家を用意してくれるからね」と言った。ブラッキーは私のそんな話しかけを少しの間じっと聞いてから、新しい領地の探検をするために走り去った。道の先で木に印をつけたり、頭上の木の葉の中で元気に動き回っているリスに向かって吠えたりしていた。

私は車に戻ると、後部座席にひざをついて後ろの窓から外を見た。ブラッキーはお座りをしてハアハア息を切らし、身体の後ろで尻尾を前後に振って泥をなめらかにしていた。不思議そうな目で私たちの車を見つめていた。すると、跳びあがって私たちに向かって大股で走って来た。

ブラッキーの足は車に追いつけなかった。最後に見たブラッキーの姿は土埃の中で動いている小さな黒い影だった。やがてその影すらも見えなくなった。

＊邦訳、『灯台へ』御輿哲也訳、岩波書店、八六頁

作家は子どものころに負った傷を、言葉を用いて克服しようとする。だが知っているのだ。傷が癒えてしまえば、もはや作家でいられなくなることを。

——リチャード・セルツァー『ダウン・フロム・トロイ』

6 危険

五歳で歯医者に行ったときのことだ。

すでに乳歯が何本か抜けていた。初めて歯がぐらぐらするのを感じたとき、指で前後に揺らすと、舌で動かせるくらいになった。「その歯を糸でしばってドアノブに結びつける。それからドアを勢いよく閉めるんだ。」マーシャルが言った。「そうしないと夜寝ている間に窒息して死んじゃうよ。」

死にたくなかったので、太い糸の片端を歯に、反対の端をドアノブに結びつけ……怖気づいた。二、三度試みてから勇気を奮い起こし、ドアを思いきり閉めた。一瞬でほっとした。のどにつかえた食べ物の一部をやっと飲み込めたときのような感覚だった。歯の抜けたところに触れると柔らかかったが、両側にギザギザの歯があって舌が何日かひりひり痛んだ。

その後、とがった二本の歯がおかしな場所に突き出して下の歯の前に新しい列を作った。それで歯医者に行った。「こちらが息子さんのフィリップですね。」医者は母に言うと、大人とするように私と握手をした。大きな鼻の持ち主で、太りすぎのおじいちゃんという感じがした。母がこの歯医者を選んだのは治療費が安かったからだ。

自転車のペダルのようなレバーを踏むと高くなるクッション椅子に連れて行かれた。「どんな具合か見てみようね、坊や。」ヘッドレストの上の皺《しわ》のよった紙に後頭部を載せて口を開けた。医者の頭に紐でくくりつけられたライトに目を細めると、「なるほど、なるほど……うーん。」医者はあちこちつつきながら、うめいていた。鼻毛が見えて、昼ご飯の臭いがした。やがて医者は言った。「よし、この二本の歯を抜く必要があるな。」心臓が何度か跳ね上がった。

「注射はしないで！」私は言った。「お願いです。注射針が大嫌いなんです。」

歯医者が母に目を向けると、母は肩をすくめた。

「そうだね、ふつうは局所麻酔薬を使うんだけど。どうかな。君が嫌だと言うなら……。」医者は小型の冷蔵庫のような箱に手を入れた。ドアが開くと蒸気が出た。医者はそこからおかしな角度のプライヤーを取り出した。厚ぼったい手で一本目の歯を前後に少し揺らし、それから立ち上がって厄介な処置に備えた。野球のバットが折れるようなバキッという大きな音がして……目の前が真っ暗になった。

医者は、永久歯の犬歯を長い歯根ごと、もぎ取ったのである。私は焼けつくような恐ろしい痛みに震え、椅子の脇の陶の流しに体を傾けると、しょっぱくて温かい血液をばっと吐き出した。肺に十分な空気を取り込めなかった。

「まさか。乳歯じゃなかったのか。」医者は、取り出した歯を目に近づけて調べた。「それでもこの歯は変なところに生えていた。君は勇敢な子だね。今日はもう一本の歯も抜いたほうがいいだろう。」医者は、私が落ち着くまで数分待ってくれた。私は紙コップの水をすすると、水がほとんど透明になるまで何度も吐き出した。医者が、まだ血の止まらない穴に丸めたコットンを詰めてプライヤーをつかむと、再び悪夢が繰り返された。抜歯を終えた医者の白衣に私の血がまだら模様についていた。「ほらね、それほど痛くなかったでしょ。」口いっぱいに空気を飲み込もうとしている私に母が言った。母は帰り路で車を停めてアイスクリームを買ってくれたが、歯茎にアイスクリームが当たると、冷たい衝撃が走って視界がぼやけた。

世界が危険な場所であるということは家でも学んでいた。私は、わが家の暖房であったセントラルヒーティングの格子の上に二度も落ちて、網目状のやけどの痕が何週間も両手足に残った。床下の隅にはクロゴケグモとドクイトグモが隠れていて、夜は肌がピクッとするたびに驚いてベッドから飛び起きた。

外はもっと危険だった。茨や錆びた缶の上を裸足で駆け回り、バラセンの柵の下を潜り抜けるときには背中を擦りむいた。ハナバチ、スズメバチ、カリバチ、イエロージャケットは攻撃の対象となる少年たちを探しながら大きな羽音を立てて動き回っていた。スズメバチの刺し傷は名誉の勲章だった。ハチの針が抜けていることを縫い針で確かめると、赤い皮膚の膨らみにポツンと開いた、血の出てくる孔を見つめた。

大人は子どもを怖がらせるのが好きだった。寄り目をすると目がそのままになるよ。桃の種を飲み込んだら窒息して死んじゃうよ。マスターベーションをすれば——何のことだろう？——目が見えなくなるよ。夏の日中、くたびれるほど遊ぶと日射病になって入院するかお棺に入ることになるよ。狂犬病に最大の注意を払っていた母は、よだれを垂らしたり、よろめきながらぐるぐる回っていたりする犬には近づくなと言った。私はその忠告を無視して、犬に出会うといつも仲良くなった。

伯母のドリスは、「敗血症」という病気で亡くなる人たちの恐ろしい話をした。釘を踏んだり木の破片を拾い上げたりしたとき、私は必ず手や足を数時間ごとに調べ、足に赤い線が体温計の水銀のように走っていないか確認した。

ワクチン接種が行われる前のこの地域で、私は子どものときに罹《かか》る病気のほとんどを経験した。水ぼうそう、おたふく風邪、百日咳、しょう紅熱、連鎖球菌咽頭炎、はしか。そんな時は、看護師だったケイおばさんが看病してくれた。こうした病気はふつう熱が出るが、私はそれを楽しんだとも言える。熱を出すと目覚めていながら夢を見ているように、すべてがはっきりしていると同時にもやもやしている。私は自分だけの世界の住人だった。時が止まり、もはやいつもの感じがわからなくなる。そしてある朝、目が覚めると、枕が汗びっしょりになっていた。ケイおばさんが嬉しそうに宣言した。

「熱が下がったわ！」

いちばん恐ろしかったポリオの心配をすることはなかった。ソーク医師とサビン医師がワクチンの発見を競った結果、ソーク医師が注射を三回打てば罹患の心配がなくなる治療法を見つけて勝負を制した。だが、そのワクチンはスタートでつまずいた。数百人の子どもの身体が麻痺して全米の親に警告を発したのである。「パパが罹ったから、あなたたちは大丈夫。」母がそう言って安心させてくれたので、私は胸をなでおろした。その後、サビン医師が角砂糖にのせて口から接種できるワクチンを開発した。マーシャルはそれを思う存分楽しんだ。自分には免疫があると信じきっていたが、砂糖が大好きなマーシャルは、及び腰のクラスメートを見つけては、僕が代わりに食べてあげると言ったのだ。

最終的に科学者たちは手順を簡略化し、アメリカでポリオはほぼ撲滅された。父は生まれるのが早過ぎただけなのだろうと思った。

不快であっても病気に罹ると、いいこともあった。木のへら型スプーンのついた、紙カップ入りのアイスクリームを好きなだけ食べられた。ソフトドリンクは飲まないという厳格なきまりも棚上げになったし、冷たく喉を滴り落ちる泡立つジンジャーエールをすることもできた。

そのうえ病気になると、母がいつになく優しくなった。私はその時だけは母の注目を一身に集めた。昼間は母が居間の長椅子に急ごしらえのベッドを作って本を読んでくれた。具合はどうかと一時間おきに聞き、母が友人に電話で報告している声も聞こえた。「今日はずいぶん良くなったわ。あの子は小さいのに健気で泣き言も全然言わないの。」　私を大切に思っているような母の話しぶりが嬉しかった。

母はひんやりした手を私の額に当てた。嘔吐すると、湿らせた浴用タオルを顔に当ててくれた。私が肺炎を起こしたとき、母はブレア・ビレッジのサウナで一緒に夜を明かしたということだ。隣人たちは壁越しに私の激しい呼吸音を聞くことができたという。「喘息を起こすと、あなたはいつも肺炎になる寸前までいったのよ。」

ある日、カイロプラクターのところへ連れて行かれた。母がいまだに彼らを信用していることに驚いた。私が喘息になったのは出産のときに鉗子が耳の上の神経を引っ張ったのが原因だ、とカイロプラクターは言った。彼は割れるような音を立てながら私の背中に何かをしたが、それほど痛くはなかった。たった一度の施術で治癒しましたと言って、そのことを雑誌に書いた。後に私が転んで頭を打って再び喘息の発作を起こすと、あのカイロプラクターは先の奇跡の施術をもう一度やることになった。

それから数か月後、「いやだ！」と言い張っていた私は母に叩かれて転倒し、床に頭を打ちつけた。「あれであなたもやっと治ったのよ。あの時から喘息が出なくなって、もうカイロプラクターのところへ連れて行く必要がなくなったの。」

病気は家族の神話に一役買った。墓地から帰ってハンナとサムエルの話をした母は言った。「神様は目的があってあなたたちを救われた。お母さんは神様に献げたあなたたちのことを命がけで守る。あなたたちの人生は聖なるものとなったのよ。そして神様はあなたたちに素晴らしい計画をお持ちなの。」病気になるたびに、病院に行くたびに、危機一髪の出来事が起こるたびに、家族の神話が膨らんでいった。

私が病気になると心配そうに枕もとにいる優しい母と、母の期待に沿えなかった私を罰する母との間で、心が引き裂かれるような思いをしていた。夏の激しい雷雨のように、母はいきなり怒りを爆発させることがあった。母の気分を確かめずに母のもとへ走って行くことはできなかった。夜、ベッドに寝かしつけてくれるとき、母は抱きしめたり寄り添ったりしてくれるだろうか。私も同じようにするだろうか。

いつも一緒に遊ぶ近所の子どもたちの話を聞くと、自分の家族が違っていることがわかった。他の子どもたちは「ママ」や「お母ちゃん」の話をした。うちの母はそういうくだけた言葉を使うのが好きでなかった。私にはいつも持ち歩く毛布やぬいぐるみがなかった。おしゃぶりも使わなかったし、よちよち歩きのころ、親指をしゃぶろうとするとカイエンペッパーを指につけられた。「また親指をなめるつもり？　そんなことをするのは小さな赤ちゃんだけよ。あなたは赤ちゃんなの？」

私は自分に気づいてほしかった。滑り台の上に立って叫んだ。「僕を見て！　こんなに高いところにいるんだよ、お母さん！」　だが母は悪いことにばかり気を留めるようだった。私がどれほど鼻つまみ者であるか、どんなふうにトマトを吐き出すか、針を見て身をすくませるか。母はそんなことばかりを他の親たちに話した。始終話題にしていたのが私の愚かさ加減を示す一つの出来事だ。

それはある日の午後、バイブルクラブの時間に起きた。母は家々で聖書を教えていた。二、三十人の落ち着きのない子どもたちが居間に集まって、家具や床の上に座って歌を歌ったり、母の授業に耳を傾けたりしていた。母は毛羽だった板に、彩色したフランネルグラフの人形を載せてお話をしていた。話し上手な母は聖書を活き活きと物語ることができた。

母は精力的に教え、秩序を保っていた。騒ぐ子どもには「あなたのママに言いますよ」とか「神様はあなたに静かにしてほしいの。私にそうおっしゃいました！」とすら言ったかもしれない。バイブルクラブでは最後にいつもバニラ・ウェハースと、粉を溶いて作ったジュースが出て、聖書を覚えたごほうびをもらったり、下にキャンディーが貼りつけてある「優勝者席」に座らせてもらったりするサプライズもあった。私は優勝者席に座ったり賞をもらったりする資格がなくても、この先生の子どもであることが誇らしかった。

母の評判は広まった。やがてバイブルクラブ・ムーブメントというグループに加わり、週に四、五日、午後の時間にバイブルクラブで教えるようになった。ベビーシッターを雇う余裕がなかったので、未就学児の私はどの授業にも出ることになった。繰り返される話に飽き飽きしたが、楽しい過ごし方を考え出した。

ある気だるい午後のおやつの時間、干しブドウを鼻に突っ込んだ。やってみると、鼻から取り出すのは鼻に突っ込むほど簡単ではなかった。干しブドウは湿気を吸収して膨張し、鼻の穴をふさいだ。片方の鼻の穴をつまんで息を吐いた。何も起こらなかった。指で干しブドウを取り出そうとしたが、どんどん奥に押しやるばかりだった。とうとう告白せざるをえなくなった。

「干しブドウで鼻に何をしているの?」 母が語気強く尋ねた。

私は固まった。また悪さをしているところを見つかってしまった。「わからない。ただこうなっちゃったんだ。」

そこのお家の親切なお母さんが道具を一式取ってきてくれた。爪楊枝、ピンセット、スプーン、フォーク、ナイフ、串。母がブドウを取り出しにかかった。ほかの子どもたちは近くに立っておかしそうに笑っていた。やがて右の鼻の穴はどろどろの血液があふれたので、母は鼻の穴にティッシュを詰め込むと、車で私を救急救命室に運ぶ羽目になった。救命室に着くと、気さくなインターンが器具を使って、あっという間に干しブドウを取り出してくれた。

そんなことばかりしていた気がする。退屈するか、ふてぶてしい態度で何かをやってみようとしていた。そして大概見つかって罰を受けた。

私の知る子はみんな叩かれていた。「お父さんが帰って来るまで待っていなさい！」そう言われないか、いつもビクビクしている子どもばかりだった。父親のいない私たちには母がその代わりをして、「お尻に水膨れを作ってやる」と叫んでいた。兄弟で抗議すると、「お尻を叩くなんてどうってことはない」と言われた。「お母さんはお祖母ちゃんからもっと強く叩かれたんだから！」

マーシャルは禁止事項のリストにあった「くそっ」という言葉を使ったり、教会で行儀よく座っていなかったりして鞭で強く打たれた。私は説教を聞かずに、日曜学校でもらう紙に絵を描いていて鞭で打たれた。どちらの懲罰も、みんなに聞こえる教会の廊下で行われたので、恥ずかしかった。家では網戸をバタンと強く閉める、自分の部屋の掃除をしない、嘘をつく、兄弟げんかをする、口ごたえをするといった、少年時代にだれもがする悪さをしただけで、鞭で叩かれた。

母は、「ＢｏＬｏのパドル」という卓球のラケットに似た木のおもちゃを使うこともあった。おもちゃを武器に使うのは間違っている気がした。母は、ほかにもベルトや庭で拾ったしなる小枝、ハエ叩きを用いた。ハエ叩きがいちばん痛くなかったが、ハエのぬるぬるが足に残った。

叩きながら母は言った。「何度言わせるの。口ごたえをするんじゃない！　生まれてきたことさえ後悔させてやる。」　そんな言葉がレンガのように落ちてきた。

母をやめさせようと泣きまねをした。それでも母は手を止めず、「泣かせてやる」と言ったかと思うと、その反対も言って混乱させる。「泣きやむまで叩いてやる。」

私は言い返そうとした。僕は死にたい。死んだら天国に行って、お母さんがどれだけ意地悪だったかパパに教えてあげるんだ。母はすぐさま反撃してきた。「お母さんだって死にたいわよ。天国に行って、あなたがどれほど悪いことをしたかパパに言いつけてやる。」

母にはお気に入りの台詞《せりふ》があった。「大人になったときに、自分そっくりの子が十人できればいい。そうすればわかるわ。そうすれば理解できるのよ。」

マーシャルと私はときには同盟を組み、ときには対立した。年上のマーシャルがたいてい有利だった。「おまえは困るぞ。今すぐ家に帰らなきゃだめだ。お母さんがお冠だ！」やーい、やーい、お仕置きが待ってるぞ、と言いたげな顔つきで言ってくるのだった。

マーシャルに対する私の最悪の裏切りには、ある本が関わっている。ケイおばさんと母に、この本は絶対に読まないと約束させられていた本である。シェーカー教徒について書かれている本だった。シェーカーは、結婚や性交渉をしない人たちから成る宗教集団である。本棚の前を通るたびに、その本がコブラのようにシューッと鳴き声を上げた。夜になると、マーシャルと私はその表紙の中にどんな興味深い中身が潜んでいるか論じ合った。

ある日、マーシャルが母のベッドの後ろで背中を丸め、例の本をちょっとのぞいているどころか貪るように読んでいた。私はその秘密を胸にしまっていたが、数週間後にマーシャルがとんでもなく不公平なことをしたときに告げ口した。母とケイおばさんは目くばせをすると、「正しいことをしたね」と言って私をほめてくれた。

内心、自分が新たな段階の裏切りに手を染めたことがわかっていた。口の中に嫌な味がして胃がむかむかした。マーシャルはしばらく私を信用せず、口をきこうとしなかった。私は味方が一人もいなくなったような、まったくのひとりぼっちになったような気がした。二度と告げ口はしないとマーシャルに約束した。私の知るかぎり、マーシャルはその本を読んだからといって罰を受けはしなかった。そして私はもう決してあんなふうに裏切ったりしないと約束した。

マーシャルと私には、べったりレッテルが貼られていた。マーシャルは怠け者だったが、それは才能豊かに生まれた子どもゆえの呪いだった。私が小学校に上がる前、二年生だったマーシャルが打ち明けた。宿題をやっていないから、毎日恐怖におびえて学校に通っている、と。「頭皮がひりひりして頭が痛い。汗が出る。先生は絶対に僕に当てるんだ。」

「なんで宿題をしないの。」

「宿題をする理由がわからないのさ。」至極当然だった。兄はテストの前の晩に一夜漬けの勉強をするだけで、クラスでトップの成績をとっていた。怠け者というレッテルを受け入れながらも兄は変わらなかった。

ある日、私にもレッテルが貼られていることを知った。母が隣の部屋で服にアイロンをかけていたとき、私はお気に入りの隅っこでお話の本を読んでいた。古い綿のシャツにアイロンが当てられていたので、アイロンから出る熱の臭いと酸っぱい臭いがした。母はよじれた長いコードのついた電話で話していた。首を横に傾け、肩の上に受話器をはさんでいた。「ええ、フィリップのことね……。」母は受話器の向こう側の人に言った。「フィリップは飲み込みが遅いの。たちどころに理解する聡明な子は兄のほうよ。」

電話を切った後、私の顔に浮かんだ傷ついた表情を見た母は、こう説明した。「あなたは何をするにも時間がかかるでしょう。」

「歩くこと、しゃべること、靴紐を結ぶこと。出産の時ですらそうだった。予定日から一か月近くも遅れて生まれたのよ。」

兄とサイクリング（1955 年）

私は、母の判断に対してマーシャルとは異なる反応をとった。母のつけたレッテルの間違いを証明しようとしたのだ。シンデレラのような――あるいは聖書のヨセフのような――いじめられていても、あるとき頂上に立つ人たちの話を知っていた。我慢するんだ、フィリップ。おまえのことに気づいてくれる人にいつか出会える。おまえはいつか、何かでマーシャルを打ち負かすんだ。

マーシャルは、私のヒーローであると同時にライバルでもあった。ほとんどの時間を読書に費やしていたマーシャルはめったに困った目に遭わなかった。大きくなったらお父さんのような宣教師になりたいと宣言した七歳のときから、母は兄を特別扱いした。

母にとってマーシャルは「良い息子」だった。そのせいで私は吐き気を催した。マーシャルは家に帰ればだらしないこと、宿題をしないこと、学校でもらった書類に母の代わりに自分で署名したこともあるのを知っていた。マーシャルは頭が良過ぎて、ずるをしてもばれなかっただけなのだ。

「そんなの不公平だ！」私は文句を言った。「お母さんがマーシャルに夜更かししてもいいって言ったから、マーシャルは先週フランクの家でテレビを見たんだ！　僕は一つも楽しいことができないのに。」

「あなたにもできるときが来るわ。マーシャルは年上なのよ。」それですべて説明がつくかのように母は答えた。

マーシャルが何かをすると、私も真似したくなった。マーシャルが補助輪なしで自転車に乗るのを見ると、あんなふうに乗りたいから僕の自転車の補助輪も取ってくれと、数週間、母に必死に頼み込んだ。母は面倒だとぶつくさ言いながら、ペンチと錆びたナットをいじくりまわして補助輪を取り外した。あっちこっちへ乱暴に角度を変える自転車に五分ほど乗ると、自分が間違いを犯したことがわかって、もう一度補助輪をつけ直してくれと母に頼んだ。その作業は、問題を察したケイおばさんが買って出てくれた。

一か月後にもう一度補助輪なしで乗ってみようと思った。「本気なの。」母に聞かれてうなずいた。やはり惨めな結果になった。ケイおばさんがもう一度補助輪をつけてくれた。

補助輪の話を三度目に持ち出したとき、母は警告した。「今度外したら二度と元に戻さないわよ。聞いてる？　同じことをするつもりはないからね。」私は数日間、バランスのとり方を習得しようとしたが、やってみるたびに泥の上で自転車の下敷きになった。勇気を奮い起こして補助輪を戻してほしいと母に頼んだ。母はエプロンで両手を拭くと、自転車を泥道まで引いて行った。若い木の枝を手折り、葉をそぎ落としながら。胃が痛くなった。

「お母さんが乗り方を教えるわ。さあ、サドルに乗って！」　私は母に木の枝で叩かれ、サドルにまたがって、よろめきながら前に進んだ。どれほど大きな声で叫んでも、たとえ自転車が横に傾きだしても、母は木の棒を振り回していた。涙と鼻水が顔を流れ落ちるまま、ペダルを漕いで進むしかなかった。

後年、古傷のようなその記憶をたぐった。自転車に対して愛憎入りまじった感情を克服しなければならなかったと母に話した。「喜びにあふれたひとときに、子どもにとって勝利のひとときになるはずだった。それなのに味わったのは暗い喜びだった。楽しみたかったのに、楽しみでなく痛みを感じることが多過ぎた。」　そのころはすでに母自身が過酷な少女期を送っていたことを知っていたので、共感してくれるのではないかと思った。

母は当惑したような目で私を見つめると言った。「でも、自転車に乗れるようになったでしょう？」

マーシャルが学校に上がって最初の二年間、私は二人の大人とエレンウッドの家にいて、とても不利な立場にあった。何をしても見つかった。ところがある日わかったのだ。母はすべてを知っているわけではなく、ケイおばさんも頭の後ろに目がついているわけではないことを。僕にはあの二人も知らない部分がある。お母さんにもおばさんにも僕の心は読めない。

できるだけ秘密を持っていられるようにした。口を閉じていれば、そしてすべてを漏らさずにいれば、秘密は隠されたままだ。話をしないことで新しい種類のコントロールを手にすることになった。知らんふりをすることほど大人を怒らせることはないとわかった。

「あなたはあの子たちと午後ずっと何をしていたの。」夕食のときに母が聞く。

「別に。遊んでいただけだよ。」

ケイおばさんが口をはさむ。「それは何かを隠している顔ね。」

私はBB弾を撃ち合った話を母たちに言うまいと、何か別のことを考えていた。瞬きを我慢して大人たちの目を見つめる。何を隠しているか手がかりを探りながら、二人が私を見つめ返す。この作戦を実行するようになって別のレッテルが貼られた。「あなたはこそこそする子ね！」そう言われても大して気にならなかった。

お尻を叩いても効果がないと、母とケイおばさんは脅してきた。母の最強の脅しはこんなふうだった。「行儀よくしないと、ミレッジビルの白衣を着た人たちに電話をして捕まえに来てもらうよ。」ミレッジビルはジョージアの精神科の病院だった。確かな記憶ではないが、そう言って脅すとき、母はおかしそうに笑うことがあった気がする。悪い犬を追い払うように子どもを「追い払う」こともできるのだろうか。

ケイおばさんからある脅しをかけられた後に、私は最悪の裏切り行為をした。おばさんは母の警告を真似して、「真面目にならないと、養護施設に送るわよ」と言ったのだ。それから数日間、ミレッジビルの精神科の病院か養護施設か、どちらのほうが悪いかを考えた。

母の共感を得たくて、またそれが真実か知りたくて、母にケイおばさんの脅しの話をした。期待以上のものを得た。それまでいちばん優しい言葉をかけてくれたのだ。母は片手を私の顎の下に置くと、まっすぐ私の目を見て言った。「フィリップ、どんなことが起ころうと、お母さんはあなたを養護施設に送るようなことは絶対にしません。」

私は母を信じた。そして基本原理を突きとめた。たとえ悪い子でも、私は絶対に追い払われたりしないのだ、と。

そのころの私は、ケイおばさんが私と兄への体罰を母に任せ、おばさん自身は決して体罰に手を出さなかったことを知らなかった。おばさんはどうしようもなくなったときに、あの養護施設の脅しを使ったのだ。後に母とその件を話し合った牧師は、ケイおばさんには家から出て行ってもらうほうがいいと助言した。

この善良な女性、人生の数年間を私たちのためにささげてくれた私のチャンピオンは、やがてケンタッキーに移る計画を立てはじめた。すべて私のために。

私はこそこそする少年だったかもしれない。だれも信用できなかった。そもそも自分自身を信用できなかった。

この世のものでなくこの世で生きるほうが、
教会のものでなく教会で生きることより容易である。

――ヘンリ・J・M・ナウエン

7 教会

教会を抜きにして私を語ることはできない。私たち家族は毎週日曜日の朝拝と夕拝、そして水曜夜の祈禱会にも出ていた。私はそれに加えて夏休みのバイブルスクール、青年会の活動、「リバイバル」その他教会で行われるすべてのことへの出席を求められていた。教会では何を信じるべきか、だれを信用するべきか、するべきでないか、そしてどのように行動するべきかを教わった。

最初に通ったのは古いレンガ造りの教会で、白い尖塔がまっすぐ空に伸びていた。母が言った。「パパはここでときどき説教をしたのよ。お葬式もこの教会だった。」ところが父の死の数年後、教会はレンガの外壁を白く塗るべきか否かという問題をめぐって分裂し、母は別の南部バプテスト教会に転籍した。

教会を変わることは前もって母から知らされていた。「その教会のほうがずっと大きくて、教会員も千人近くいるのよ。」 コロニアルヒルズ・バプテスト教会はアトランタ空港に近いイーストポイントの町にあり、住宅街のほぼ一ブロックを占めていた。家族で初めて訪れたとき、礼拝堂にずらりと並んだ劇場型の座席にぽかんと見とれた。日曜学校の建物は礼拝堂と別で、マーシャルの小学校より大きく見えた。兄と私はそこで人格形成期を過ごすことになる。

毎週、教会の匂いを吸い込んだ。女性たちの香水、床のワックス、革の聖書、汗染みのついた木材、暖房の送風孔から流れてくる臭いが混在していた。バプテストなので、もちろんロウソクやお香はない。左の壁の、絵具で描かれた世界地図に小さな光が瞬いている。一つ一つの光はこの教会が支援している宣教師を表していた。右壁に置かれたオルガンは、パイプが光り輝き、礼拝堂で圧倒的な存在感を放っていた。

牧師のポール・ヴァン・ゴーダーはボブ・ジョーンズ大学の学位を持っていたが、神学教育は受けていなかった。黒髪の波うつハンサムな男性で、ペンシルベニア出身という北部の人間だったが、人々の心をとらえていた。発音の仕方から「この辺りの人間でない」ことがわかった。ゴーダー牧師は「ガード（神）」を「ゴッド」、「アーメン」を「エイメン」と言い、LでなくRの発音でホーリー・スピリット（聖霊）と言った。聖書と同じような言葉遣いをすることもあった。「私たちはイエスが戻って来られるまで、もうしばらく待ち望むことになります。」

私は幼過ぎてその説教を理解できなかったが、この牧師は「ラジオ・バイブルクラス」という全国放送の番組によく出ていたので、良い説教だったのだろう。ラジオや、ときにはテレビにも出演するほど有名なこの牧師を私たちは誇りにしていた。母も含めて多くの人が彼の説教をノートにとり、色違いのインクで聖書に印をつける人たちもいた。ブラザー・ポールが「聖書のハガイ書を開いてください」と言うと、薄い紙をめくる音が静かに礼拝堂に流れた。ハガイ書のような地味な預言書が聖書のどこにあるか、この教会の人々はみな知っていた。

母にとって日曜日はいつでもいちばん心の躍る日だった。女性たちは、母が聖書クラブでどれほど素晴らしい働きをしているかを語り、聖書クラスをもう一つ予定に組み入れてもらえないかと頼んだ。母はマーシャルと私を「息子たちです」と紹介し、「ときどき手に負えないんですけれど」と笑いながら言ってから、「そんなにたくさんの仕事をどうやってこなしているのでしょう、ミルドレッド」というお世辞を謙虚に受け入れるのだった。

教会では子どもも大人のようにふるまうべきだと母は考えていたので、私は時間を潰せることを見つける必要があった。二列前の座席にいる十代の女の子を見つめて、テレパシーが通じるか試してみた。あの子を振り向かせて僕を見つめさせることができるだろうか。講壇の後ろに列を作って座っている合唱団のメンバーに目を凝らしたこともある。蒙古斑のある太った男性が居眠りしている。教会の中で！　あの猫目石の眼鏡をかけた、ハチの巣みたいな髪形の女性はバカみたい。白昼夢も見た。マシンガンを持った共産主義者がこの教会に侵入したらどうしよう。合唱団のだれを最初に撃つだろう。

マーシャルと私は、賛美歌の間にするゲームを考え出した。歌のリーダーが二番の歌詞を女性に、三番の歌詞を男性に歌わせた。「さあ聞きましょう、男性陣。女性の皆さんは思いきり大きな声で歌ってください！」マーシャルが肘で私をつつき、違うときに――女性が歌うときに――私に歌わせようとした。二人で交互に一つ一つの言葉を歌うこともあった。よーの（マーシャル）おーわりーの（私）ラッパなーり（マーシャル）わーたる（私）とき―（マーシャル）、という具合に。二人で賛美歌をめくって、オーガスタス・トップレディのような変わった名前の作詞家や作曲家を探した。それでもＰ・Ｐ・ブリスほど変てこな名前はなかった。

おかしなことだが、教会でたましいや霊の話が語られるほど自分の身体に意識が向いた。暖かくなって短ズボンのスーツを着ていたとき、木の裂片が足にチクッと刺さったこともあった。ウィンクをしたり指の関節を鳴らしたり、時間をやり過ごせそうなことは何でもした。時計の秒針を見つめながら、できるだけ長く息を止めた。重量挙げの選手のように両腕に静脈が浮き出るまで肘掛けをぎゅっと握りしめた。

めざとく見つけた母が手を伸ばして私をつねることもあった。「ちゃんと説教を聞きなさい！」他の人たちにも聞こえるくらいの声でささやいた。母に手首をつかまれ、礼拝堂の外に引きずり出されて叩かれるという屈辱的な経験をしたことも一度や二度ではなかった。

なるべく目の不自由なベイカーさんの近くに座ろうとした。ジャーマン・シェパードの助けを借りて歩く人だった。ベイカーさんの許可がなければ、その盲導犬をなでてはいけないと言われていたので、この親切な男性と仲良くなることを目標にした。この人の犬がうらやましかった。礼拝の間、眠っていられるのだ。気の毒なのは、ずっと退屈しているに違いないことだった。この犬はいつもご主人に従っていなければならなかったし、許しがなくては撫でてももらえなかった。

母が教会で女性のクラスを教えるようになると、状況が一変した。兄と私はその間、他の女性のそばにいることになったのだ。女性たちはいろいろな楽しいことをしてくれた。大きなハンドバッグからキーホルダーや献金用の小銭、バタースコッチ・キャンディーやジューシーフルーツガムなどを引っ張り出した。女性たちにはそれまで知らなかった匂いがした。バニラ、リンゴの花、ヘアスプレー。そしてタバコの臭いのする女性も少しだけいた。ある日曜日に私が預けられた女性の夫は水夫あがりで、袖をまくり上げて豊かな胸の女性のタトゥーを見せてくれた。それが初めて見たタトゥーだったと思うし、教会で初めて見たタトゥーだったことは間違いない。

ホートン夫人のそばに座るのが特別好きだった。夫人の両肩には、何体かつながっている、ふわふわした動物が載っていて、「ミンクのストール」だと言った。死んだミンクの目は固くてキラキラしていた。細い口に意地悪そうな歯が見えた。どの動物も、その前の動物のお尻を口にしっかりくわえていた。ふわふわした尻尾と黒い小さな足がだらりと垂れて、遊んでくれとせがんでいた。

礼拝が長引くと、ホートン夫人は私の手にいろいろな絵を描いてくれた。大人が教会でお絵描きをしている！　私が指を動かすとウィンクするような顔を描いてくれた。夫人は私に腕を回して優しく抱きしめた。もらったペパーミントは、「今、食べていいのよ」と耳打ちされるまでポケットに忍ばせていた。教会でキャンディーを口に入れるなんて罪のような気がしたが、その分余計に美味しく思えた。夫人は私の十セント硬貨を使わせず、献金皿に自分のお金を落とさせた。生まれて初めて教会が楽しくなった。

日曜日の夕拝はもっと気楽な感じで、コロニアルヒルズ教会は「青年の夜」によくゲストスピーカーを招いた。シカゴから来た科学者は、自身を発電機につなげて百万ボルトの電気を身体に流した。その指先から小さな稲妻がスパークし、助手が放り投げた木の塊が手の中で焼けて教会に炉端の臭いが充満した。しかし「世界最強の男」ポール・アンダーソンにかなう者はいなかった。十代の若者八人が左右に四人ずつ乗った巨大な秤を、しゃがんだ体勢から持ち上げたのである。

その後でおやつをもらいに、ワートン氏が担当する隣の広い部屋に移った。青白い肌の落ち着かない目をした人だったが、綿飴を作る器械をもっていたので、あっという間に子どもたちの人気者になった。ステンレスの洗い桶のような入れ物の真ん中にチューブがあって、そこに砂糖を流し込んでスイッチを入れる。さあ、さあ、さあ！　紙コップを差し出せば、ねばねばしたピンクの綿飴の筋が魔法のように現れて、カップと私の指にぐるぐる巻かれていった。

いちばんよく覚えている日曜日の夕拝は、ミシガン州のラジオスターだったM・R・デハーン博士が週末の会議に出席するために訪れたときのことだ。教会のワールドシリーズのようだった。私たち家族は駐車場を確保するために早めに着いたが、それでも長い道を歩かなければならなかった。日曜日の夜は新来者の数があまりにも多かったので、マーシャルと私は、普段は閉まっているバルコニーで十代の若者たちに混じることを許された。まるでスポーツスタジアムにいるようだった。たくさんの禿げ頭や女性たちの帽子を見下ろし、合唱団と説教者ははるか遠くにいた。

下のメインフロアでは何百もの団扇《うちわ》が猛る波のように動いていた。平たい厚紙を切ってアイスキャンディーの棒のようなものをホッチキスで留めて作った団扇で、顔の前で扇《あお》いで風を起こすのだった。団扇の表には絵が描かれていた。ゲツセマネのキリストか良き羊飼いか、たぶんこの教会の写真だった。裏側には葬儀社の広告が載っていた。

近くに座っていた若者たちが葬儀社の広告の編集をはじめた。エアコン装備のチャペルに、「なので体臭が気になりません」を付け加え、救急車の手配サービスの横に「おっと、遅すぎた」を書き、二十四時間酸素を、の近くに「酸素が必要なくなったときにだけ」と書いた。デハーン博士の説教の間、だれが最高のスローガンを思いついたか競い合って過ごした。マーシャルは葬儀場のモットーを提案した。「弊社はいつも皆様の期待に背きます。」

説教が終わると、牧師がデハーン博士のために「愛のささげ物」を集めますと言った。案内係がチャペルに散らばると、やんちゃな若者がＭ＆Ｍのチョコボールをいくつか下のメインフロアに落とした。数分後に、その少年がある男性の禿げ頭にストレートピンを落としたらどうかと言った。まさにその時、別の少年がささげ物でいっぱいのかごを、張り出した棚から「うっかり」落とした。紙幣が宙を舞い、天井の扇風機の風で上へ下へと乱舞し、階下の傾いた木の床をたくさんの硬貨がうるさい音を立てて転げ回った。バチン！と大きな音を立てて暖房の鉄格子の中に飛び込んだ硬貨もあった。牧師は渋面を作り、執事たちは秩序を回復すべくバルコニーの階段を駆け上がった。

コロニアルヒルズ教会は、年に二つの特別なイベントを開催する習わしだった。毎年の宣教集会のときはバルコニーに万国旗がかけられて教会をきれいに装った。五分間の空き時間のたびに宣教師たちが海外での冒険談を順番に話した。猿の肉を食べたとか、ピグミーの人たちのために働いたといった話が語られると、私は耳をそばだてた。スライドが上映されることもあった。スライドの最後はいつも日没だった。

礼拝が終わると、宣教師たちはチャペル後方のブースの脇に立った。吹き矢やワニの剝製、蝶々、何体かの干し首まで展示されていた。私はそんなブースから地理や外国の人々のことを学んだ。展示物を見て宣教師の子どもたちと話をしたとき、不意に自分の両親がアフリカに行けなくてよかったと思った。アフリカ大陸に生息する鳥を食するクモや屋根に潜んでいて眠っている人の上に落ちてくるヘビや、皮膚の下をはいずり回るギニアミミズなるものの悪夢を見た。

最後の夜に人々は「信仰の誓い」をした。コロニアルヒルズ教会には支援している宣教師が一七〇人いて、会員たちは毎年バケツ何杯分ものお金を集めていた。講壇上の男性が長い巻紙の入った計算機を操作した。案内係が集めた誓いのカードを牧師が発表する。「一〇〇ドルの誓いです。この方が犠牲を払って、ありったけのお金を献げていることを知っています。」そして轟くような声で言った。「そして神のすべての民は言います……。」私たちは大きな声で「アーメン！」と返した。一、〇〇〇ドルの誓いがなされたと聞いたりすると、だれもが手を叩いて「ハレルヤ」と言った。

私は八歳になったら新しい自転車が欲しくて、何年間か一セント銅貨を貯めてきた。しかし宣教集会の直前になって母に告げた。貯金を自転車でなく宣教師の人たちに献げなさいと主が言っておられる、と。母は私の貯金をカバンに入れさせた。八六五枚の銅貨と数枚の銀貨があった。最後の夜に講壇に上がってブラザー・ポールに直接手渡しなさい、と母は促した。牧師はお金を渡そうとする私を押しとどめると、私の肩に手を置いて教会全体に向かってこう言った。「この子は新しい自転車を買う代わりに、この銅貨すべてを宣教師たちに献げようとしています！　主をほめたたえよ！」だれもが拍手をし、私はこれほど誇らしい気持ちに、神聖な気持ちになったことがなかった。

「終末」の専門家であったポール・ヴァン・ゴーダーは、毎年預言集会も開催していた。この教会は、やがてイエスが戻って来られてこの世が終わる、と信じていたので、預言を真剣にとらえていた。私たちは未来がどうなるか、その手がかりを求めて聖書を学んだ。集会の間、講壇の端から端まで大きな横断幕がかけられていた。縫い合わされたキャンバス地のシーツいっぱいに、SFに出てくるような生き物の絵が描かれていた。ダニエル書やヨハネの黙示録の幻を描いた絵で、講演者たちは長いポインターを振り回して、足の指や角や目やサソリの尾などが強豪国をどのように表しているかを語った。

横断幕にはロシアも描かれていた。ある講演者は、来るべき騎馬戦に備えて馬を飼育するロシアの計画を報じた新聞記事を取り上げた。新しく統合されたヨーロッパから反キリストが現れ、北部から数百万人の戦闘部隊を率いてイスラエルに下って原爆を落とし、ハルマゲドンの戦いを起こすと言った。「ヨハネの黙示録で言及されているゴグとマゴグはどこにいるのか。」そう尋ねてから効果を狙って言葉を切ると、横断幕の地図を叩いた。「エルサレムから北に直線を引くと、ロシアのモスクワがある！」私の後ろの女性がはっと息を呑んだ。聞きながら、大患難時代の前に携挙されたいと思う一方、あたりを歩いて大爆発を見たいとも思った。

この教会は同時代の出来事について多くを語った。私が十歳になる一九五九年、コロニアルヒルズ教会は『アメリカがカトリックの大統領を選ぶなら』という本を何百部も配布した。「ローマ・カトリックのせいでイエスのために苦しみを受けてきた何千人ものクリスチャンにささげられた」本だった。そんな恐怖がありながらもジョン・F・ケネディが選ばれたが、私の知るかぎりクリスチャンがいつも以上に苦しむことはなかった。

公民権運動が進むと、生粋の民主党員たちも一夜にして共和党員になった。そしてケネディ大統領が黒人学生の入学を認めるよう南部の学校に軍隊を出動させると、私たちの教会を緊張が支配した。国は人種差別撤廃を次はどこに強制するのだろうか。レストラン、モーテル、教会だろうか。コロニアルヒルズ教会には、人種差別を撤廃した学校に通いたくない白人の逃げ場として私設の学校があった。

教会の礼拝で一度だけ黒人を見たことがある。高名な講演者のデハーン博士が訪れたとき――私がバルコニーに座ったとき――のことだ。黒人を支援する人々もある程度出席を許されるべきだと博士は主張した。その週末、六人の黒人が教会のロープで仕切られた場所に固まって座っているのが見えた。

ある週の日曜学校で「ハムののろい」の話を聞いた。教師は創世記九章のおかしなくだりを読んだ。酒に酔って裸になったノアが、何かしら性的な罪を犯したからと孫のカナンをのろう話だった。ノアは「兄たちの、しもべのしもべとなるように」〔創世九・二五〕と宣言した。ハムは「日焼けして黒くなる」という意味なので、神はこのくだりで黒人が未来永劫しもべであるように運命づけた、というのである。しかし、のろいを口にしたのが神でなく酒に酔ったノアであったこと、そしてこののろいはカナンに適用されるのであって、彼の父親ハムにではないことをあえて指摘しようとする人はいなかった。

レスター・マドックスも時折この教会にやって来た。私の知るなかで最も有名人に近い人物だった。教会の人々は、彼の経営するフライドチキン・レストラン「ピックリック・カフェテリア」で食事をするのが好きだった。母も何度か私たちをそこに連れて行った。「人種隔離政策が実現しますように」と入り口で願いながらぞろぞろ中に入ったことを覚えている。このレストランではTシャツ、レスター・マドックスの「アメリカを目覚めさせる」目覚まし時計、そして公民権運動のデモ行進者たちを殴るときに警官が使っていたような斧に似たハンドルの土産物も売っていた。店には三つのサイズのハンドルが置かれていた。パパ用、ママ用、そしてもっと小さい子ども用のハンドルは警棒に似ていた。マドックスは毎週、アトランタ紙に連邦政府を糾弾する広告を載せていた。政府が彼の財産権を没収すると脅しているというのだ。マドックスは、連邦政府が黒人にも食事を出せと強要したらレストランを閉じると教会の男子青年会で宣言していた。そして実際にレストランを閉め、数年後にジョージア州知事に選出された。

一九六〇年、公民権運動の活動家たちは、アトランタの教会から人種差別を撤廃する計画を宣言した。私たちの教会が募った自警団は「トラブルメーカー」が中に入らないよう交代で見張りをした。執事たちは実際に、教会に入り込もうとするデモ参加者に渡すカードを印刷した。

あなたたちの動機が神の教えとは異なっていると信じるので、私たちは歓迎できません。どうかこの敷地からすみやかに出て行ってください。聖書は、「人々が兄弟であることと、神が父であること」を教えていません。神はすべてのものの創造主ですが、生まれ変わった人々だけの父です。救い主イエス・キリストを知りたいと真剣に望む人がいれば、私たちは喜んで神の言葉を個人的にお教えします。(牧師と執事の合意声明。一九六〇年八月)

デモ隊が一人も現れないと、教会は最終的にその立場を和らげ、いくつかの黒人の家族に出席を許した。そして、私の父もかつて教えていたカーバー黒人聖書学院の学生や職員は優遇された。自分の娘に質の良いキリスト教教育を受けさせたいと思ったカーバーの学部長が、教会の私設幼稚園に入園申込書を送ったが、その要求は拒否された。同じころカーバーの学生だったトニー・エバンスが、この教会の聖書の教えを気に入って、教会員になりたいと願い出た。

エバンスの要求を受けたコロニアルズヒルズ教会では、人種差別撤廃に向けて動くか否かをめぐって大論争が勃発した。一人の会員が公開会議で質問した。「キリストにある黒人の兄弟姉妹を会員資格からも教会付属の学校からも排斥することが、この教会の方針ですか。」講堂は静まり返った。やがて執事長が顔を真っ赤にして首の血管を浮かび上がらせながら小槌を振り下ろして告げた。「本会議を閉会する!」教会は行儀のよい少数の黒人が出席することは認めていたが、黒人が教会員になったり学校に入ったりすることを許さなかった。

日曜学校の教師がリボンやきらめくメタルのトロフィーをご褒美にくれるようになると、私は模範的なクリスチャンになった。その日の聖書の箇所を進んで朗読し、薦められた聖句を覚え、クラスでお祈りを導いた。マーシャルはずるをした。若者のための特別礼拝にだれがいちばん多くの人を招待できるか、教師が競わせた。ある少年は一五〇人に声をかけ、その半数がやって来た。マーシャルは二四〇人に電話をかけたが、相手が出るなり電話を切る。数秒待って発信音が鳴りはじめてから、招待しているふりをした。兄は私に、だれにも言わないと誓わせてトロフィーを手に入れた。

教会の礼拝はたいてい招きとともに終わる。「救われていない人々がキリストを受け入れますように。」牧師や伝道者がそう言うのを、会衆は頭を垂れて目も閉じたまま聞いていた。「善良であるから天国に行けるのではありません。教会に通っているから天国に行けるのでもありません。わが友たちよ、道はたった一つです。そして皆さんは今、それができます。天国に行ける確信を持てない人も、今日ここにいるかもしれません。親愛なる友よ、今が救いの日です。救われたい人は手を挙げてください。はい、はい、その手が見えます。祝福がありますように。はい、このチャペルの中で……神様が皆さんを祝福しておられます。そう、そうですよ。」

円を描いて飛ぶ蚊のように講演者の言葉がどんどん近づいてくるようで、私の罪意識はわき立った。「あなたの罪が洗い流されたと確信できますか。『牧師さん、いつか、そうします。でも、まだです。しばらく楽しませてください。今は遊ばせてください』とか、『たぶん、この夏、学校が終わったら……』と思っているかもしれません。」恐怖が迫り、心臓と肺がしめつけられた。

オルガンが鳴り響き、みんなで招きの賛美歌を歌った。「『われにこよ』とイエスきみは　やさしきこえをなれにかけて　いまもなお　まちわびたもう　こよ　こよ　つかれたるもの　イェスはあいのてをばのぶ　とくイェスにこよ！」〔聖歌四〇九〕ラジオのビリー・グラハムのクルセードのように、こうした招きの最後に『ほふられたまいし』〔聖歌二七一〕が歌われた。私たちは七番まで全部歌った。

三番の歌詞が心に響いた。

疑いは内に　戦いは絶えず
恐れは　おおえど
われ行く　ただちに

本当に救われているか否かという質問ほど私を苛《さいな》んだものはない。罪人の祈りは何度も唱えたので、綴りを逆から言えるほどになった。両手の指を組み合わせて目をぎゅっと閉じ、前に進んで、教会の年長者たちに祈ってもらった。それをさらに数回繰り返した。救いとは効果の定かでないワクチン接種のようなものかと思いながら。それでも執拗な疑問を黙らせることはできなかった。私は心から祈っているだろうか。これは真実の祈りだろうか。

聖書の中でハンナが息子にしたように、母がどんなふうに私を神にささげたか覚えていたし、自分がその期待に沿えないこともわかっていた。「神様、もっと聖くなれるよう助けてください。」どれだけそう祈っても、いつも昔からのペテン師のパターンに陥った。日曜学校に新しく来た子が「ダグ・ターニプシード〔訳注＝かぶの種の意〕です」と自己紹介をすれば、その子の名前をからかった。その子は二度と日曜学校に戻って来なかったので、たぶん私のせいだろうと思う。目が悪くて騙されやすい女の子を仲間たちと一緒にからかったこともある。後ろからこっそり近づいて肩を叩いて走り去るという嫌がらせもした。

罪意識は胃酸のようだった。どうすれば天国に行けるって信じられるだろう。兄のマーシャルを注意して見た。マーシャルはバプテスマの厳粛な段階を踏んでいた。それが鍵なのかもしれない。母に尋ねると、あなたはまだその準備ができていないと言われた。母は「あなたはまだ自分の行動に責任をとれる年になっていない」と言いながら、いつになったら責任がとれるか明言しなかった。トロフィーをいくつも手にする日曜学校の優等生を演じている自分と、知ったかぶりの単なる卑劣な人間の自分との間で引き裂かれる思いをしながら待っていた。その曖昧な責任のとれる年齢を過ぎるや、地獄に落ちる可能性が確実に高まるのだろう。

日曜学校のある歌が、私にとりついていた恐怖を完璧にとらえていた。

　小さなまなこよ　見るものに気をつけよう。
　父なる神様が天から　愛をもって見下ろしておられる。
　だから小さなまなこよ　見るものに気をつけよう。

二番以降の歌詞はその細かい調査対象をさらに広げていた。「小さなまなこよ 聞くものに気をつけよう……　小さなおててよ することに気をつけよう……　小さなあんよよ 行くところに気をつけよう……　小さなお口よ 言うことに気をつけよう。」

天の父のことは知っていた。母が脅すときに使っていたからだ。私が鼻をほじるときも、母に隠れてこっそり従わないときも、嘘をつくときも、いつでも私の父には見えていることを知っていた。神というスーパーファーザーはずっと恐ろしく、X線のような目、瞼《まぶた》のない目を備えていた。どういうわけか「愛をもって見下ろしておられる」部分を見落としていた。

罪を洗い流す聖餐にあずかりたくてたまらなかった。だが、母に聖餐式も待ちなさいと言われ、待っていると不安になった。コロニアルヒルズ教会では三か月に一度だけ聖餐の礼拝が持たれた。毎回クラッカーの塊を噛む音を聞いて、聖餐の小さなガラス容器に人々の舌が大きく映るのを見ていた。

「聖餐にあずかると、どうなるの。」 四半期に一度の礼拝の後でマーシャルに聞いた。

「どうってことないよ。ワインじゃなくて、ただのブドウジュースさ。それにクラッカーは病気のときに食べる塩味のクラッカーみたいだ。あんまり塩が効いていないけどね。」

兄の言うとおりだった。母がついに「聖餐にあずからせた」とき、私はクラッカーを舌に載せたまま吸わずにいて、少しずつ柔らかくした。ジュースも飲み込む前にしばらく口の中に含んでいた。その後で聖餐式の皿が回ってくると、グラスをダイヤモンドゲームのように小さな丸い穴の一つに戻した。神聖な感情はまもなく色褪せ、これといった変化は起こらなかった。私はバプテスマを受けなければならなかった。

やがて十歳になると、母は私の準備が整ったと考えた。十一歳の誕生日まで待たされたマーシャルのそばで私はほくそ笑んだ。最初にブラザー・ポール・ヴァン・ゴーダーとの面談があった。本の並んだ彼のオフィスで私はずっと緊張していた。牧師は、机をはさんだ反対側で革の椅子にもたれて尋ねた。「バプテスマは君にとってどんな意味があるのかな、フィリップ。」

練習してきた正しい答えを暗唱した。「イエス様を心にお迎えしたとき、心の中に起こった変化をみんなに知らせたいのです。」

「神様は君のために、いくつも素晴らしいことを備えておられると思うよ、フィリップ。バプテスマは神聖なものだ。永遠に続くもので、戻ることはできない。生涯、自分をささげるつもりがないなら、受けてはいけない。」ごくんと唾を呑むと、喉に何かが詰まった感じがした。強がって、その覚悟はできていますとうなずいた。

教会はバプテスマを日曜日の夕拝に予定した。講壇後ろの真ん中の壁にバプテスマ用の水槽があり、カーテンで隠されていた。バプテスマの夜、カーテンが開いて、背景にヨルダン川の絵が描かれた大きな桶が現れた。

その夜は私と三人がバプテスマを受けた。説教が終わると、合唱団が賛美歌を歌いはじめ、四人で更衣室に歩いて行く。みんな裸足で、牧師はめいめいに白いローブをくれた。部屋は寒くなかったが、Tシャツと白いズボンの上からローブをかぶると身体が震えた。

ブラザー・ポールが手順をおさらいした。「私の手をしっかり握って離してはいけません。心配することはありません。私があなたたちをつかんでいます。私があなたたちを引き上げます。気を楽にして。」気を楽にと自分に言い聞かせたが、どうすればよいのかわからなかった。

厳かな儀式がはじまった。二人の女性が水の中に消え、髪の毛から水を滴らせながら起き上がり、薄いローブが、下に着ている白い服にぺったりくっついているのが横から見えた。大人の女性が牧師の腕の中でぐったりしているのは奇妙だった。泣いている女性がいた。両目から黒いものが筋を引いて滴り落ちた。

バプテスマ用の水槽はカビ臭く、両耳がじんじん鳴った。心臓が胸の中をあちこち移動していた。服の中までみんなに見えたらどうしよう。手を離してすべって溺れたらどうしよう。行ってきたばかりなのに、またトイレに行きたくなったらどうしようと思い続けた。それでも神様のことに思いを集中させることにした。

ブラザー・ポールがうなずいて、私は水の中に足を踏み入れた。水は冷たく、息をひゅっと吸い込んだ。息を止めて、ガタガタいう歯をコントロールしようとした。「われらが主なる救い主イエス・キリスト、そして主に対する君の信仰告白に基づいて、フィリップ、父と子と聖霊との御名によってバプテスマを授ける。エイメン。」

両目をぎゅっとつぶっていきなり水の中に入り、力強い手が背中に当てられていること、もう一方の手が私の鼻をつまんでいること、私の両腕が胸の上で組まれているのを感じた。そして水の中から出ると空気を吸い込んだ。終わった、あっという間に。関節をなくしたように感じる足で踏み段に向かった。

「さあ、新しいいのちの中を歩きなさい。」牧師はそう言って、私をそっと踏み段の上に促した。

ひとりでないことを知るために、人は本を読む。
――ウィリアム・ニコルソン『シャドーランズ』

8　学び

言葉の持つ神秘的な力は早くから感じ取っていた。だが、その秘密とは何だったのか。ケイおばさんと一緒に暮らしていたとき、おばさんと母はよく暗号のような言葉でしゃべっていた。ある水曜日の夜、教会から車で家に帰る途中でケイおばさんがアルファベットを並べて言った。「i-c-e-c-r-e-a-mを買って行こうかしら。」前にも聞いたことのある暗号だった。小さな音を一緒に並べると何かの意味になる。でも大人にしかわからない意味なのだ。

同じ暗号は本でも使われていた。私は児童書の絵を見ると、描かれている場面を思い出して大喜びで絵を指さしていた。けれども大人たちはコショウのようにページに振りまかれた黒い印を見つめて、前に聞いたのとまったく同じ言葉でそのお話を繰り返すことができた。

「お母さん、これなあに。」黒い印を指さした。

「それは犬と書いてある言葉よ。絵を見た?」母は三つの印に一つずつ指を当てた。「D-o-gと書いて『ドッグ』になるのよ。」アイロンをかけたり皿洗いをしていたり聖書を読んでいたりする母に何度も「これなあに」と尋ねた。答えてもらうたびに新しい暗号のかけらを心に蓄えた。あんまり何度も母を煩わせると、その日はもう答えてもらえなかった。「学校に上がるまで待ちなさい。学校が教えることなのだから。」私は性懲りもなく聞き続けて母を弱らせた。あの不思議な暗号は重要なものに違いないと思った。大人たちはつまらない灰色の新聞を広げて目を動かすだけで、なぜか明日は雨になるとかロシア人が新しいロケットをテストしたとかがわかるのだ。

四歳の誕生日を迎える少し前に暗号を解読した。わが家にはトラが溶けてバターになる『ちびくろ・さんぼ』〔邦訳、ヘレン・バンナーマン著、フランク・ドビアス イラスト、光吉夏弥訳、瑞雲舎〕や、山のてっぺんまで走り抜ける『いたずらきかんしゃちゅうちゅう』〔邦訳、バージニア・リー・バートン著、イラスト、むらおかはなこ訳、福音館書店〕など、私の大好きな物語を吹き込んだ四十五回転の金色のレコードが何枚かあった。かすれ声の男性がおなじみの話を読むと、黒い印を指でなぞって、これだとわかる言葉に当たると顔を輝かせた。レコードで犬のニッパーがワン、、ワンと吠えると、それがページをめくる合図であることもわかった。

レコードプレーヤーのスイッチを切っても物語を読めたのが、大躍進を遂げた日だ。よくわからない言葉もあったが、意味がつかめる言葉だけ拾い上げることができた。いろいろな言葉がページから直接頭の中に飛び込んで来て、その衝撃に鳥肌が立った。「僕は読める！」

そのときから遊ぶ時間より本を読む時間が多くなった。「あの子はいつも本を読みふけっている。」母は母の友人たちに言った。私は貪るように本を読んだ。毎日二日分を食べる、わが家の庭のトガリネズミのように。トガリネズミは一生地下で暮らすが、読書は私に翼をくれた。本を読むと、イングランドやアフリカやロビンソン・クルーソーの島に、あるいはアラスカまでタイムトラベルができた。ジャック・ロンドンの『荒野の呼び声』〔邦訳、ジャック・ロンドン著、海保眞夫訳、岩波書店〕や『白い牙』〔邦訳、ジャック・ロンドン著、白石佑光訳、新潮社〕を読むと、胸が痛んだ。死期の迫った狼犬ウルフドッグが横たわっている場面は涙で読み進められなかった。

私はマーシャルに追いつこうと頑張った。マーシャルは雨の週末に、『百科事典』(*Book of Knowledge*) や『ワールドブック百科事典』(*The World Book, Encyclopedia*) のような厚ぼったい本を試し読みしていた。通っていたグラマースクールの図書館のフィクションをすべて読破していた。「これがおまえの目標だ。一年生になる前に一〇〇冊の本を読むんだ。」 私はそのチャレンジを熱心に受け入れた。

読んだものの多くは難し過ぎてわからなかった。本の中では、学校の教師が強情な学生たちの横っ面にビンタを食らわせた。前屈みのボクサーが耳に何度もジャブを食らわせている姿や、両手で生徒の耳をシンバルのようにぴしゃっと叩いている女性教師の姿を私は想像した。どうやって歯を食いしばるのかと思った。トイレで用を足している女性の描写を読むと、クスクス笑った。理解できないところがあっても本を読み続けた。

五歳になったとき、本の中でもいちばん気の萎える聖書がもう読めるだろうと思った。母は立派な聖書を持っていた。黒い革装で六十六巻のそれぞれに小さな金色の半月形の印がついていた。野球のグローブのような臭いがしたが、母は人を扱うように聖書を恭《うやうや》しく扱った。宇宙のすべての秘密が聖書に書かれていると思った。「〜を生む」、「不正の富」、「三度《みたび》」、「荒らす忌まわしいもの」など、独特の言葉が使われていた。

　聖書の大部分を占める旧約聖書の話が好きだった。わが家はおとぎ話を読まなかったが、その必要もなかった。旧約聖書はわくわくするだけでなく真実でもあったからだ。獅子を手なずけるダニエル、猛火の中を歩いているダニエルの友人たち、バアルの預言者たちを亡き者にするエリヤ、ジャッカルの尻尾にたいまつをつけるサムソン、ゴリヤテを倒すダビデ。テレビも漫画本も禁じられていたわが家では聖書の登場人物がスーパーヒーローの役割を果たした。

　やがてマーシャルと私は、聖書の中に人種に関する記述があることを探り当てた。ある日、マーシャルが言った。「ねえ、これを聞いて。ソロモン王の前で赤ん坊をめぐって喧嘩していた二人の女を知っているだろ。あの女たちは売春婦だったんだ！」知らない言葉だったが、明らかにマーシャルには何かを意味していた。兄は、「壁に放尿する者」〔訳注＝Iサムエル二五・二二、I列王一四・一〇、欄外注〕とは「男性」をおかしく表現しているだけだと言った。こうした箇所を二人で日曜学校の友だちに指摘すると、笑いが起きた。退屈な説教の間、兄と私はソロモンの雅歌の興味深い文章に目を向けていた。

　旧約聖書を読んで笑うこともあれば震えることもあった。自分の恐れている神をどのように愛するのだろう。アブラハムが神の求めに応じて息子イサクを犠牲に献げようとする場面には妙に心惹かれた。私は神を問いただしはしなかったが――そんなことをするのは異教徒だけだ――神が何を大切に考えておられるのか不思議で仕方なかった。イサクはその後も父親を信頼しただろうか。あるいは神のことを。

神がヤコブを愛しく思っておられると知って、いくらか慰められた。ヤコブは兄を計略にかけた。それでも自分の偽る気質に罪意識を持ち続けた。

息子を神に献げたハンナの話がいつも背後に浮かび上がった。

学校がどういうものか小学校に上がる前から何となく理解していたのは、校長が自宅地下に開いた施設の「有色人種校」で学んでいたからだ。幼稚園生から八年生まで六十人ほどの子どもがヘンリー夫人の一部屋だけの学校に学びに来ていた。母がそこで聖書クラスを教える日によく同行した。アトランタの人種隔離政策をとる学校を嫌う黒人の親は、ヘンリー先生の授業を子どもに受けさせるために学費を多く払うのだ、と母は言った。

ヘンリー先生は、陸軍の新兵訓練に当たる人のような恰好をしていた。注意散漫な生徒がいると平手打ちをし、授業態度の良くなかった生徒は鞭で打った。母が入ってくると、全員が立ち上がり、声を合わせて「おはようございます、ヤンシー先生」と言った。

冬になると薪ストーブの周りに生徒が集まり、黄色いレインコートからゴム臭のする湯気が立ち上った。休み時間になると、まるで外国の生き物であるかのように、私は子どもたちに取り囲まれた。肌の色合いも、はちみつ色から、母が「『黒い』黒」や「真っ黒」と呼んでいたような濃い色合いまで、様々であることを知った。彼らの手のひらが私のそれと同じように明るいピンク色をしていることに驚いた。君の肌に触っていいかと恥ずかしそうに聞いてくる子もいたが、私の肌は対照的にいきなりぼんやりとした色に見えた。

ヘンリー先生のしつけを見て、学校に行くことが不安になったが、母が「公立学校の先生は生徒を鞭で叩くようなことはしない」と言って安心させてくれた。ともかく白人の学校ではそんなことはないのだ、と。

十一月に誕生日を迎える私のために、母は五歳で学校に入れるよう特別許可を申請しなければならなかった。始業式の日に母は家から二マイル〔約三キロ〕先にあった、オレンジ色の低く醜いレンガ造りの建物に、車で私を送り届けた。マーシャルが教室まで連れて行ってくれた。デスク付きの一人掛けの椅子が巨大な教卓に向かって何列も置かれていた。そこの生徒たちが「ようこそ、一年生」と切り抜いた紙の文字が掲示板に貼られていた。

私は期待で胸がいっぱいで、なかなかじっと座っていられなかった。「こんにちは、皆さん。私が担任のミズ・ホニーです。」髪の毛をポニーテールにした女性が微笑みながら言った。ホニー先生はなめらかな南部の声で話した。「皆さんの名前を知りたいので協力してね。ここに座席表があります。持ち物を集めて、これから先生の言うところへ移動してください。」

ヤンシーという姓はYではじまるので、私の席はホニー先生から遠く離れた最後列の椅子だった。心が痛かった。早くもホニー先生に恋をしていたからだ。先生は黒板に白いチョークで自分の名前を書くと、ホニー先生は「マネー」でなく「ポニー」と韻を踏んでいますと言った。私はその夜、「ポニーに乗るホニー先生」という詩を作った。

数日も経たぬうちに、先生がこれから教えようとしていることを自分はもう知っていることがわかった。先生がみんなに、ディックとジェーンと二人の飼い犬スポットが登場する薄い本を配った。この本が「リス（squirrel）」のようなごくふつうの言葉も色つきの絵で置き換えていたことに強い憤りを覚えた。「リス」という言葉を私たちが知らないと言わんばかりではないか。しかし、だれもがふつうの言葉を知っているわけではないこともわかった。

退屈したので、自分なりに楽しむ方法を探した。もじもじする、絵を描く、鉛筆を足の下で転がす、机の木目を指でなぞる、素手でハエを捕まえようとする、死んだスズメバチの羽をむしりとる等々。前の席の女の子にストローの包み紙を投げていると、それを見つけた先生が「前に出て来なさい」と言った。そして黒板に円を描くと、悪さをした罰として、その円の中に鼻を入れなさいと言った。数分間そうした後は黒板で○×をして遊んだり、振り向いて他の子どもたちに変顔を見せたりした。ホニー先生が母と面談すると、母は「パドルボールのラケットで叩いてください」と言った。

「そんなことできないわ。」そう言ったホニー先生の優しさに心が溶けた。先生は私を叩くのでなく、「みんなの前に立って、本を読む練習のリーダーをしなさい」と言った。

一年生の途中で、それまで住んでいた田舎から家賃の安いフォレストパークに引っ越した。そこは郊外で森がなく、公園が一つあるだけだった。新しい学校の生徒たちの間にはすでに人間関係ができていたため、私はそこに入り込めずにいた。郊外の子どもは田舎の子どもより意地悪で、あっかんべーをしたり、悪い言葉を使ったり、唾《つば》を混ぜた紙つぶてを飛ばしたり、宿題をやってくる子がいるとからかったりした。先生が質問しても、だれも手を挙げて答えようとしなかった。

先生は私を思いやって、特別の課題を出して放課後に一緒に取り組んで守ってくれた。ある日、ルイス校長のところに連れて行かれた。ルイス先生は片腕がなかった。先生の身体の左側にだらんと垂れ下がっているコートの袖に目を向けないように心がけた。「この子の読む力は並外れています。」担任の先生が校長に言った。私が少し音読すると、ルイス先生は飛び上がって言った。「七年生に良い刺激となるかもしれない。」そして片腕で私を七年生の教室に連れて行った。

教室に入ると、そこにいた教師は脇に下がって、ルイス校長が話をした。「皆さん、この一年生の音読を聞いてください。七年生の中には、この子ほど上手に読めない人もいます。さあはじめて、フィリップ。七年生の使っている本のこのお話を読んでごらん。」

私はパニックに陥り、目を丸くしたり、つつき合ったりしている上級生たちを見つめていた。「最初の言葉はジェ、レ、ミ、ーだよ。」ルイス校長が私を不快な現実に引き戻した。みんな笑った。七年生の本の中の物語を読んだとき、自分が学校の基本的なルールを侵害したことを瞬時に理解した。賢く見え過ぎてはならないし、人より秀でてだれかに恥をかかせてもいけないというルールである。それから学年末まで私は七年生から後頭部を指ではじかれたり嘲笑されたりした。

その年の終わりにルイス校長が母に電話をかけてきた。「フィリップを三年生に飛び級させてはいかがでしょうか。この子は退屈しています。二年生を飛ばして三年生になれば、みんなに追いつくために一生懸命勉強するようになります。やりがいのある環境になるでしょう。」

新しい担任はローズ先生といって、その名のとおりバラのような香りがした。艶やかな赤い口紅と、同色のマニキュアをつけていた。私は再び恋に落ち、特別授業で先生が放課後一緒にいてくれると心が躍った。二年生をやり終えた生徒たちは筆記体で書けるようになっていたが、私は活字体しか知らなかった。六歳の私はいちばん年下のいちばん小さな三年生だった。

クリスマスの直前、妊娠したローズ先生に代わって威張った教師がやってきた。その初日、新任の先生は全員を集めて円を作らせると、「だれか本を読んでくれる人はいませんか」と聞いてきた。私が手を挙げると、先生がうなずいた。できるかぎり早口で読み、二つか三つの段落をあっという間に読み上げたところで先生がさえぎった。「やめて！　もう十分。」

「名前は。」答えると、こう言われた。「フィリップ、力をひけらかすのはやめなさい。読書はスピードのテストではありません。理解することが目標です。さあ、最初から読み直して。今度はゆっくり読むように。」両頰がかっと熱くなり、喉の奥に痛みを感じた。さっきの段落を繰り返したが、今度は休止を入れて、うまく読めない言葉もあるふりをした。「このほうがずっといいわ。」先生は言った。

学ぶ喜びは徐々に薄れ、暖房の効き過ぎた教室で汗を滲ませながら頭を腕に載せて過ごす時間が増えていった。

遠足が学校でいちばん好きなものになった。「アトランタ空港に行くとき、赤ちゃんのときにフィラデルフィアまで飛行機で行って大金持ちの人の膝に座ったんだ」と、バスで隣に座った友だちに話した。口を滑らせたのが運の尽きだった。光を放ち、大きなサイレンの音を鳴らして猛スピードで滑走路を走り回る消防車や救急車を想像して、「飛行機の墜落事故を目撃したらいいと思わない？」と言ってしまったのだ。代替の教師はその言葉を聞き逃さず、みんなが管制塔や展望台に行っている間、私は太った眠そうなドライバーとバスに残された。離陸した飛行機が白い筋を残して空に消えて行くのがバスの汚れた窓から見えた。

三年生の途中で母は暖房費を支払う余裕がなくなり、私たちはまた引っ越しをして、また別の学校に入った。今度はデュープレックスと呼ばれる、壁で仕切られた二世帯住宅に暮らしたが、まさしく半分の家だった。

三年生、四年生をどうにかやり終え、さらなる引っ越しをして、また別の小学校の五年生になった。キャスリーン・ミッチェルというこの学校はそれまででいちばん良かった。校長は丸々太った女性で、ドアの脇に立って、入って来る生徒一人ひとりにハグをした。五、六年生をその学校で過ごした。二年続けて同じ学校で過ごすことができた。

ミッチェル小学校で科学に興味をもつようになったが、母は心配した。「気をつけなさい。教師は進化論や恐竜のように聖書と矛盾する話をするわ。今どきの学校で教えていることを鵜呑みにしてはだめよ。」

外界ではアメリカとソ連が互いを破壊する方法を模索していたため、両政府は科学教育に予算をつぎ込んでいた。新しい学校は超現代的で、有線テレビという最新式の機械があった。たとえば教師が「死の灰」を詳しく知らないときには、生徒は席についたままテレビモニターで専門家がスタジオで行う講義を見る。

こうした講義の一つで、私たちは映画の一場面を見て、威勢の良い歌を知った。

一匹のカメがいた、名前はバート、
カメのバートは用心深い。
危険に脅かされても、傷つかなかった。
どうすりゃよいか知ってたからさ！
しゃがんで頭を引っ込める！
しゃがんで頭を引っ込める！

専門家は言った。ロシアがアメリカに原爆を投下したら、窓から室内に入って、まばゆい閃光から目をそらし、頭を両腕で覆って机の下に潜るといい。こうすれば核戦争を生き延びられるだろう。それから数週間、警告音が鳴るとカメのバートのように屈んで頭を覆う練習をした。

学校は科学への興味を掻き立てる方法を模索し続けていた。ミスター科学を自称する男性が、私の大好きな全校対象プログラムが行われたとき、講堂で実験を披露した。液体のニトロジェンにバナナを浸してから床の上でバラバラに砕いた。天気の仕組みを見せようと、ガラスのシリンダーの中で小さな竜巻を作って見せた。プログラムが終わると、私たちは雷について話し合った。ある子どもは、金属のボートから金属の桟橋に移ろうとして雷に打たれた少年の話をした。「ぱっと姿が消えた、こんなふうに。」そう言って、指をパチンと鳴らした。「雷がその子に落ちたんだ。みんな水に飛び込んだけど、何も見つからなかった。見つかったのは溶けたベルトのバックルだけだった。」

いちばん興味を惹かれたのが生物学で、観察用のアリの巣箱を家に置いて、アリたちの忙しそうな姿に感動した。まるで共通の脳みそをもっているかのようにみんなが協力していた。メキシコ産のトウダイグサの種を買って、両手で包みこんで温めると、中で小さな動きが感じられた。一粒の種を慎重に切ってみると、小さなミミズがいた。無生物の中の生命だった。

「透明人間」というプラスチックの透明な標本を買い、肝臓、腎臓、胃その他の内臓をプラモデルの飛行機用絵具で何時間もかけて塗った。『ワールドブック百科事典』を開いて、色が何層にも重なり合っているイラストを参考にした。「透明な女性」も欲しくてたまらなかったが、プラスチックの胸が飛び出ているので、買う勇気がなかった。

六年生になって、初めて男性教師と出会った。初めて出会ったユダヤ人でもあり、ロス先生といった。先生はユダヤ人でない教師と同じようにふるまったが、科学をあまり重視しないところだけが違っていた。先生が好んだのは英語だった。もじゃもじゃの眉毛の下の垂れた瞼《まぶた》の目で見ながら、椅子に寄りかかって詩を引用した。言葉に対する私の興味がよみがえった。

ある日、ロス先生が宿題を出した。「e-n-t-e-r-t-a-i-n-m-e-n-t〔訳注＝娯楽という意味〕という単語の中にある文字でできた単語をできるだけたくさん見つけなさい。」その夜、私は四十三の単語を見つけた。'neat' 'ate' 'tent' 'meant' 'taint' などである。翌日登校すると、ジュリーという少女が八十語をリストアップしたことを知った。茶色いロングヘアーで、バイオリンを弾く女の子だった。

スクールバスから降りた時間が早かったので、私は図書室に走ると辞書を開き、すばやく一語一語を調べて、宿題の答えとなりそうな短い単語を探した。'en'や'em'など、多くは知らない単語で、どんな意味かもわからなかった。うまくやり遂げた。百三十語をリストに載せた！

教室に戻ると、ロス先生は私をクラスの前に呼んで、私の優勝リストを復習させた。一つ一つの言葉を読み上げるたびに生徒たちがその意味を考える。準優勝だったジュリーはよくわからない単語を調べるために語彙の豊富な大型辞書を手に座っていた。クラスのみんなは同じ単語がいくつかあって正確には百三十語でないことに気づいたが、私の選んだ単語はほとんど精査を通過した。ところが今朝急いで付け加えたことがばれはじめた。私が'teat'〔乳首〕を読み上げると、男の子たちがみんなクスクス笑った。'enema'〔浣腸〕を読み上げると、クラス全体が爆笑し、ロス先生はこの勉強を一時中断した。

その後、同じ年に先生はラドヤード・キップリングの『もしも』（*IF*）という詩を朗読した。これほど深い内容の詩を聞くのは初めてだった。一部は次のようである。

もしも待つことができて　待つことに疲れないなら
あるいは嘘をつかれても　嘘をつかないなら
あるいは憎まれても　人を憎まないなら
しかもあまり見栄えをよくせず　知ったかぶりをしないなら
もしも夢を見ることができても　夢に支配されないなら

もしも考えることができても　考えを目的としないなら……
もしも敵からも愛する友人たちからも傷つけられることがないなら
もしもすべての人が大切であっても　大切に思い過ぎないなら
もしも失敗できない一分を
六十秒間の長距離走者のように走ることができるなら
この世界も　この世界にあるすべてのものも君のもの
そうすれば　より大切なことは　息子よ　君は一人前の男になるのだ！

この詩の意味を説明することはできなくても、詩の言葉そのものに感動した。なぜか自分の心のコントロールができれば、外にある何者にも影響されないことがわかった。そんなコントロールが欲しいと思った。

ウィンストン叔父に『もしも』の話をすると、叔父はその詩を買って全部読めるようにと五ドルをくれた。私は学んだ。聖書以外に暗記した初めての文学だった。

ちょうど七年生になるときにまた引っ越しをした。新しい学校にまた慣れなければならなかった。六年間で五回目の引っ越しだった。そこの学校には中学校がなく、私が小学校を終えると、マーシャルは八年生として高校に入った。転校ばかりしている子どもだったので、兄も私もスクールカーストの底辺にいた。すでに私は眼鏡を、マーシャルは二焦点眼鏡をかけるという不名誉な事態になっていた。私は「カーリー（巻き毛）」や「ファンシーパンツ・ヤンシー」に加えて「四つ目」でもあった。

私は、信号が赤から青に変わるときに下級生に安全に道を渡らせるパトロール員になった。クラスメートはそんな優等生ぶった仕事をからかった。彼らは指が六本ある少女をいじめたり、幼少期にポリオにかかって金属製のコルセットをつけている少年を「缶からマン」と呼んだりした。それは良くないと指摘すると、取り囲まれた。「おい、何様だと思ってるんだ。警官か。」「よう、四つ目、おまえに話してるんだ。気に食わないか。」「おい、このチビ野郎、気をつけろ。おまえもいじめてやる！」

それで私も実際にいじめられた。クラスのいじめっ子たちは学校帰りの私を待ち伏せした。三人の少年に殴り倒され、蹴られた。一生懸命頭をかばった。漫画本の絵にあるように星がいくつも見えた。解放されると、走って家に帰った。耳の中で血液が脈打つ音が聞こえた。学校に戻るのが怖くなった。

二つのことが救いとなった。まず学校パトロールの仕事を終えるときには、兄に一緒に帰ってもらうことにした。兄は身長が急激に伸びる時期にあり、いじめっ子たちが近づいてくると、こう言った。「俺はフィリップの兄貴だ。弟に手出しをしたら相手になるからな。」高校生にあえて歯向かおうとする子はいなかった。私はマーシャルを新しい目で見るようになった。ライバルが保護者になった。

二つ目の転換点は校内対抗野球大会の試合中に起きた。私が二塁手で巧みなダブルプレーを決めて、みんなを驚かせたのである。嫌がらせをしてきた子どもたちが、突如、私の背中を叩いて、「ナイスプレー、ヤンシー」と叫んで声援を送ってきた。それだけのことで態度が急変したことが信じられなかった。

　七年生の担任も男性教師で、エップ先生といった。たくましい上腕二頭筋の持ち主でブロンズ色に日焼けして、髪の毛はクルーカットだった。女の子たちはおしゃれや化粧もして登校するようになった。先生がかつて野球のマイナーリーグでプレーしていたことがわかると、少年たちの中で神の地位を獲得するようになった。

　エップ先生は私に父親がいないことを知っていたに違いない。私をそばに呼んで腕を回し、クラスのプロジェクトを手伝ってくれないかと何度か声をかけてくれた。先生に頼まれたら、アトランタの中心街まで裸足で歩きもしただろう。

男も女も、単に個々の人間であるばかりか、その生まれついた地方であり、歩むことを習い覚えたその都会のアパートとか農家とかであり、子どものころ遊び戯れた遊戯であり、ふと耳にしたばかばかしい言い伝えであり、自分らの食べた食物であり、通っていた学校であり、いつもやっていたスポーツであり、読んだ詩人たちであり、信じていた神様なのである。

——W・サマーセット・モーム『剃刀の刃』*

9　トレーラーのくず

小学生のころ、自分たちが貧しいという事実に傷ついたことがあった。あれほど頻繁に転校しなければならなかったのも貧しさゆえだった。母は家賃の安い所を見つけると、引っ越しをした。そして一年か二年後にその家賃が値上がりすると、またよそへ移った。

私たちは、アスファルトのこけら板で覆われたバンガローの立ち並ぶみすぼらしい地域に住んでいた。住んでいた街区のある家族は家賃をしょっちゅう滞納していた。その人たちが仕事や食料品店から家に帰って来ると、家財道具すべてが縁石の脇に出されていると、私たち近隣住民はその光景から目をそらした。裸の人を見たときにするように。

「アーミー・キッド」と自称する軍人の子どもたちもいて、あちこちに引っ越すとたくましくなるということだった。ところが私は違った。切り離されたような気持ちを味わっていた。この新しい学校は前とは違う。担任に気に入ってもらえる。僕は突然人気者になる。だれも僕の本当の年齢を知らない。転校するたびにこう考えるか、少なくとも望んだ。引っ越すたびに全部一からやり直して新しい友だちを見つけなければならなかった。

貧しい子どもは、学校のカフェテリアですぐにそれとわかる。調理したランチを食べる贅沢などできないのだ。他の子どもたちはスロッピージョー〔訳注＝ひき肉をはさんだバーガー〕を「列車事故」とからかっていたが、私はその匂いによだれが出た。私は家からサンドイッチを持参した。ある日の中身は缶詰のパイナップル、翌日はツナ、バナナや乾燥ビーフ、ボローニャソーセージのこともあった。母はサンドイッチをパラフィン紙に包むと、茶色い紙袋に入れた。同じ紙袋を上端が油で汚れるまで何度も使った。

当時は「今日の女王」がテレビの人気番組で、ときどき祖父母の家で見ていた。ホストのジャック・ベイリーが、「あなたは今日の女王になりたくありませんか」と言うと、候補者の女性たちが自身の哀れな話を語る。ある人は、ポリオで肢体不自由になった子どもがいると言い、二人目は、家が燃えてすべてを失ったところだと言った。三人目は、アルコール依存症の夫から捨てられたと言う。一つ一つの話を聞いてから、聴衆が拍手で勝者を選ぶ。ベイリーは新女王に王冠を授けると、赤いベルベッドのローブをかけ、十本のバラと冷蔵庫や洗濯機など高価な贈り物をする。

番組を見ながら思った。僕たちのほうが、あの人たちよりも苦しい生活をしている。わが家は一か月一二〇ドルで暮らしていると母がよく口にしていた。寡婦手当のほかに、フィラデルフィアの母教会から何人かが寄付金を送って支援してくれていた。「あの番組に申し込めばいいのに。選ばれたときにもらえる賞品を考えてよ。」

「いいえ、うちはこれでいいの。それにあんなにもらったら税金を払うことになるわ。」私は言った。

母はめったに不平を口にしなかったが、残金が乏しくなる月末が近づくと心配そうにしていた。

「お母さんは主なる神に仕えている。だから犠牲を払わなければならないの。」私たちが新しい服を買えない理由を、母はそう説明した。

七年生になった夏、母が、トレーラーハウスもしくは母の言う「モービルホーム」で暮らすのはどうかしらと言った。「最近はとても素敵なモービルホームが作られているのよ。そうすれば自分たちだけの家を持てるし、引っ越しを続ける必要もなくなるわ。」

「そうだね、また犬が飼えるかもしれないし。」私は期待に胸を躍らせて言った。

数日後に三人でトレーラーハウスを買いに出かけた。モービルホームは車やクリスマスツリーのように販売展示場で売られていた。ワイシャツにネクタイ姿の若いセールスマンが豪華なモデルの中へ招き入れて、早口でしゃべりはじめた。「このモービルホームには食洗器がついています！キッチンの見事なキャビネットもご覧ください。まったく宮殿のようです。ダイニングルームにはシャンデリアが下がっていて、出窓もついています。食事をしながら眺める外の景色がいっそう素敵に見えます。製造業者は費用に糸目を着けませんでした、私が請け合います。」

セールスマンが話している間、母は右手で顎を抑えて地面を見つめ、聞いているそぶりを見せなかった。母の態度はセールスマンには石垣のように見えただろうが、私はそれが純粋な恐怖を物語っていることを知っていた。母は大きな買い物をするときは、いつも固まってしまうのだ。

マーシャルと私はトレーラーからトレーラーへ走って、いろいろなモデルを見比べた。「ねえ見て、これは幅三・六メートルでキッチンと食事をする場所が高くなっているよ。」「そんなのどうってことない。あそこのトレーラーハウスは長さ二一メートルで寝室が三つもある。二人で一部屋を使わなくてよくなる。」私たちは母を次々にモービルの宮殿に引っ張っては特徴を指摘した。最終的に母は、展示場でいちばん小さくて、いちばん安いトレーラーハウスを購入することにした。私たちは三、五〇〇ドルのローンを組み、立ち退きを迫られない家を手に入れた。

幅二・四メートル、奥行き一四・六メートル。クリーム地に青いストライプのアルミのトレーラーハウスはそれから五年間、わが家となった。引っ越しをするときは、殻を運ぶカタツムリのようにトレーラーごと移動した。

いったん中に入ると、私はこのトレーラーの家が気に入った。真新しい車の匂いがして、偽の木の羽目板、リノリウムの床、作り付けのキャビネットは、家賃住まいをしていたどの家のものより物が良かった。マーシャルと私は、共有する小さな寝室で引き出しを分けた。設計者がアコーディオン・ドアのついた浴室の向かい側に洗濯機を設置していたので、コインランドリーに行く必要もなくなった。すべての家電——洗濯機、食洗器、コンロ、冷蔵庫——がピンク色に輝き、取扱説明書もあって完璧だった。

戸外の状況は違っていた。トレーラーハウスは夏の間、樹木のない専用駐車場に停めていた。駐車場はアスファルトの町の中の騒がしい通りにあった。染みのついたTシャツを着た男たちと、スリッパをはいたバスローブ姿の女たちがドアをどんどん叩いて怒鳴り合っていた。口論は五台先のトレーラーからも聞こえた。下着姿で三輪車に乗っている、かさぶたをはがそうとしている小さな子どもたちが駐車場をうろついて水鉄砲をかけ合っていた。叩かれれば叫び声がトレーラーからトレーラーへと反響した。昼も夜もテレビのうるさい音が流れっぱなしだった。

母はわが家にエアコンを入れる余裕はないと言ったが、私は目玉まで焼けそうな、こんな暑さを感じたことがなかった。トレーラーは巨大なパンの温め機のように太陽光を閉じ込め、金属の屋根は伸びるとカチッと音がした。夜は枕を何度もひっくり返して、汗でびっしょり濡れていない場所を探した。雨が降るときだけほっとした。雨はあられのように屋根にボッボッと音を立てた。

「エアコンはどれだけ高いの？」母に聞くと、「心配しないで。ここには長くいないから。ウェイティング・リストの上位に来たら、良い駐車場を使えるのよ。」母はそう言って私たちを安心させた。そして学校のはじまる年にちょうど間に合って、そこより快適な駐車場が空いた。ジョーンズボロ道路にはほかに九七台のトレーラーがあったが、その中で日陰になっている場所に移ったのだ。ドライバーたちはトレーラーを指定の場所にバックさせると、コンクリートブロックの上にジャッキで持ち上げた。

やがて私はトレーラー・パークで最も名高い住人ジプシー・ジョーに出会った。トルコ人のような風貌のプロレスラーで髪の毛をポニーテールにしていた。ジプシー・ジョーが所有していたのは、ものすごく大きなトレーラーで、入り口近くのいちばん良い場所に停めてあった。トレーラー・パークの友人たちはときどきへイスタック・カルホーン、ゴージャス・ジョージ、フレッド・ブラッシーといった伝説的なレスラーの対戦を自宅のテレビで見せてくれた。ビキニショーツをはいた、太った毛深い男たちだ。レスラーのダイブがごまかしだらけであること、しかし簡単に稼げる仕事でないことも知っていた。この駐車場ではジプシー・ジョーが君臨していた。

マーシャルと私がいつも一緒に遊んでいたトレーラー・パークの少年たちは、森でタバコを吸い、隣の臭い下水処理場を探検した。小柄なのに腕白で、髪の毛が汚くていつも鼻を垂らしているニールという少年がいた。私はその子が大好きだった。両親は離婚したとニールが言ったとき、私は初めて「離婚」という言葉を聞いた。母親は家で酒を飲み、ニールはこの界隈の主導権を握っていた。道の真ん中に立って、「カー、カー、C‐A‐R、ゼリーのジャーに頭をつっこめ！」と叫ぶと、目の前で車が急ブレーキをかけて止まる。そして怒ったドライバーがそこを走り去る。それがニールのお気に入りだった。一度だけ怯えたニールを見たことがある。鍵のかかった車の窓をビール瓶で打ち砕いている親から逃れて、わが家に隠れに来たときだ。ニールの母親が運転席でクラクションを大きく鳴らして助けを叫び求めていた。

ある日、新しく友だちになったラリーが息を切らせて、わが家のドアをバンバン叩いた。「マーシャル、フィリップ、すぐ来て！　見に来てくれ。」ラリーは、他のトレーラーから離れた泥道に停まっているトレーラーに私たちを連れて行った。「そこで男の人が死んでいたんだよ。救急隊員がその人を外に出すのを見た。死後七日経っているだろうと言った。そう、内臓がそこらあたりに破裂して散乱していたんだ。死ぬほどの悪臭がした。何かを噴射してたけど、まだ天に届くほど臭いよ。」

ラリーが腐ったソーセージの臭いと言ったのは正しかった。私は、中の混乱状態をブラインドシャッター越しに鼻を突っ込んでのぞき込み、午後の大半を過ごした。ダイニングテーブルの上に食べかけのフライドチキンとフライドポテトの載った皿、そしてウィスキーの瓶が何本かあった。その男の人はウィスキーを六リットル飲んで胃が破裂したという噂が、子どもたちの間に流れた。血液と干からびた内臓のようにも見える染みやしるしが壁や床についていた。十歳の私にとって、その夏最も忘れ得ぬ事件だった。


トレーラー・パークの子どもたちから、まったく新しいレベルの楽しみを教わった。みんなでマスカダインベリーを武器に戦ったのだ。ベリーは敵の服に明るい紫色の染みをつける。それで親たちに文句を言われたので（この染みもたまたまワインのような匂いがした）、ベリーはやめて、スイートガム・ツリーの鞘を武器にした。スプートニクのような形の武器で、染みは残さないが、当たるとスズメバチのように刺さって痛かった。

ツリーハウスを造り、秘密のパスワードをもつプライベートなクラブを作った。アルファベットを一文字ずつ、全部げっぷで言える子がいた。ドナルド・ダックのようにしゃべる子もいて、その子の兄さんは舌を鼻につけることができた。女の子は入れないのが一応のルールだったが、リンダというけんか好きな十一歳の金髪の子は例外だった。リンダは自転車に乗りながら、やすりをかけた足の爪で他の子どもたちを鋭くつついたので、みんなから「シャーピー・トウネイルズ〔訳注＝尖った足の爪〉」と呼ばれていた。

シャーピーは枯れ葉に虫眼鏡をかざして太陽光を集めると、実際に火を起こして見せた。太陽の小さな白い光が一枚の葉の上にとどまると、一筋の煙が出て葉の端が黒くなる。そしてオレンジ色の炎がいきなりぱっと燃え上がる。私はアリ塚でそれをやってみた。赤いアリたちが飛び出してくるトンネルの出口に虫眼鏡を置いて光を集めると、アリたちは身体を丸めて真っ黒焦げになり、アリ塚を転げ落ちて行った。

ラリーはロケット模型のコレクションを持っていた。輪ゴムが動力のミニチュアのナイキ・ハーキュリーズ（ＭＩＭ＝一四）からはじめて、最後は化学爆発によって打ち上げるところまで行った。ロケットがシューッと爆音をあげて空中に飛び出すと、みんなで何百メートルも先の着地点を目指して走った。バッタ、甲虫類、小さなカエルなど、動物を弾頭に載せる実験もした。多くは生き延びたが、動きは少しよたよたしていた。

勇気を見せたときにいちばん褒めたたえられた。花火で「度胸試し」をして遊んだ。パチパチと音を立てる炎の先端が指まで下りてくるときに、だれがいちばん長く花火を持っていられるかを試したり、無謀な子が、放り投げて危険とおさらばするまで爆竹を何秒握っていられるか試したりした。

トレーラー・パークの悪童たちのおかげで私は七年生の間にずいぶんたくましくなった。もう兄を呼んで守ってもらう必要はなくなった。私には私の友だちができていた。ひざ小僧をすりむいた猛攻撃団で、ロケットを発射し、火を起こし、ブドウを投げつける、トレーラー・パークの実力者たちだった。

父親がいないことについて感じる屈折したプライドとでも言えるものを、家がトレーラーハウスであることについても感じていた。学校の子どもたちは、クラスメートのだれがジョーンズボロ通りのトレーラー・パークに住んでいるかを知っていて、私たちを「トレーラーのくず」と言って蔑んだ。しかし学校や教会で、トレーラー・パークで得たような義理堅い友人たちを得たことがなかった私は、そのレッテルを勲章として身に着けていた。

インターホンや玉突き台、ボタンを押せば閉まるガレージドアがあるエアコン装備の家に住む家を訪れると、羨ましくなることがあった。ベッドの上段に背中を丸めて胡坐《あぐら》をかくのでなく、勉強机で宿題ができる自分の部屋があればと想像した。しかし彼らの暮らしは、私のそれと比べると精彩を欠いて見えた。私の暮らしには、ジプシー・ジョーや胃が破裂した男のような隣人がいた。

母の収入は貧困ラインをゆうに下回っていたが、十分な食べ物と忠実な犬、ネットのないバスケットボールの歪んだリングがあった。それにマーシャルと私には夢中になっているものが二つあった。トレーラー・パークの隣人たちには評価されなかったが、書物とクラシック音楽が大好きだったのだ。

本を読むと広い世界につながった。南北戦争、エベレスト山、西部の荒野に住む先住民、ヨーロッパの騎士や城、アフリカの怖い動物やオーストラリアの奇妙な動物。母と一緒に大人の集まりに行くときは、必ず本を一冊持って行った。大人たちは座って代わりばえのしない話をしていた。だが本は、空飛ぶ心の絨毯《じゅうたん》のように新しい場所に運んでくれた。

音楽も同様だった。母は、食料品店のポイントが貯まると、ロンジンシンフォネットのLP盤の箱入りセットを手に入れた。私は紙のジャケットから慎重にLPレコードを取り出すと、レコードの溝に指で触れないようにして、ターンテーブルに載せた。レコード針を下げると数秒間かすれる音がする。そしてプレーヤーは私が知りもしなかった音を作り出す。私はしばらく純粋な美の中にとどまっていた。みすぼらしい生活環境とはまったく異なる状態にいた。

だが、マーシャルと一緒の家に住んでいることが問題だった。小学校の教師たちはマーシャルのバンドとオーケストラを絶賛していた。「これほど音楽の才能を持つ子を見たことがない。彼は特に秀でている。」私はサキソフォンやクラリネットといったリード楽器を手に取っては必死に音を出そうとしたが、できなかった。マーシャルはものの数分で音階もメロディーも演奏することができた。マーシャルの唇はどうやって吹き方がわかったのだろうか。

マーシャルが六年生のとき、ホルンの演奏者を必要としていたマーチングバンドの指導者が、ホルンより簡単なチューバの吹き方をマーシャルに手早く教えた。チューバを吹くには、新しい口の使い方を習得しなければならなかった。大きなおわん型のマウスピースの中で唇を「震わせる」のだ。その年の後半、学校のオーケストラ指揮者はマーシャルに最大の金管楽器スーザフォーンを吹かせた。マーシャルをぐるりと包んだ奇妙な仕掛けは、兄の頭のすぐ上であくびをするように大きく口を開けたニシキヘビのようだった。私はしばらくの間、寝室をマーシャルばかりかその大きな音を立てる化け物とも共有することになった。マーシャルがマウスピースを取り外して寝室の床に唾を振り落とすたびに、私は文句を言った。

フィラデルフィアの母の教会に気前のいい女性がいて、マーシャルの生まれつきの才能を聞くと、音楽レッスンの授業料の支払いを申し出てくれた。そして兄の興味はトランペットとピアノに絞られた。それが絶えず母との争いの種になった。「あなたが授業を受けるために何人もが犠牲を払ってくれているのに、練習もせずに怠けていて！　あの人たちが苦労して得たお金をあなたは無駄にしているのよ。」

幸い、マーシャルはトレーラーに引っ越すまでにトランペットにダウンサイズしていた。八年生になった兄はすぐに高校のオーケストラに席を得た。私はオープニング・コンサートに行った。演奏者は黒いズボンかスカートと、白いシャツを着ることが求められていた。マーシャルはズボンの右ひざに穴が空いていたが、畳んだプログラムで隠せばいいと思っていた。ところがそううまい具合にはいかなかった。第一トランペッターが兄に尋ねた。「いったいどうして君は穴の開いたズボンを履いているんだ。」

マーシャルは怠け者で、ぼろい洋服を着ていたかもしれないが、私が口をあんぐり開けるほど音楽の才能があった。その指はハチドリのようにピアノの鍵盤場を縦横に動き、これしかあり得ないという音を引き出した。「ピアノを弾くときは、音量とテンポの二つをコントロールするだけでいい。音量とテンポだ。音の高さは備わっている。だから一本一本の指に正しい圧力をぴったりかけることが大切なんだ。」　兄は私に講義した。

兄は短い曲を弾いた。順番にそれぞれの指を強調し、今は親指、次は小指、それからほかの指。どれだけ頑張ってやってみても、私が奏でる音は兄のそれと比べると、ぎこちなかった。音符を正しく弾けるだけで私は幸せだった。

自己防衛の意識もあって私はバイオリンに転じた。フィラデルフィアの支援者からもらった贈り物と私が貯金した銀貨の残りを手に、アトランタの街中にある楽器店を母と訪れた。キラキラ光るトランペットやフルートの中で弦楽器は落ち着いて真面目に見えた。私のスタイルに近かった。それは木を彫って作ったエレガントな八の字型のバイオリンで、自然で高級なものに見えた。一六七ドルのドイツ製バイオリンをつま弾いてみた。販売員は言った。「気に入ると思いますよ。バイオリン製作で有名な町で作られたものです。」

八十八鍵あるピアノと比べると弦が四本しかないので、学びやすいだろうと思って、そのバイオリンを選んだ。大変な思い違いだった。バイオリンには弦を押さえる指板に上から下まで十二の異なる位置があり、そのどれにも印がついていなかった。たとえばポジション八を押さえようとするとき、指がどこまで下りればよいか、どうやって正確にわかるのだろう。「一にも二にも練習です。」アトランタ交響楽団の演奏者であるロルツ先生は言った。

ロルツ先生が学生たちに教えるのは、私が森を探検したり野球ボールのカーブを投げる練習をしたりしていた土曜日だけだった。そのため私は窓のない練習室で土曜日を過ごすことになった。バイオリンに顎を当て、首がひりひりして背中にどっと汗が流れ、ロルツ先生が間違いを指摘するのを聞いていた。つまり私のしている何もかもを。そのつらそうな表情から、私が何を感じているにせよ、先生の繊細な耳のほうがいっそう傷ついていることがわかった。

バイオリンのレッスンは、わが家に泥棒が入って、この楽器を盗んで行ったときにありがたく終わりを迎えた。そのころには、そのバイオリンがおそらく偽物であったことに気づいていた。内側のラベルには「一九四四年、西ドイツのミッテンヴァルドで製作」と書かれていた。一九四四年に西ドイツが存在していなかったことは私でも知っていた。

それでピアノだけになった。私たちは物のあふれたトレーラーの居間にキイキイ鳴る古い縦型ピアノをどうにか押し込めた。教会で十二分に役目を果たした代物で、日曜学校の無邪気な幼子たちがライムグリーン色に塗って、ドナルド・ダックの移し絵で飾っていた。鍵盤がいくつかなくて、ペダルは使えたが、音を和らげる左のソフトペダルは機能しなかった。ソフトペダルがあれば近隣住民から喜ばれただろうに、残念だった。

この楽器を才能あふれる兄が演奏した。マーシャルは、コンサート・ピアニストはソリストと比べると不利な立場にあると言った。ソリストは使い慣れた楽器で演奏するのがふつうだ、というのだ。漫画のキャラクターの貼られたおんぼろピアノを眺めて私は聞いた。「それで使い慣れた楽器だと有利なの？」

母はフィラデルフィアからの贈り物を使って、マーシャルに上級のピアノ教師を雇い、私にはウィギンズ夫人という白髪頭の明るい女性をつけた。ウィギンズ夫人は横長椅子で私の横に座り、私が弾いているときに震えるソプラノで歌った。低いバスの音符に来るたびに、私の肘が夫人の豊満な胸に当たった。私は当惑して手を止め、頬を赤らめながらその楽譜を最初から弾き直したが、夫人はその場所を動かなかった。

マーシャルは家でブラームスやチャイコフスキーの練習を、私は「メリーさんの羊」や「きらきら星」や「シャイン・リトル・グロウワーム」の練習をしていた。トリルやモルデントを不器用に弾こうとしている私を見て、兄は笑った。「おいおい、そんなの簡単だよ。ほら、見てごらん……。」

私はピアノを弾きこなせなかった。よく覚えているのは、うだるように暑いトレーラーハウスで椅子に座っていた時間だ。脇の下から、両膝から、肘から、顔から、汗が滴り落ちるなか、滑らかな鍵盤を不器用に叩いていた。座る位置を変えると、木の長椅子に汗ばんだ足がぴったりくっついた。扇風機をつけると楽譜がぱらぱらめくれるので、楽譜を賛美歌の本で押さえておかなければならなかった。私の努力は、「習うより慣れろ」という理論の間違いを証明した。まじめに練習したが、ほとんどうまくならなかった。マーシャルはろくに練習しなかったが、どんな曲も暗譜で弾くことができた。

一度だけリサイタルに出たが、ウィギンズ夫人の愛弟子である私が忠実に失敗するという面目ない出来事だった。通常の倍速で機械的に面白味もなく弾き、途中の記憶は飛んでいた。「素晴らしい演奏だったわ。」リサイタルの後、いつでも朗らかだが、いつでも真実を言うわけではないウィギンズ先生が私を抱きしめて言った。「真ん中が少し弛《ゆる》んでしまっただけね。最高のピアニストでもあることなのよ。」

母はほとんど無言だった。マーシャルも何も言わなかったが、その表情から何を考えているかが見て取れた。

プライバシーのないトレーラーの中で、母は一年ごとに兄と私のすることに苛立ちを募らせていくようだった。マーシャルは相変わらず学校のことを真面目に考えず、私は母の気に入らない狡《こす》い子どもたちといつも一緒にいた。引きこもれるプライベートな世界を兄弟のそれぞれが見つけていた。

学校の試験を受けるときや母と争うとき、マーシャルはピアノに逃げ込んだ。罰せられずに感情を表現できる唯一の場所だった。私は、マーシャルの選ぶ音楽から彼の気分が読めるようになった。穏やかなショパンやモーツァルトから嵐のようなラフマニノフまで。そして弾いている兄の顔を見た。ほかにだれもいない兄だけの住む世界に入り、兄ひとりに語りかける言語に耳を澄ませていた。

私は森の中に慰めを見いだした。学校で嫌がらせをされたりトレーラーの中で緊張が高まったりすると、森に入った。母の叫び声——「ドアを乱暴に閉めるなと、何度お母さんに言わせるの！」——が遠ざかっていった。私の家庭と違って、野生は言い返してくることがなかった。狭苦しいトレーラーとその騒がしい環境から離れると、もっと静かな世界に、注意を向ける以外に何も要求しない世界に足を踏み入れた。

そんなふうに歩いていると、私の中の何かがいのちを吹き返した。森に出かけるときは、ウィンストン叔父からもらったコダック・ブラウニー・ホーキーというカメラを持って行った。観察者という役割を好む私にカメラはぴったりだった。私の周りで動いている人生を、ただ記録した。小さなファインダーにかぶさるようにして背を丸めると、安全で自分が主導権を握っているように感じた。

深い藪《やぶ》を通り抜けると、朽ちた丸太があり、湿った草木の匂いを吸いながら、その木陰で休んだ。やがて森は私がいることに慣れてきた。じっと座っている時間が長くなるほど、聞こえてくる鳥の声も多くなった。鳴き声で鳥の名前を聞き分けた。コリンウズラ、ホイップアーウィルヨタカ、アメリカコガラ。ひとりで自然と過ごす感覚を味わった。世界中の人間の中で、自分だけがこの場所でこうした音を聞いていると意識しながら。静謐な雰囲気はどこか宗教的に感じた。それを感じるはずの教会では、めったに感じなかった。

春になると、わが家の裏庭に次々と美しい花が咲いた。花をつけた蔓《つる》が、廃棄された車や冷蔵庫やがらくたの束を覆い、薄汚いトレーラー・パークも彩られて輝いた。アスファルトの道路の割れ目から野生の花々が顔を出した。樹木の下に野生のツツジが生え、薄紫色の藤の花が緑の松にゆったりと流れるようなひだを作っていた。家の中でテレビの灰色の画面を見ているほうがいいと言う友人たちを可哀そうに思った。

ある日、森の中を歩いていると、廃屋から物音がした。見ると、小屋には干し草が敷かれ、私の目の前にはユニコーンのように不思議な動物が立っていた。目がくらんだ。小さな馬の一種だった。金色の体毛で、白いたてがみが目と背中にかかっていた。足は太くて短く、首も短く、私の膝にやっと届くぐらいだった
聞いたこともない、割れたしわがれた声が聞こえて驚いた。「何か探してるの。」

革のブーツ、ジーンズ、縞模様のシャツ、カウボーイハットをかぶった男が視界に入った。男はしゃべるたびに片手をあげて、首に巻いているスカーフに触り、牛の吠え声のようなシューッという音を立てた。「君は……シューッ……この辺から……シューッ……来たの？」私は警戒しているそぶりを見せたに違いない。男は自由なほうの手を差し出して、こう言った。「こんちは……シューッ……僕はガスさ。」

ガスは喉の手術をした後に、声帯の振動をとらえる器具を首の穴に差し込んだ、と言った。今はその器具を通さないとしゃべれないという。「それからこいつはチビ。僕のミニチュア・シェットラン

ド・ポニーだよ。」

私は、近くに住んでいて、森の中の探検が好きだ、と言った。ガスはシューッと音を立てた。「へえ、それじゃ、これは僕たちだけの秘密にしよう、いいね、相棒。」　ガスが私の手に角砂糖を載せると、チビがざらざらした温かい舌でそれを舐めた。

そのときから私はポケットにニンジンやリンゴをしのばせて、学校がひけるとすぐその小屋を目指した。チビを櫛《くし》でとかし、たずなを持って歩き回らせたが、このポニーのことはだれにも言わなかった。チビは忠実な犬のように私をその濃い目で見て、私の言うことに何でも耳を傾けた。耳をそばだてて私のポケットに鼻をなすりつけた。私は心の中で歓喜と言えるほど優しい気持ちを味わっていた。

トレーラーに戻った。トレーラーが近くなると、もうマーシャルと母が音楽のレッスンをめぐって口論している声が聞こえてきた。

＊邦訳、『剃刀の刃』斎藤三夫訳、新潮社、七頁

Ⅲ　ルーツ

欺かないものに希望をもつためには、
まず欺くものすべてへの希望を失わなければならない。
――ジョルジュ・ベルナノス（ジャック・エリュール『存在する理由』より）

10 南部

七年生に上がった一九六一年、ミシシッピ州出身の小説家ウォーカー・パーシーに全米図書賞が授与された。米国南部から偉大な作家がこれほど多く生まれてきた理由を記者に聞かれたパーシーは答えた。「戦争に負けたからです。」それは、南部について聞かれる多くの質問の答えにもなる。勝者が忘れても敗者は忘れない。

アトランタには南北戦争敗戦の記憶をとどめるものがそこいら中にある。高校のフットボール試合ではマーチングバンドが『ディキシー』〔訳注＝南北戦争の時に南軍が愛唱した歌〕を演奏する。ロバート・E・リーが率いた南軍の紋章を使った旗があちこちの建物に翻っている。アトランタの戦いの歴史を物語る銘板が市内に点在し、私は、車を停めて銘板を読ませてくれと母によくせがんだものだ。東部にはストーンマウンテンと呼ばれる大きく張り出した花崗岩があり、南軍の三傑が彫られている。忠実な南部の少年だった私は南北戦争の本を読み漁った。南北戦争の戦死者数は、合衆国が連合軍、の、、、一員として戦ったすべての戦争で失った兵士の数とほぼ同数だった。開戦時、南軍には北軍の四倍の兵力があったが、結局その三分の一を失った。北軍は、南軍が血を流すような、莫大な戦費を投入する戦略を遂行し、最後は有利な状況に持ち込んだ。

一八六〇年代のアトランタは住民数がわずか一万、州都ですらなかった。州都の栄誉を手にしたのはミリッジビルだった。しかし、アトランタには重要な鉄道路線が集中していたため、その供給ルートを断てば南軍を窮地に追いやることをシャーマン将軍は見抜いていた。「数千人が死のうが、ずたずたにされようが、大したことではないと思いはじめた。やるべきことをさっさとやるだけのことだった。」そしてアトランタ市に火を放ち、歴史的建造物は、部下たちが「シャーマンの歩兵」と呼ぶ肥えた煙突に成り下がった。そして「海への進軍」がはじまり、ジョージア州全体が激しく破壊された。

進行するシャーマンの軍がジョージアの自分の農場にやって来たときの苦々しい目撃証言を読んだことがある。当時五歳だった年配女性による話だ。兵士らは家族全員を外に出し、生活必需品を取り上げると、すべての動物を殺害し、家も貯蔵用の納屋も焼き払い、家族は着の身着のままで残されたという。「絶対に忘れない経験です。」

私が思春期に入ったのは南北戦争の百年後だったが、それでも根深い憎しみを感じていた。「あのくそヤンキーども」は、南部の白人ならだれでも知る「クソヤンキー」の一語に省略された。私は、「北部の傲慢な戦争」という南部の神話の下で成長した。名誉ある紳士たちが勝算のない戦いを雄々しく戦い、自分たちの土地を侵略し焦土と流血をもたらした悪漢らに敗北した、という神話である。

南軍を率いたのは、日曜日の戦いを避けた紳士ストーンウォール・ジャクソンや、陸軍士官学校の卒業生で最も罰点が少ない記録を打ち立てたロバート・E・リーのような美徳ある指導者たちだった。リーの敵対者ユリシーズ・S・グラントの記録した罰点の数は非常に多く、開戦中酒を飲んでばかりいた。

当時の白人の生徒がみなそうであったように、私も敗因の教義を教わった。南軍は奴隷制ではなく、州の権利という原理をめぐって戦ったのだ。とにかく州の自己決定権は憲法で保障されていたのだから、と。ある教師が言ったように、「考えてみなさい。奴隷を所有していたのは南部人のたった十三パーセントにすぎませんでした。そのために南部が戦争をしたでしょうか。北部の人間だって人種差別主義者で、もっと偽善的でした。彼らは奴隷船を操舵し、奴隷を働かせて得た産物から利益を得ていました。」

子どものころは南北戦争の兵士のおもちゃセットを集めていた。北軍兵士を何人か捨てて南軍を有利にした。祖母の家の居間で敷物の上にうずくまって、アトランタ周辺にあるような丘や谷を作り、兄に北軍の役をしてもらった。歴史と異なり、私の戦いでは南軍が完璧な勝利を収めた。

毎年のように、三六〇度のパノラマ画像が見渡せるサイクロラマに連れて行ってとせがんだ。そこには「世界最大の絵画」があり、円形の建物の中に絵や実物大の人物を使ってアトランタの戦いが再現されていた。「ディキシー」の調べを聞き、アトランタが燃え上がっている光景を見るたびに涙が出た。

わが家はめったに外食しなかったが、アトランタで大人気のいくつかのレストランのことは教会の友だちから聞いていた。それらは、古い南部の伝統を守り続けているレストランである。「ファニーおばさんのキャビン」というお店は、プランテーション奴隷のかっこうをして、お客にゴスペルソングを歌う黒人ウェイトレスを売り物にしていた。奴隷の衣装を着た少年たちもいて、首にぶら下げた板に書かれたメニューをお客に見せていた。その近くの「ジョニー・レブのディキシーランド」というお店には、「アトランタの戦い」の演奏を聴きに多くの白人客が足を運んだ。黒人のウェイターや皿洗いの人たちが「ピケットの突撃」のときの鬨《とき》の声や南軍兵士の叫びの合唱で称えるレストランだった。

学校では、南北戦争とその英雄についてレポートや小論文を書いた。家族でフィラデルフィアに行ったとき、回り道をして戦場跡に寄ってくれと母に頼んだ。ゲティスバーグのセメタリーヒルで「ピケットの突撃」を思い浮かべたのが最も感動的な瞬間だった。この戦いについて学校でレポートを書いた自分が、今まさに、南軍に逆風が吹きはじめた場所に立っている。そのときまで南軍兵士は敵の北軍を激しく追撃してペンシルベニアまで迫っていた。しかしゲティスバーグの戦いの後、南部連合の勢いは一気に削がれていった。

私が最後に訪れた南北戦争の場所は、ロバート・E・リーがついに降伏したアポマトックスにある部屋だった。それを偉大な勝利であったかのように、学校で習ったこととの正反対であるかのように話すガイドの話に耳を傾けた。戦争が終結する場面をガイドが語るや、驚天動地の衝撃を受けた。その日、敗因について一抹の混乱が心に起こり、その後は二度と別の戦場に行きたいと思わなかった。

南部に暮らさなければ理解できないことであろう。

夏になると、母はときおりジョージアの田舎をドライブした。アトランタという大都市から転居した教会の知人たちを訪ねては、本物の南部を味わった。初めて綿花畑を見たときは驚いた。綿花は乾いた小枝に積もった雪の塊のようだった。畑の真ん中で空を指さしている、古いプランテーションの煙突の残骸を見つけることもあった。かつてのその場所のあり様を彷彿《ほうふつ》とさせていた。

郡の中をドライブしながら見えた邸宅はどれも似通っていた。レンガ造りの裁判所を小規模の雑貨店や軽食レストランがぐるりと囲んでいる区域。ビブ・オーバーオールを着た農夫たちが裁判所の辺りをぶらぶら歩いている。奥さんたちが食料品や洋服の買い物をしている間、しゃべったりタバコを噛んだりしている。座面に籐を張った椅子にもたれて座り、どうしようもないことに不平を漏らしていた。家族、天気、敵、持病。どんなタイプの政治家も信用していなかった。「あいつらは一人残らず不正直だ。民衆のことをフクロネズミの尻尾ほども気にしちゃいない。金が大事なんだ。政府はいいかげん俺らへのいじめをやめてほしいもんだ。」

よそ者の私たちは軽食を食べに寄った店で地元住民にじっと見つめられた。それでも私は、質問を受けると、まるで世界中の時間全部を握っているような雰囲気を醸し出すまったくのよそ者のふるまいをするのが好きだった。町の人々のように緊張感やせかせかした雰囲気を持つ人は南部にいなかった。母や私に「イエス、マム」や「イエス、サー」と話しかけた。南部の人々は何でも甘い味にする。スイカ、ひきわりトウモロコシ、アイスティー、言葉さえも。

地元のことは耳から学んだ。いつも話すより聞くほうが好きだった。南部の人々は昔から物語る技を磨いてきた。こちらが黙っていると、びっくりするような噂話が聞こえてくる。どんな人も、娘に手を出したと言っていいとこを撃った親戚がいるようだし、泥酔した夫を鋏《はさみ》でめった切りにしたペンテコステ派の説教者を知っているようだった。興味深いことが起これば何でも話題になった。

湿疹が出て診療所に行けば、医者が隣の郡のそれと似た症状の患者の話をすることも多かった。「この女性は背中全体にそんな水膨れができていた。背中全部にってことだ。主よ、お慈悲を！　クイーンサイズのベッドほど大きな女性だった。ドレスのファスナーを下げるにも苦労した。しかも、どうして背中にウルシのようなものがついたのか見当もつかなかった。グレイディー病院の専門家に電話をして、こんな症状を見たことはないかと聞いてみた……。」

話は面白ければ面白いほど良かった。「両親を殺した男の話を新聞で読んだろう？　まったく驚いたもんさ。酒を飲み過ぎて、あんなことをしたに違いない。あんまり酒を飲むんで、奥さんが出て行った。さあて、五回だったか六回だったか。でも必ず戻ってくるんだ。だがある晩、男は銃を手に取ると、ママとパパを撃った。そしてぶっ倒れると、お昼ぐらいまで寝ていた。目が覚めると、強盗が入ったように見せかけて警察に通報した。警察は怪しいと踏んで男に白状させた。考えてもみろ、家族にそんなことをするなんて。この世はどうなっているんだか。」

私は、母の親友が別の部屋で義理の妹の話をしているのを聞いていた。病院の麻酔科医まで上りつめた人だ。「あの人、私の弟と結婚していたのに、レズビアンだったの。何かしらの治療を受けに精神科の病院に行ったこともあった。まあとにかく、だれでも知っている町の酔っぱらいの男が、大声で叫びながらやって来た。彼女は言った。あんたが静かにしないなら、あんたの口を縫いつけてやる、って。それでまさかだけど、言葉だけじゃなかった。彼女は男を押さえつけると、針を取り出して上下の唇を縫い合わせたのよ。」

　母の親友は効果を狙ってか少し間を置いて、話を続けた。「それで、そんなことできるはずもないんだけどね、だれだって。でも、病院は彼女を失いたくなかったので、彼女に選択肢を与えたの。精神科の病院に戻って、もう少し治療を受けるか、それとも医師免許を取り上げるか、いずれかの道を取るしかなかった。彼女は翌日も、その翌日も仕事に来なかった。三日目に病院の清掃員の女性がおかしな臭いに気づいて、クロゼットを開けると、彼女はそこで死んでいた。薬を大量に摂取していた。使った注射針も見つかった。遺産はすべて恋人の女性に贈ると遺言書に書かれていたから、家族は怒り心頭に発した。」

　やがて私は、カントリーミュージックの作詞家たちがどこからネタを仕入れるかを理解した。生粋の南部人の生活に耳を傾ければいいのだ。

　宗教はいつでも話題に上った。母と食料品店に行くと、レジの店員が鼻にかかった声で尋ねる。「お客さん、どこの教会に通ってるんですか。」だれもがどこかの教会に通っていた。私のある親戚がモルモン教徒になると、みんな彼が共産主義者になったかのような反応を見せた。ラジオのダイヤルを回せば、賛美歌や説教を流している局が十二もあった。掲示板や納屋には様々な宗教のスローガンがペンキで書かれていた。「あなたの神にお会いするときに備えよ。キリストはあなたのために死なれた。あなたはキリストのために生きられないだろうか？　神は傷つくほどにあなたを愛された。」（一つ一つの赤い文字からペンキが血のように滴り落ちていた。）

人々の話題の頂点に来るのが死であった。一人の親戚が病気になると、カウントダウンがはじまる。「お腹を切ってみたが、手の施しようがなかったので、また縫い合わせた。すでに墓場行きが決まっているような容態だった。触れてみたら、肌がヒキガエルのように冷たくねっとりしていた。長くはもたないだろう。もって二週間、長くて、ひと月だろう。」

人生のもう一端も同等の注意を引いた。出かける母について行ったあるとき、私はよちよち歩きの子どもたちに皆が目を細めている居間に座っていた。ある子どもが注目の的になっていることを意識して、ボールをほうり投げたり、幼い妹をぶったりしながら走り回っている。私にはごくふつうのことに見えたのだが、女性たちは目の前で繰り広げられているドラマに心をとらえられているようだった。「やんちゃなの、あの子。パパと生き写しよ。自分を大物だと思っているんじゃない、ビリージョン。なんて可愛いのかしら。こっちに来て、ママにキスしてちょうだい。ママには優しくね。」私はこうした会話から、生まれてから死ぬまで南部では人間が重要であることを学んだ。ここでは経済や外交政策や科学上の発見ではなく、人間が主な関心事なのだ。どういうわけか、わが家が焼失したりお金が底をついたり、自分が車にひかれたりしても、ここが生きるべき場所だとわかっていた。南部人は助け合うのだ。

＊　＊　＊

一九六〇年代初頭に公民権運動が熱を帯び、当時は何を話していても、すぐに人種の話に舞い戻った。

生粋の南部人の子だった私は人種差別主義者として生まれ育った。祖父によると、先祖のウィリアム・ラウンズ・ヤンシーは「ファイヤー・イーターズ」として知られる集団を率いて南部の人々に隔離を呼びかけ、南北戦争の勃発を助けた。「そうだ、そして奴隷解放まで、私の祖父はジョージアのラフ・アンド・レディーというプランテーションで奴隷を何人か所有していた。私は今でも奴隷解放を命じる公式の手紙をもっている。」

この事実は、スラム出身の子どもであった私にとって非常に刺激的だった。祖父はこんな話もした。奴隷解放後、名字のなかった解放奴隷の中には、ヤンシー姓を名乗るようになった人たちもいた。その夜、私はアトランタの電話帳のYのページをめくりながら、ウィリー・メイやディオンなど、黒人らしい響きの名前を探した。自分の祖先がかつて彼らを所有していたのではないかと思いながら。

学校では、ほとんどの奴隷がプランテーションでの生活に満足していたと教わった。そもそも奴隷所有者が、自分たちの生活の糧を頼っている労働者をはたして手荒く扱うだろうか。「南部連合の子どもたち」（The Children of the Confederacy）は教理問答書に似たものを出版した。「奴隷たちの主人に対する感情はどうであったか」を問うものだ。良き南部の子どもはみな教わったとおりに答えた。「奴隷たちは忠実で献身的で、いつも喜んで主人に仕えようとしていた」と。

クリスマスに祖母のヤンシー家の食卓をみんなで囲んでいるときに、祖父の経営するトラック修理工場の黒人従業員たちがいつも裏口にやって来た。ノックをしてぎこちなく突っ立っていると、やがて祖父が立ち上がって、彼らの手にクリスマス・ボーナスの銀貨を何枚か落とす。私の知っている人たちもいて、その中のバックという従業員は手の指に水かきがある鍛冶屋だった。非識字だった彼は名前を「X」と書いた。ルロイはたくましい親方で、いつでもボーナスをいちばん多くもらった。彼は裏のポーチに立って、両足をもぞもぞ動かしながら言った。「イエス様は皆さん全員にメリー・クリスマスを言うために来られました、ミスタ・ヤンシー。」祖父は微笑むと家の中に入り、六ドル分の銀貨をさらに持って来て、ルロイの家族一人ひとりに手渡した。

ある晩、ヤンシー家の居間でくつろいでいたとき、テレビのニュースがアトランタの公民権運動を特集していた。それを見た祖父は一九〇六年の人種暴動を思い起こした。「十八歳になったばかりだった。黒人の男たちが白人女性をレイプしているという噂が広がっていた。それで白人が集結して、街中で大規模な暴動を起こした。数十人の黒人にリンチを加えたと思う。暴徒の中には黒人の指や爪先を切り落として土産にした者たちもいた。」

初めて聞いた話で、どこまで信じてよいのかわからなかった。「おじいちゃんもそこにいたの?」私は尋ねた。

祖父はうなずいた。「この目で見たんだ。父が離れていろと言ったが、私は従わなかった。いちばん大規模な暴動があった翌日に路面電車で中心街へ行った。街灯からまだ遺体がいくつも吊るされていた。ニグロたちは生きたまま吊るされて射撃の練習に使われた。内臓が出て、鮮血に染まっていた。あの光景は生涯忘れないだろう。」

みな言葉を失ったが、やがて話を聞いていたウィンストン叔父さんが言った。「やつらはそうやってすべてが変わったと思い知らせたかったのさ。うちのかかりつけ医はジョージア州のKKKで高い地位にいるメンバーだった。周知の事実だったが、もちろん医師自身がそれを口にすることはなかった。おまえのパパの高校の同窓生だよ。くそ、KKKの威力を知りたければ、アトランタのすぐ北のフォーサイス郡まで車で行ってみればいい。州境に看板が見えるだろう。『ニガー、さっさとフォーサイス郡から出ていけ』ってね。やつらは本気でそう思ってるんだ。」

私は、自分の家で禁じられていたNではじまる「ニガー」という言葉にひるんだ。ドリス伯母さんも礼儀正しい多くのアトランタ人と同様、その言葉を注意深く避けていた。けれどもあまり成功はしていなかった。伯母さんは「屋根の修理に小柄なニグラを雇ったわ」とか、「あの患者はどれほど高齢なのかしら。ニグラの年はよくわからないからね」と言っていた。

ジャック伯父さんが親戚中でいちばんの人種差別主義者だった。一九六四年に議会が公民権法を通過させると、伯父さんは荷物をまとめて家族とオーストラリアに移住した。当時のオーストラリアは、移民を「白人に限定する」政策をとっていた。

驚いたことに、フィラデルフィアの親族も負けず劣らず人種差別主義者だった。叔父さんたちは数街区先のテラスハウスを購入している「ダーキーズ」〔肌の色が濃い連中〕が危険だと警告した。「やつらはすでに公園やプールを侵略している。やがてやつらはこの町一帯を占拠するだろう。」ボブ叔父さんはそう不平を漏らした。叔父さんは朝鮮戦争に従軍したとき、目をつぶっていても黒人兵がテントに入ってくるとわかったと言った。「やつらは体臭が違う。犬がやつらを嫌うのはそのせいさ。」

フィラデルフィアに車で出かけるとき、私は黒人がどこで食事をし、トイレを使い、夜を過ごすのか不思議に思った。南部諸州で白人と黒人が同じレストランやモーテルにいるのを見たことがなかった。一緒にいるのは不法なのだろう。母は私に、黒人には黒人の場所があるのだと言い聞かせた。『ザ・ニグロ・モータリスト・グリーン・ブック』に黒人のいられる場所がすべて載っている。だが高速道路沿いに「有色人種用モーテル」の看板を見るのはごくまれだった。

ヘンリー夫人の学校に行くとき以外は、めったに黒人と接触しなかった。私たちは隔離された公園で遊び、別々の床屋へ行き、違う学校や教会に通った。法律上、黒人の子どもは白人用のプールで泳ぐことができず、黒人の医者や看護師は白人患者の治療ができなかった。ペット用の墓地には、黒人の飼っていた犬や猫用に別の区域を設けているところまであった。

同じアトランタに暮らしていながら、アトランタの白人と黒人は白と黒の見えないチェッカー盤の一マス目に乗っているかのように触れ合うことがなかった。町の中心部の高い建物のエレベーターの一基には「ニグロ・貨物・手荷物用」と明示されていた。ほかに何基かあったきれいなエレベーターは白人専用だった。公共の建物にはたいてい三つのトイレがあった。白人女性、白人男性、そして有色人種用だ。水飲み場には白人用か有色人種用かのラベルが貼られ、白人だけが冷たい水を飲めることも多かった。教会のある友人は子どものころ、色のついた水が出てくるかと思って有色人種用の水飲み場の蛇口をひねり続けた、と言った。

リッチズはアトランタ市で最も有名なデパートだった。黒人客にも洋服を販売していたが、白人のひいき筋の気分を損ねないよう、黒人には試着をさせなかった。デパート内のレストランは黒人の入店を禁じていた。私が七年生だった年、マーティン・ルーサー・キング・ジュニアが学生による一連の座り込みに参加して、リッチズに変革を迫った。

祖父母の家に行くときは、黒人居住地域を通らなければならなかった。車窓から生活感あふれる通りや表玄関を見つめた。年老いた男たちが揺り椅子に座って嗅ぎタバコを吸い、残りを吸い殻入れに吐き出していた。女たちは男たちのそばに座って、五色アオマメの鞘を取ったり、キルトを縫ったりしていた。歩道があれば、そこがケンケンパや縄跳びをしたり、ストリートバスケットボールをする場所になったりした。

バーベキュー、刈り込んだばかりの草、タバコの煙、そして正体不明の焦げたような鼻につく臭いなど、いろいろな臭いを吸い込んだ。「髪の毛よ。」母が言った。「あの人たちは熱した金属の櫛を髪に当てて直毛にしようとするの。白人の髪の毛のように。」バスでアトランタの中心街まで行くときに、肌を白くするとか髪を直毛にすると謳う広告に気づくようになった。こんな広告もあった。「透けるような白い肌があれば、人気、愛、ロマンス、仕事の成功への足掛かりになります。」

私自身の髪の毛は直毛だったことがなく、学校の友だちから嘲笑された。「おい、その巻き毛はどこで手に入れた。黒人の血がいくらか流れているのか。」深刻な問題だった。ほんの少しでも、たった一滴でも、黒人の血が入っていれば、一滴のルールに基づく州法によると黒人とみなされたからだ。

黒人がいるおかげで、見下す人間がいるという優越感が与えられた。私たち一家は低所得者用住宅やトレーラーパークで暮らしてきた。「貧しい白人のくず」と言えたかもしれないが、白人ではあった。ほめ言葉にすら人種差別主義者の響きが底にあった。「とても賢いね、黒人の男にしては。……とても可愛いね、黒人の少女にしては。」

数か月ごとに母はルイーズという女性を雇って、ガス台の掃除や冷蔵庫の霜取りなどの家事を手伝わせた。自分たちより梯子の低い段にいる人がいるとは！　母はルイーズに親切に対応したが、ルイーズが私たちと一緒に食事をすることはなかった。彼女は台所で立ったまま昼休みをとりたいと言い張った。母がルイーズの家で夕食を食べたことがあったが、そのときもルイーズは別の部屋で食べた。彼女は弁明するような口調で言った。「奥様、お気を悪くなさらないでください。これまで白人女性と同じテーブルで食事をしたことがないのです。」

後になって初めて、子どもの自分が見逃していた南部の別の面を知った。フレデリック・ダグラスその他の、奴隷制の残酷さの目撃証言を読んだ。ほとんど理解できなかった。南北戦争の兵士たちの描写にたじろいだ。塹壕の泥の中で腐ってゆく遺体、鎮痛剤もなく切断された手足。ジョージア州のアンダーソンビル刑務所で餓死した北軍兵の数は、五つの流血の激闘による北軍の死者数を上回ったこと。

こうした記述を読んだとき、自分の中で何かが崩れていく気がした。それは残像のように心の中にとどまった。南軍はもはやそれほど栄誉あるものと思えず、敗因もそれほど正しいものと思えなかった。南北戦争によって奴隷の足枷は緩んだかもしれないが、一世紀以上経っても人種に敵意をもつ精神は残っていた。かつて真実だと信じていたものだけでなく、自分自身に対しても激しい嫌悪感が襲ってきた。私は神話を呑み込んで大きくなったのだ。

罪意識は打ち消してもなくならなかった。南部はほとんど何にでもそうするように、戦争についても宗教の言葉で語る。歴史家シェルビー・フットは、故郷の南軍の記念碑を、「『罪なくして生きて死んだ唯一の国家』にささげられた」と言った。子どものころ、いろいろな所に行ったが、あるときリッチモンドのジェファーソン・デイビスの墓を訪れた。墓石に次のような言葉が彫られていた。「義のために迫害されている者は幸いです。天の御国はその人たちのものだからです。」これが少年時代と思春期を通して私が信じていた敗因の神話だった。

グラント将軍は南北戦争で行われた最悪のものを目撃したが、南軍が北軍に降伏したアポマトックス・コートハウスの戦いについて異なる見解を表明した。「長く勇敢に戦い、大義のためにこれほど多くの苦しみを得た敵の凋落。だが、それは、人々がかつて戦った大義として最悪のものに数えられると私が思う大義だった。そのために戦った敵の凋落に対する」悲しみの表明である。私にとって南部人として大人になることは、自分たちは自己を欺いていた、嘘の話とともに生きてきたと気づくことでもあった。その結果もたらされた緊張がたましいの奥に何かを植えつけた。裏切られたという執拗な感覚だ。

私は故郷の矛盾から立ち直ることができなかった。ずるをしている友だち、児童虐待やレイプ、飲酒、そして暴力について嫌というほど噂話の飛び交う、宗教にまみれた場所。よそ者に疑いの目を向ける、気さくでもてなし好きの人々。己れの怒りを、よりいっそう打ちのめされている人種にぶつける敗残者。

成長するにつれ、これが真実だと教えられてきたことの中に、ぱっくり亀裂が生じた。その後も多くの亀裂を経験することになった。

彼らは、間違いなく、自分たちが異常だとは思っていなかった。彼らの目には、自分たちが他の人間と同じで、ふるまいも、私が判断するかぎりでは、彼らにとってごく自然なものであり、誰でもそういう状況になればしそうなことだった。
――メアリー・マッカーシー『私のカトリック少女時代*』

11　フィラデルフィア

毎年夏の終わりに家族でフィラデルフィアの母の実家を訪れた。ディエム家にいると、母がどんなふうに育ち、どんな人生を送っていたかが何となくわかった。

車を走らせていた二日間、母は絶えず他の車を気にしていた。「まだどの車にもぶつかっていないけど、リッチモンドに着くまで安心できない……。まあまあ順調に走って来たけれど、ワシントン近郊に着くまでどうかしら……。」

ドライブの途中、レストランで派手にお金を使った。「何でも食べたいものを選びなさい。」母はそう言うと、一年かけて貯めた現金の詰まった封筒を取り出した。マーシャルは大好きな仔牛のカツレツを注文した。朝食に、昼食に、そして夕食に。夕方になって、母の予算に収まるモーテルを探すときがクライマックスだった。マーシャルと私はプールつきのモーテルをせがみ、その願いがかなえられることもあった。

モーテルの部屋に入ると、母は荷物を置いてバスルームに向かい、「消毒済み」と書かれた紙のシールを取り除いた。私たちは水着に着替えると、プールで少し泳いでから部屋に戻り、慣れないエアコンの寒さに震え、掛布団の下に潜り込んでテレビを見るという贅沢を楽しんだ。これこそ暮らしというものだ！

フィラデルフィアが近づくと車窓から見える景色は醜くなってゆくが、いっそうスリリングにもなった。精製機が大気中に火炎を吐き出している。錆色の橋を渡るとき、眼下に黒ずんだ水の上で列を作って接岸を待っている船が見えた。排気ガスのこびりついたトンネルに入ったかと思うと、目もくらむような太陽光の中に飛び出した。サスケハナ、スクールキル、ティニカム、パスアンク。高速道路に立っている看板の地名の響きは、私たち南部人の耳には聞きなれないものだった。

緑の多いアトランタ郊外からやって来た子どもにとって、ディエム家の住む南西部フィラデルフィアは外国のようだった。どの街区もよく似ていた。二階建ての家が連なっている。ポーチに立ってスイカの種を飛ばせば、歩道に届くほど前庭が狭い。道路、歩道、玄関前の階段など、ほとんどが舗装されていて、歩道の割れ目から突き出ている二インチ〔五センチくらい〕の発芽の連なりが唯一目にした樹木だった。道には名前でなく数字がついていた。ピーチツリー・ストリートやメドウラーク・レーンでなく、七〇番街、六九番街、六八番街というように。

レイバー・デイ〔訳注＝九月の第一月曜日で休日〕のころ、通りは溶岩のように熱くなった。北に向かって二日も車を走らせたあげく、ジョージアより熱い場所にたどり着くとはどうしたことだろう。私たちはいつも一年で最も悲惨なときに訪れた。その時期に母の母教会マラナタ・タバナクルで一週間の宣教会議が開かれるためだった。

隣人たちに声をかけられた。「やあ、坊や。どこから来たの?」ジョージアからと言うと、「南部訛りで」何かを言わせて私のしゃべり方をからかった。「ナインの次に来るのは?」聞かれた私がテンと言うと、その人たちはジョークを聞いたように笑った。「そんな言い方じゃないよ。ティンじゃなくてテンって言うんだよ。」私が「ユオール（y'all あんたたち）」と言うと、もっと激しい笑いが起きた。みな膝を叩き、お笑い芸人であるかのように私を指さした。

サウスウェスト・フィラデルフィアは五感に触った。クラクションが鳴り響き、サイレンが泣き叫ぶ。物売りのトラックが、うるさい拡声器からしわがれ声で呼びかけながら通り過ぎて行く。「白トウモロコシ、六本で一ドル、ジャージー・マスクメロン、バナナ……。」夕暮れ時はウォルト・ホイットマン橋全体がきらめいて、ニュージャージーの煙突からオレンジ色のガスの火炎がキノコ雲のように吐き出された。精製所から出る硫黄、焙煎されるコーヒー、ジャーマン・ベーカリーから漏れてくる焼きたてパン、だれかの裏庭で焼けているソーセージ、隣人のタバコなど、いろいろな臭いが入り混じっていた。私の鼻はフィラデルフィアで忙しく動いた。

夜になると、網戸で囲まれたポーチの折り畳み式ベッドで、目を細めて街灯を見ながら眠らずに横になっていた。ジミー叔父さんは夜中まで居間にいて、二台のテレビと一台のラジオをつけていたが、三つとも違うスポーツ番組だった。ようやく叔父さんが床に就くと、近所のギャングが心配になった。

パタパタいう足音がどんどん大きな音になって近づいて来る。その足音が通り過ぎるまで息を止めていた。眠りに落ちはじめるころ、牛乳屋が玄関前の階段に置かれた金属の箱の中に瓶を落とし、近所の犬たちが一斉に吠えた。

六七番街のテラスハウスはすぐ退屈になった。二階に通じる木の階段はギシギシ鳴った。マーシャルと私は手すりを滑り降りたり、お尻で跳ねて階段を降りたりした。ボン、ボン、ボン。やがてジミー叔父さんに階段を三〇往復する罰を与えられ、階段の楽しみすべてを奪われた。「良い勉強になっただろう。」叔父さんは邪悪な笑みを浮かべた。

何だかわからない食べ物が出された。ディエム家は白パンでなく、歯に当たる種やかけらの入ったライ麦パンを食べていた。レバーソーセージやスクラップル〔訳注＝豚肉、野菜、コーン粉などで作る揚げ料理〕など、奇妙な肉が出された。茹でたじゃがいもにマヨネーズをたっぷり塗る。野菜は全部すりつぶして調理する。祖母はお昼にゼラチンと軟骨入りの、もさもさしたチキンサラダを出した。南部人の私は、祖母が甘くないインスタントのアイスティーを出すのを見てショックを受けた。叔父さんたちはアイスティーに、プラスチックのレモン形の容器に入った人工的なジュースで味をつけていた。母はどうやって子ども時代を生き延びたのだろうかと思った。

ジミー叔父さんは、だらんとした袖なしの下着を着て、熊の毛のような胸を半分さらしながら家の周りを歩いていた。黄色い密閉容器から直接、氷水を飲んでいた。牛乳もパックからそのまま飲んでいた。マーシャルと私はあっけにとられた。ここではルールが違うのだ。

二人の大人の叔父さんたちが小さなテラスハウスで祖父母と一緒に住んでいた。この無作法な叔父さんたちと一緒にいるのは恐怖だった。二人はマーシャルと私をいじめて喜んでいた。家に戻る車の中で、母は自分の家族について、私たちの知らなかった話を詳しく聞かせてくれた。

「ジミーがおかしくなったのは、朝鮮戦争の時からなの。」母は弟の話をした。「諜報部の通訳だった韓国人の女の子と恋に落ちた。その子と結婚したくて、彼女も一緒にこちらに来る許可をもらったけれど、当時はそう簡単なことではなかったのよ。ジミーが結婚したいと言うと、おばあちゃんは言った。『あんな吊り目の人間をこの家族に入れるもんか!』それからジミーはすっかり人が変わってしまった。」

ジミー叔父さんはほとんど髪の毛がなく、額に深い皺《しわ》が刻まれ、落ちくぼんで疲れた目をしていたので、危険人物のようだった。丸まった毛深い肩がタンクトップの下着から盛り上がっていた。平日の夜はいつも電球一個の浴室に引っ込んで、まっすぐな剃刀で髭をそった。四十五分かけるのがお決まりで、下着に血の跡がついていた。

ジミー叔父さんの返答は答えというよりも反駁のようだった。昨夜はフィラデルフィア・フィリーズが勝ったのかなと聞くと、「おまえに何の関係がある」と言う。「よく眠れないので、夜はテレビの音量を下げてくれませんか」とお願いすると、「おまえらと何人の海兵隊員だ」。そしてこんな言葉を何度か繰り返した。「今言っただろ、おまえたちと何人の海兵隊員が眠るんだ。俺の言葉を聞いたのか。おまえらと何人の海兵隊員だ。」

ジミー叔父さんは動かない時計をはめていた。どうしてその時計をつけているのかと聞くと、少し考えてから言った。「一日に二回は正しいって言えるだろう。」ボールペンが居間のあちこちに散らばっていたが、書けるペンは一本だけだった。ジミー叔父さんはどれが書けるか知っていて、私がそれを正しい場所に戻さないと、そこは違うと言って直させた。そして夜になったらボーリングに行きたくなるかもしれないから、夕食は毎日四時半ぴったりに出して、と祖母に言っていた。ある金曜日の夜、いつもと違ってジミー叔父さんはフィラデルフィアステーキ・サンドイッチを食べに出かけた。「あの食堂に入ると、店の連中はすぐに俺の欲しいものを出すんだ」と自慢した。

やがて何年ぶりかで医者にかかってから、叔父さんの人生はつらいものに変わった。後にその医師に直接会って話を聞いた。「それで、あなたのジミー叔父さんに、『カーテンの向こうでガウンをはおってください』とお願いしたんです。部屋には恐ろしい臭いが満ちていました。汚れたオムツのあふれた洗濯かごみたいなね。出て来た叔父さんの右足には、本当に蛆がうじゃうじゃ這っていました。右足の組織が壊死していました。敗血症、壊疽、何と呼んでも結構です。おそらく糖尿病から神経の病に侵されて、痛みを感じにくくなっていたのでしょうが、あんな足に気づかずにいられるものでしょうか?! 消毒剤のライゾールや松から作った洗剤など、あるだけのものをスプレーしましたが、その臭いは何週間も診察室から消えませんでした。」

診察をした翌日、外科医が叔父さんの右足の膝のすぐ下を切断した。もともとうまく調整されていなかったこともあって、ジミー叔父さんは人工の脚に慣れなかった。朝、あのきしむ階段をドタンドタンと降りて来ると、一日中椅子に座っていた。傍らには尿瓶があった。ボーリングも車の運転もできなくなった。一日のほとんどをテレビのスポーツ番組を見、新聞三紙を端から端まで読んで過ごした。

ジミー叔父さんが人生で逃したすべてのことを、弟のボブ叔父さんが補った。ボブ叔父さんはひときわ身体が大きく、声も大きくて怒鳴り散らし、放蕩息子という評判を誇りにしていた。兄や私が幼いころフィラデルフィアに行ったときは、ティーンエージャーだったボブ叔父さんに容赦なく苦しめられた。「おい、アトランタに行くから、シャーマン将軍ホテルのスイートルームを予約しとけよ、いいな、チビ南軍」と言い、一日に何度か繰り返されるジョークにいつまでも大声で笑っていた。「ああ、それからシャーマン将軍ホテルが満室だったら、ユリシーズ・S・グラントホテルをあたるんだぞ。」

ボブ叔父さんは私の腕を背中でねじ上げると、こう言った。「俺の言うとおりに言え。『南軍は南北戦争に敗けた。僕はヤンキース（北軍）が大好きです』と。私が拒むと、叔父さんはたとえ土砂降りの雨が降っていても、私を外に閉め出した。私は南軍の名誉を掲げて、小さな雨よけの下で震えながら何時間も身体を丸めていた。「おい、ジミー、このあたりで南軍のやつが走り回ってるそうだな。だれか見たか？　見てない？　ドアに鍵をかけておいたほうがよさそうだ。用心するに越したことはないからな。この家に南軍のやつなどお断りだ。」

ボブ叔父さんはプロのフットボール選手だったと言っていたが、名簿に叔父さんの名前が載っている記録を一度も見たことがなかった。いちばん体重が重かったときは一四七キロもあり、だれ一人、ボブ・ディエムに手出しをしなかった。「ホールディングと言われてレフリーに叫んでやった。『どういうことだ、ホールディングだと。』レフリーは言った。『ええと、ボブ、君が前腕で彼の口を殴るなんてことは見ていないから、ホールディングなんだよ。』」叔父さんは腹の底から笑い声をあげた。「俺の哲学はだな、ひどい扱いをされる前に、ひどい扱いをしてやれってことだ。」

ボブ叔父さんのエゴはその巨体にふさわしい大きさだった。「おまえにはこれが最高だ、毎年ここにやって来い。俺の性質がいくらかおまえに影響するだろうからな。おまえを男にしてやる。」私が物書きになりたいと思っていることを知ると、ボブ叔父さんは言った。「上等だ。これ以上のテーマはないだろう。俺の人生を書けばベストセラーだ。」

叔父さんは家族のはみ出し者という役割を楽しんでいた。その後の年月で叔父さんは他の家族を憤慨させながら評判どおりの人生を生きた。最初の妻と離婚し、一人息子を、ゲイを理由に追い出した。二番目の妻はシャワーを浴びている最中に拳銃自殺を図った。叔父さんは稼いだ金をギャンブルで使い果たし、何度も破産申告をした。

一度、聞いたことがある。「叔父さんは後悔していることがある?」叔父さんはほとんど考えることもせずに言った。「いいや。いつだってやりたいことをやってきた。」

兄のジミー叔父さんのようにボブ叔父さんも悲劇的な最期を迎えた。健康管理に無頓着で、足指を何本か失ってからも自身の糖尿病を無視していた。二〇〇九年のクリスマスの日、郡保安官が、ただならぬ臭いを嗅いだ隣人たちの連絡を受けて、叔父さんの家に突入した。そこでベッドに横たわっているボブ叔父さんの遺体を見つけた。死後数日が経過していた。ペットのロットワイラー犬は、どうしようもない飢餓から叔父さんの片方の足首から先全部と、もう片方の足首から先も多くを食べていた。保安官はその犬を撃ち殺すしかなかった。そしてバイオハザード・チームを呼び出すと、ゴキブリの卵が何千個も見つかった。コンロ、ライト、ラジオ、天井につけた扇風機など、暖かい場所ならどこにでもあった。

祖父アルバート・ディエムの記憶はほとんどない。母はその祖父のことをいつも好意的に語っていた。「おじいちゃんは二つの仕事を掛け持ちして大恐慌の時代を乗り越え、家族の離散を防いでくれた。それから戦時中はジェネラル・エレクトリック〔GE〕の工場で、ダブルシフトで働いた。それから、GEは六十五歳になったおじいちゃんを解雇にしたの。」

祖父は細身の親切な男性だったと記憶している。人工皮革のリクライニングチェアに座って、ニコチンで黄ばんだ指で新聞のページをめくっていた。心臓の状態が良くなかったので、医者から喫煙を禁じられ、マーシャルと私は、祖父が近所を歩きながら、こっそりタバコを吸っているのを見ると、必ず母に報告した。だれにも言わなかったが、私は、祖父の鼻の孔から青みがかった煙が巻き上がってゆく様子を見るのが好きだった。罪とはこんな感じなんだと思った。

祖父のディエムが死去したとき、私たちはジョージアにいた。ある日、母は、祖父の入院を知らせるハガキを受け取った。翌日、トレーラーハウスで夕食にポークチョップを食べていたときに電話が鳴った。ジミー叔父さんが三つの単語を口にした。「あのさ、父さん、死んじゃった。」母は大声をあげて泣き出した。テレビの中の人たちが「ブー・フー、ブー、フー」と泣くときのように。母は寝室に走って行き、マーシャルと私は、食べかけの食事を見つめながら黙って当惑したまま座っていた。

父方の祖父母に兄と私を預ける手配をすると、母は葬儀に出るためにフィラデルフィア行きの列車に乗った。だれにも会わなかったため、タクシーを拾って実家に着くと、いくらの棺にするか、家族が食堂のテーブルに集まって議論していた。

祖母のシルバニアはディエム家の中心人物だった。子どものころは祖母が怖かった。かすんだ目で顎に白髪があり、義歯がかちかち音を立て、むっつりした顔をしていた。しゃべるときに下唇が突き出て、両頬が邪魔をして何を言っているのかよくわからなかった。祖母はあまり子どもが好きでないこと、とりわけ騒々しい活発な子どもが好きでないことが感じ取れた。

シルバニア自身のことは母から少しずつ知らされた。

一八九八年に労働者階級の家庭に生まれた。十人きょうだいの八番目でニックネームは「シルビー」だった。父親のウィリアムは肉屋であり石炭焚きでもあり、家族全員を養うのに十分な稼ぎを得ていたが、酒を飲み出してから変わってしまった。シルビーは父親を「質の悪い酔っぱらい」だと言った。父親は、赤ん坊だったシルビーの弟をフットボールのようにリノリウムの床に蹴飛ばすことがあり、そんなときシルビーは隅で縮こまっていた。シルビーは子どもなりに精いっぱい、父親を憎んでいた。特に父親が夜になってシルビーの姉の寝室に入って行くことを知ってから。

ある日、ウィリアムは妻と大喧嘩をした後で、「昼までにこの家から出て行け」と言った。十人の子どもが母親の周りに集まり、スカートにしがみついて泣いた。「いやだ、ママ、行かないで!」しかし、父親は頑なだった。シルビーは兄弟姉妹につかまりながら、厚板ガラスの窓越しに、母親が左右の手にスーツケースを持って歩道を歩いて行き、その姿がどんどん小さくなり、ついに視界から消えてしまうまで見ていた。やがて何人かの子どもたちは母親と一緒に暮らし、他の子どもたちは親戚の家に預けられた。シルビーといちばん下の二人の弟は父親と残った。家の掃除、料理、弟たちを風呂に入れ、着替えさせるといった母親のするべき仕事を、たった七歳のシルビーが引き受けた。シルビーは父親に苦々しい思いを抱えて成長した。その思いは固いしこりとなった。十四歳になると父親に追い出され、何年も別の家族と暮らし、生活費を入れる代わりにその家の掃除をした。

シルバニアは成人すると、再び兄弟姉妹と連絡をとった。みなシルビーのように早々と学校を退学し、働いたり軍隊に入ったりしていた。十人中八人がフィラデルフィアのサウスウェストに落ち着いていた。六七番街の数ブロック内である。一人——生涯未婚の女性——を除いてみな結婚し、子どもを授かり、過去を葬り去ろうとしていた。父親のウィリアムは姿を消していた。だれも居場所を知らず、だれも気にかけなかった。

何年も後に、その父親が再び現れて、みなショックを受けた。父親は弱り果てていた、と言った。ある晩、酔いと寒さから救世軍のレスキューミッションにふらふらと入った。食事券をもらうには礼拝に出なければならなかった。話し手がイエスを救い主として受け入れたい人はいませんかと尋ねたとき、ウィリアムは単純に、他の男たちとともに前に進み出るのが礼儀にかなっていると思った。罪人の祈りが実際に胸に響いてきたとき、だれよりもウィリアム自身が驚いた。彼の中の悪霊が静かになった。ウィリアムはむせび泣いた。生涯で初めて愛され、受け入れられていると感じた。ほかのだれもそうしてくれなくても、神がそうしてくださっているのだ、と。

そして今、彼は子どもたち一人ひとりに、「おまえたちを捜して、赦しを請いたい」と言った。過去の過ちの言い訳も、それを正すこともできなかった。しかし自分が申し訳なく思っていること、おそらく子どもたちには理解できないほど申し訳なく思っていることを知ってほしかった。彼は程近い貯氷庫で働き、新しい生活をしていた。

それぞれ家庭をもつ中年の子どもたちは警戒した。またすぐに酒を飲み出すだろうと思っている子もいれば、お金をせびりたいのだろうと勘繰る子もいた。ところがそのどちらも起こらなかった。そして父親は次第に子どもたちの信用を勝ち得ていった。シルビーを除いて。

ずっと昔、祖母のシルバニアは「あの男」とは二度と口をきかないと誓った。父親のことを祖母は「あの男」と言ったのだ。父親が再び現れて不安になり、夜ベッドで横になると、あの泥酔して怒り狂うという父の記憶が押し寄せた。父親を赦した兄弟姉妹を苦々しく思った。「ひどい人生を送ってきたのよ。赦しなんてこれっぽっちも信じない。『申し訳なかった』と言うだけで、すべてをなしにするなんてできない。」シルバニアは私の母も含め、子どもたちに言った。「私に父親はいない。あなたたちに祖父はいない。」

シルバニアの夫アルバートは穏やかな人だった。まだ少女であった私の母を幾度か貯氷庫に行かせて、祖父の様子を密かに探らせた。ウィリアムは、自分は元気だといつも言ったが、母は祖父が氷を叩き切る仕事で指を何本か失っていることに気づいていた。

ウィリアムは酒をやめていたが、アルコールによって肝臓が回復を望めないほど傷んでいた。深刻な病にかかり、生涯最後の五年間をシルバニアのいちばん上の姉のもとで過ごした。一家は私の祖母の家から八軒先の、まったく同じ街区に住んでいた。シルバニアは食品の買い出しに行ったり町で市街電車に乗ったりするときは、必ず姉の家の前を通ったにもかかわらず、立てた誓いを守って、病気の父親を一度も見舞わなかった。

けれども、夫に強く促され、子どもたちがときどき祖父を見舞うことは認めていた。死期の迫ったウィリアムの目に、一人の少女がドアから入って来るのが見えた。「ああ、シルビー、シルビー、ついに来てくれたんだね。」泣きながら少女を両腕で包んだ。部屋にいたほかの人々は、その少女がシルビーでなく、シルビーの娘のミルドレッド、つまり私の母だとはとても言えなかった。ウィリアムは幻覚の中で恵みに出合っていたのである。

ウィリアムが亡くなったとき、私の祖父は妻のシルバニアも父親の葬儀に出るべきだと言った。祖母は大人になって初めて、父親の顔を見た。棺の中にいた父親の顔を。

シルバニアは鋼のように頑なで、謝ることも赦すこともなかった。母は何か失態をして、涙ながらに謝ったときのことを覚えていた。シルバニアは親の使う八方ふさがりの罠で応えた。「あなたが申し訳なく思っているはずがない！　心から悪いと思っているなら、そもそもあんなことしなかっただろうよ。」

後年、私が自分の母親である女性を理解しようとしたとき、よみがえってきたのが、その場面だった。

＊邦訳、『私のカトリック少女時代』若島正訳、河出書房新社、一〇頁

子どもの背負う最大の重荷は、その親の生きられなかった人生である。
——カール・ユング『錬金術研究』

12 母

こうして毎年のようにフィラデルフィアへ行くたびに何かが起きた。私は初めて母のことを、母自身の権利をもつ人間として見るようになった。ただ母親というのでなく、ミルドレッドという名前の子どもであり、娘であり、姉であり、ティーンエージャーであったときの姿が見えてきた。

母が働いていたGEの工場、風格あるレンガ造りの高校、母が若いころ通っていた下見板張りの教会など、近所を歩き回るうちにいろいろな話を聞くことができた。母の弟のジミー叔父さんやボブ叔父さんと夕食のテーブルを囲んでいるときには、もっとたくさんの話が飛び出した。叔父さんたちは思い出を事細かに語って、母に「まあ、やめて!」と言わせて喜んでいた。

ディエム家の第一子であったミルドレッドは大恐慌時代に育った。母は粗末な服、まずい食べ物、そして自身の母親の機嫌の悪さを覚えていた。シルバニアはほかに五人の子どもを産んだ。夫の収入は乏しく、一人産むたびに生活が苦しくなった。狭苦しいテラスハウスの中で、いつも子どもたちが足もとにまつわりついていた。シルバニアは常にゴムの氷嚢を頭にのせて、長椅子に横たわっていた。

「静かにして！　頭が割れそうに痛いの。」　こう叫んでいた。

彼女は一度ならず「なんであなたたちを産んでしまったのかしら。あなたたちのせいで人生が台無しよ」と不満をぶちまけた。ただ子どもたちに思い知らせるために鞭を振るった夜もあった。「悪さをしているところを見ていなくたって、あなたたちがやったことはわかっている。」

母の子ども時代の記憶を詳しく探っても、楽しい思い出は一つも聞かなかった。母は「つらかった」と言うばかりだった。母は人一倍、世間知らずだったようだ。友人からそっと手渡されたメモを見るまでデオドラントを知らなかった。メモにはある容器の絵が描かれ、「あなたにはこれが必要よ！」という走り書きがついていた。いたずら好きな弟たちに言われるまま水の入ったバケツに片手を浸し、地下室の電灯から垂れ下がった金属の鎖をつかんだこともあった。電気ショックの威力は弟たちの想定をはるかに上回り、二人は身体を張って母を鎖から引き離さなければならなかった。

母の高校時代は第二次世界大戦と重なっている。同級生の多くが学業を中断して軍隊に入り、そのうち何人かは戻って来なかった。シルバニアは、ディエム家の娘たちには高校を卒業したら就職して家で暮らし、毎週もらう給料を家に入れるよう強く求めた。教師になりたいから大学に行かせてほしいという母の願いを、シルバニアは一蹴した。「そんな考えを二度と口にするんじゃない。あなたが大学に行ったら、ほかの子もみんな行きたくなるじゃないの。」

母はだれにも告げずに、二十一歳の誕生日を迎えたらこの家を出る計画を立てた。教会で出会った家族と一緒にフィラデルフィアの街中で滞在できる場所をリストアップした。庇護されてきた若い臆病な女性が大胆な動きに出たのである。妹の一人が、スーツケースに衣類を詰めている母に気づいて両親に知らせた。

翌朝、いつもどおり仕事に向かうふりをしながら両親の寝室に入って二人にキスをした。母は帽子をかぶっていたので、何かが起きているのではないかという両親の疑いは確かなものとなった。シルバニアはベッドから起き上がると言った。「ミルドレッド、そのドアから出て行ったら、二度とこの家に入れないんだよ。」　母はそれには答えず、スーツケースを取って来ると市外電車の停留所まで歩いて行った。

ついに自由の身となったミルドレッドは新しい仕事をはじめる一方で、大学の入学手続きもした。やがて母が世話になっていた家庭が、日曜日の夕食に一人の海兵隊員を招待した。私の父となる青年だ。二人は物語のような恋愛をして、ラブレターと週末の休暇を通して愛を育んだ。

父が除隊命令を受け取ると、この若いカップルはすぐに結婚した。牧師は結婚式を挙げる前にプライベートなカウンセリングを受けるようにと言った。母はそのとき初めて子どもの作り方を知ったという。「牧師から受けた説明に仰天して、結婚を考え直そうかと思ったくらいだった。」

それでも結婚の話を白紙に戻すことはなく、その後四年にわたって西のインディアナやアリゾナに、また南東のアトランタにと居を移し、二人の息子を出産した。母は、アフリカの宣教師として奉仕するという生涯の夢をかなえる日を待ち焦がれていた。父がポリオを発病して打ち砕かれた夢、父を鉄の肺から外に出すという信仰による行為、そして、決して起こることのなかった奇跡。

フィラデルフィアに行ったあるとき、私の厳しい祖母シルバニアから何か良い性質を学んだかどうか母に尋ねた。母は少し考えてから言った。「責任感ね。自分に期待されていることをすること。」大人になったミルドレッド・シルバニア・ディエムはその教訓を実践した。

一九五〇年十二月、未来が深い悲しみで空白になったまま、母はアトランタでマーシャルや私とともに新しい生活をはじめた。まず運転を習った。いくつかの個人宅で聖書を教えるようにもなった。寄付金を送ってくれる教会や人々もいて、私たちの小さな家族は何とか暮らしていた。よくこんな言葉を聞いた。「あなたのお母さんは霊の巨人です。考えてもごらんなさい。あなたたち二人の男の子を育てながら、あれほどの仕事をこなしているのだから。お母さんは神様が送ってくださった天使です。」

兄と私が学校に馴染むと、かねてから大学を卒業するという目標があった母は新興のバイブルカレッジに入学した。学内のコースを学生が教えた場合も、それを学士号取得に必要な単位に数える大学だった。母は熱心に勉強して、学生数が三人から五人の小規模なクラスを教えられるだけの知識を身に着けた。この教育のバーターシステムによって母は神学の学士号、さらに修士号を取得した。「学生として学んだことより、教えることで学んだことのほうが多かった。」

トレーラーハウスを購入してから、母は収入を増やすために一日に二回、子どもたちをバンに乗せて保育所の送迎をはじめた。夕方になると、コロンビア神学校の教授の説教をタイプし、編集して本に仕上げた。

アトランタは厳しい人種隔離政策をとっていたが、それでも程なくして新しい機会が訪れた。母は、アフリカ系アメリカ人の家庭で聖書クラスを教えてほしいと招かれたのだ。その噂が広まると、まもなく他の黒人居住地区のクラスも任されるようになった。ある集合住宅の人々は母を「ミス・ジーザス」と呼びはじめた。母は黒人の学生の訛《なま》りや彼らの慣習を真似して笑うこともあったが、それでも招待を断ることはめったになく、警官の制服を着ていない唯一の白人であっても、よく黒人居住区に夜間一人で出かけていた。

人種について母は大勢の信じる一般論から距離を置いていた。「集会はいつだって大幅に遅れてはじまる。あの人たちには時間の感覚がないのよ。ＣＰＴ（有色人種時間）に従っているの。身体の中にある感覚よ。彼らはそんなふうにしているだけ。」

「あの人たちは、正しいことと間違っていることについても理解の仕方がまったく違う。ある黒人男性が言った。『わかってくれなきゃいけませんよ。女の浮気に気づいたら、私たちはその女を殴るか、相手の男を殺します。そうするしかありません。』わかるでしょう、これは彼らの持つ文化の問題なのよ。」

母は飛行機に乗ろうとしなかった（「神が私たちに空を飛んでほしいと思っておられたら、人間に翼を下さっていたでしょう」）ので、アトランタのアフリカ系アメリカ人のコミュニティー以上にアフリカに接近することはなかった。母の口から大きな失望を聞いたことがない。母は宣教師になりたいという希望を私たち二人の息子に託した。夫の墓のそばで私たち息子を神に献げたのである。

コロニアルヒルズ教会の協議会で、母は礼拝後に、ある宣教師夫妻を家に招いてアフリカでの経験談を聞いた。私は母を喜ばせたくて、獣医の宣教師になってアフリカに行きたいと言った。「病気のライオンや象の面倒を見てあげたいんだ。」

マーシャルは、神は僕が宣教師になることを望んでいると言った七歳のときの宣言を後悔するようになった。母はその誓いを兄の上に剣のように振りかざした。「そんな態度では宣教師になんかなれないわよ。」マーシャルに不愉快な思いをするたびに、母はそう言った。

たいていの子どもは、父親や母親が職場でどんなことをしているかよく知らないものだ。だがマーシャルと私はそうではなかった。神の仕事から離れている時間がなかった。私たちは、聖書クラブその他で教える母について行き、母と同じように確固たる信仰を持つことを期待されていた。

南部ではほとんどすべての人が信仰者だったが、母の基準はより厳格だった。回心すると言う二〇〇人の決断の中で本物と言えるものはたった一つだ、と母は言った。他の人々とは異なり、神にすべてを献げているから私たちは違う、と母は思っていた。人々はこの世の事を避けることについて話していたが、私たちは実際にこの世のものを避けていた。人々は「再臨」について歌っていたが、私たちはいつもその日が来るのを待ち望んでいた。

教派について母には確固たる意見があった。カトリックがクリスチャンであることをはなから疑っていた。長老派と「あのウィスキパリアンズ〔訳注＝ダンスや飲酒をする英国国教会の人々への蔑称〕」には慎みがない。メソジストは情熱を失い、その教会は「礼拝する場所というより生ぬるい社交クラブ」だった。南部バプテストすら、執事たちが教会玄関の階段でタバコを吸って立っているので、疑わしかった。そのうえバプテストのオルガン奏者の中には、牧師が祈っている間、静かにオルガンを弾いている人たちもいた。つまり目を開けて弾いていたのだろう、というのだ。

わが家はキリスト教のギフトショップのようだった。どの飾り板にも壁のカレンダーにも聖書の言葉が書かれていて、マガジンラックに並んでいたのは、たとえば『預言の声』といったタイトルの雑誌ばかりだった。冷蔵庫の正面は宣教師たちの祈りのカードで覆い尽くされていた。朝食のたびに、「いのちのパン」という小さなプラスチックのパン形の入れ物から暗唱聖句カードを引いた。壁にかかっている唯一の芸術作品はワーナー・サルマンの有名な「キリストの肖像画」の複製だった。エアブラシで描かれたそのイエスは少し悲しげで、助けを求めるように目を上のほうに向けていた。

家ではラジオの宗教番組を流しっぱなしにしていた。母は背後でだれかが神の話をしていれば気分が良かったのだろう。マーシャルと私は、息遣いの荒い、怒れる南部の説教者たちと、声を震わせて歌うその妻たちの真似をして面白がった。神を否定する共産主義に対するカール・マッキンタイアーの怒鳴り声にピリピリした。M・R・デハーン博士の「ラジオ・バイブルクラス」が、朝食の目玉焼きを食べようとしている毎週日曜日の朝にきまって放送された。博士の説教はあまりよく聞いていなかったが、何年も後になって、博士のしゃがれ声を聴くたびに目玉焼きの匂いがよみがえった。

まだ幼かったころ、私たちは、備えられた祝福の言葉を述べていた。「神様は偉大で、神様は素晴らしい。私たちに食べ物を下さる神様に感謝しよう。」 しかし、ある年齢を境に自分自身の祈りをしなければならなくなった。ペットや近所の子どもたちのために祈った。薄目を開けて肉を、ジャガイモを、トマト以外のすべての野菜を神に感謝した。マーシャルは、私がどこかで覚えた韻を使って祈りを終えると大笑いした。「アーメン、ブラザー・ベン、雄鶏を撃ち、ヘン（めんどり）を殺した。ヘンは死に、ベンは泣いて自殺した。」 母にはおかしいことではなかった。

あまりにも霊的な話に浸っていたので、電話に出たマーシャルが「もしもし」でなく「天にましますわれらの父よ」と言ったことまであった。

学校では自分たちが他の子どもたちとどれほど違っているかに気づいた。私たちはののしらないし、映画に行かないし、過去五十年に作られた音楽を知らず、家にはテレビもなかった。空き時間の多くを教会の活動で過ごしていた。そして日曜日は、水泳も釣りもボール遊びも許されなかった。

そんなきまりを私はほとんどを気にしていなかった。実際、自分は人と異なり、献身していて、道徳的に勝《まさ》っているとすら感じていた。とにかくほとんどの友人と異なり、私たちは真理を知っていた。私は教会の優等生で、失くした財布や時計が見つかるように祈ってほしいと母の友人たちが電話をかけてくるようになった。「あの男の子が祈ると答えられる。」それを聞くと、神聖な誇りで胸がいっぱいになった。

母は、マーシャルも私も宣教師になる予定なのだとだれにでも告げていた。私は七年生のときに勇気を奮い起こして、宣教師になる前に野球のマイナーリーグで何年かプレーをしたいと話した。母は認めないと鼻息荒く言った。

長い間、家庭生活は地震の前の静けさのように穏やかだった。ところが、マーシャルが高校に入るや否や警告の揺れが起きはじめた。

突然、私たちの行う何もかもが母を激怒させるように見えた。私が森で道に迷い、夕食の時間に少し遅れて帰宅する。マーシャルが週末に出るバンドの演奏会の話を母に言い忘れる。家の雰囲気は冷え冷えとし、母は私たちが赦しがたい罪を犯したかのようにふるまった。「自分そっくりの子が十人できればいい！」母は叫んだ。聞き覚えのある台詞《せりふ》だった。母の母、シルバニアから学んだものではないかと思った。

子どものころ鞭で打たれてばかりいた母は、何の疑問を持つことなく体罰を加えるようになった。長男のマーシャルは母の激しい怒りの攻撃をもろに食らった。「ヒッコリーの棒で教会のボンズ先生に叩いてもらうわ。あの人があなたに正気を叩きこんでくれるわ！」あるいは「旧約聖書の人々は不従順な子どもたちをどうしたか知っている？　申命記を読みなさい。彼らは不従順な子どもたちを石で打ち殺したのよ！」

マーシャルは母の激しい怒りに火をつけるようなことを数多くしでかした。学校では、「実力を出していない」という評判であった。ＩＱテストは一五一だったのに、めったに宿題を最後までやることはなく、テスト勉強もしなかった。音楽の先生は兄を神童と言って迎えたが、兄が楽器の練習をするのは気が向いたときだけで、それすら珍しいことだった。

ある日学校が終わって歩いて家に戻り、母がアイロンをかけていたときに私は防護態勢を固めた。トレーラーハウスにアイロンが当たった綿の熱い臭いが漂っていた。母はそっと皺を伸ばすのでなく、ハンマーのようにアイロンを叩きつけていた。その顔はゆがんで見え、私の五感すべてが警戒モードに入った。僕は何をしただろう。それともマーシャルがまた何かしたのだろうか。母の脇をそっとすり抜けて自分の部屋に入った。見られていたのはわかっていたが、母は無言だったし、私も何も言わなかった。

家の中が沈黙に満ちた。家族三人はその晩一言も発しなかった。夕食の間は音だけが聞こえた。メラミン樹脂の皿の上でステンレスのカタカタいう音、グラスのかちりという音、筋の多い肉を噛んだり飲み込んだりする音だ。母は私たちの顔に何か嫌なものがあるかのように厳しいまなざしをぶつけてきた。マーシャルと私は視線を交わし、沈思黙考する二人の策謀家となった。

ゲームのようだった。母の暗い気分のどれかが襲来すると兄と私は黙り込んだ。どれだけ長く我慢が続くだろう。

一週間も黙り続けたことがあったが、いつも爆発が起こることに感づいていた。母がキレると、その言葉はトレーラーハウスの壁に響き渡った。母の声は、最初は低いが最後は高く、バイオリンの絃のようにピンと張りつめたものになる。母はマーシャルに言った。「あなたは自分が賢いと思っているんでしょう。一言言わせてもらうわよ、ミスター。賢いなんて大した勘違いよ。あなたは怠け者さ。ろくでなしだ。自分のことしか考えていない。不精者なのよ。あなたのクロゼットを見るがいい。私があなたの奴隷だとでも思っているの？　これから何をするか言ってやる。本気だからね。あなたの洋服を全部泥水に投げ入れてやるわ。そうすれば無精者と暮らすのがどんなものかわかるでしょう。」

マーシャルは言い返した。「そうさ、でもお母さんに言ったように、俺は週末に部屋を片づける。今は高校に通っている。忙しいんだよ。」

火に油を注いだだけだった。「そんな口答えをするんじゃないわよ！　人を馬鹿にしたその顔が私に見えないとでも思うの。それにお母さんに向かって『そうさ』なんて言うんじゃないの。『はい、お母さん』と言いなさい。聞いてるの？　私が欲しいのは尊敬の念よ。わからないなら、あなたにわからせる人を連れて来てやる。」

私は目立たぬように椅子に身を沈めた。目の前に宿題を広げていたが、指に脈を感じるほどダイニングテーブルの縁を強く握っていた。

言い争いは長引き、最終的に私はトレーラーハウスの裏の寝室に引っ込んだ。その夜、ベッドに横たわりながらも眠れなかった。廊下の先の寝室から聞こえてくるのは母の泣き声だろうか。

マーシャルは決して母を避けなかった。いつでも正面衝突した。そしていつも負けた。兄の論じる声を母の叫び声がかき消した。二人がぶつかる様子を毎週のように見えていた私は、母に対して違う作戦をとることにした。母がいつも思っていたとおり、私はこそこそすることにした。カメのように首を引っ込め、感情を隠し、あらゆる争いを避けた。何も見ないし聞かないことにした。目に見えない存在になることにした。

マーシャルと私は共通の敵に向かい合っていた。夜になると、二段ベッドで母の話をした。それまでは母に疑問の目を向けたりしなかった。母が人生をなげうって私たちを育ててきたことに異論の余地はなかった。激しい衝突が繰り返された後、夕食のテーブルで沈黙が何日も続いた後に、疑いが忍び込んできた。私たちは、母の中にいる二人の人間を一つにできなかった。ほかのだれもが見ている天使のような人と、私たちが一緒に暮らしている激しやすい人と。

確かにだれも母を「霊的でない」ふるまいをしていると非難することはできなかった。教会にいた何人かの女性たちと異なり、母はスラックスを履いたこともなければマニキュアや化粧をしたこともなく、口紅さえさしたことがなく、生活のために聖書を教えていた。そのような権威ある人物に思春期の少年二人がどうして歯向かえただろう。

　母は十二年間罪を犯していないと言った。私が生きてきたよりも長い時間だ。母は、クリスチャンはより高い霊的レベルに、道徳的に完璧な状態に行き着けると示唆するホーリネスの伝統を引く一派を信奉していた。フィラデルフィアの教会の牧師はグローブを使ってそれを説明した。「私の指がこのグローブの中にあるように、聖霊もあなたがたの中に住んでいます。いま生きているのはあなたがたではありません。生きているのはあなたがたの中におられる神の霊です。」母の本棚には、「勝利するクリスチャン生活」と言われるこの状態を描いた書物が置かれていた。

　罪のない状態は、母が息子たちとのどんな議論にも打ち勝つことを、少なくとも心の中では保証していた。それはまた、祖母と同じように母が決して謝る必要がないと考えて当然であることも意味していた。

　ある夜ベッドに寝転がっていたとき、マーシャルが血の凍るような告白をした。「お母さんなんて大嫌いだ。いつだって嫌いだった。今のおまえと同じ十歳のときだって、お母さんが死ねばいいと思っていた。お母さんの身体の一か所に百万回触れれば、開いた傷口が大きくなってお母さんは死ぬかもしれないという馬鹿な考えを持っていた。お母さんとすれ違うたびにやってみた。」

「どうなった?」

「お母さんは『叩かないで!』と言っただけ。それだけさ。」

　三人家族のわが家はもはや機能していなかった。進んでいくばかりの変化を言葉にするすべが私にはなかったが、何かが私の中で引き裂かれていた。教会の知り合いに駆け寄って言いたかった。「お願いです、僕たちを助けてくれませんか。家で起きていることをだれかに知ってもらう必要があるんです。」 けれども母の評判を思い起こせば、だれも私の言うことなど信じないことはわかっていた。母は聖人、アトランタで最も聖なる女性だった。

母は教会で幸せに満ちた穏やかな微笑みを浮かべ、輝いて見えた。どの礼拝にも出席し、ノートを取り、男性の権威にはおとなしく従った。マーシャルのピアノやトランペットの腕前がほめられたり、私が良い成績表を持って来たりすると、誇らしげな親の表情を見せてうなずいたが、「あなたたちにはいい気になってほしくない」と言った。

私は母のことを悩みはじめた。母は突然、「もうたくさん」と言ったりするが、何が悪かったのか私にはちっともわからなかった。ある日、母が言った。「もうこれ以上耐えられない！ このまま生きていることに価値などあるのかわからない。」 気がおかしくなったのではないかと思って、母を見つめた。友人を訪ねるつもりだと話すと、母は言った。「どうしても行きたいなら行きなさい。でも行くなら、あなたが帰って来たときにはお母さんはたぶんここにいないわ。主なる神様のところにいるかもしれない。」 私に今どうしろと言うのだろう。

母には私が全く知らない関心事があるらしいことに感づいていた。「木にお金はならないのよ！」私が店で自分の好きなものを見ていたとき、母がものすごい大声で言った。修理屋たち、配管工、車の整備士、車のセールスマンが母からお金をむしり取っていることはわかっていたが、その話を持ち出そうとすると、母は痛烈に私を非難した。「言っておくけどね、フィリップ。あの男はあの前輪駆動車は良くないと言ったのよ。それにあの男は抜け目がない。あなたのほうがあの男より知識があると思う？」 私は母に歯向かわないようになった。

一九六〇年代の話は、母にとってはあらゆるところに危険をまき散らしながら世界が瓦解してゆくように見えたに違いない。母は挑発的なタイトルのトラクトを家に置いていた。「暴かれたサタンの音楽」、「ヒッピーのピースシンボルと反キリストの十字架」、「丈の短すぎるスカートとヒッピーへア」。母には反対すべきことが山ほどあった。ヒッピー。反キリスト。共産主義。イルミナティ。知性主義。オカルト。頭の鈍い息子たち。

気に入らないことは何であれ、母の体調に影響を及ぼした。ある夜、マーシャルと大喧嘩をしたときは「血栓が心臓に飛んだ」と言い、数週間後に左腕が動かしづらくなると、「肉離れをした」と言った。

食べることが厄介な仕事になった。「アリゾナの砂漠熱がいくらか残っていたのよ。肝臓が攻撃されるの。マカロニとチーズ、それからキャンディーをたくさん食べないと。特にチョコレートをね。でもあまり食欲がないのなら、満腹なのね。」「どれならおいしく食べられそう？」と尋ねた。これは間違った質問だった。「食べるですって。どうして食べられるの！ お母さんは病気なのよ！ 食べ物のことを考えただけで吐き気がするわ！」

膝も悪化していた。片足がもう一方より一インチ〔二センチ半〕ほど短いと思い込んでいた母は、靴屋に左の靴をかさ上げさせた。それで傾いて立ち、背中をねじりながら不自然な歩き方をしていた。ある整形外科医が「椎骨を取り除いて、椎間板を治しましょう」と言った。

別の医者は母の肩の痛みをとるためにコルチゾンを注射したが、母はエックス線写真を撮らせようとしなかった。「閉所恐怖症なのです。あのような機械の中に入ったら窒息してしまいます！」

トレーラーハウスの中で転倒した後、マーシャルは、骨折の疑いのある腕を吊った母に付き添って病院に行った。医者は兄を廊下に呼び出すと言った。「お母さんにはどこも悪いところが見つかりませんが、何か治療をしないかぎり、ここから出て行こうとしないでしょう。だからギプスをはめます。心配いりません。お母さんは大丈夫です。」

母は身体のどこかが悪くなったときだけ満足そうに見えた。母が「満足」するのは悲惨な状態のときだった。頭に手拭いを載せてベッドに横たわっていることがあった。「もう耐えられない。何も食べられない。また潰瘍が悪化しているんでしょう。行かなければならないところがあるのに、行けないわ。一人にしてちょうだい。頭が痛いの！」母が話していた祖母のことをありありと思い出した。頭に氷嚢をのせて長椅子に寝ていた祖母のことだ。

そんな日は母の寝室のそばを忍び足で歩き、夕食には魚を数切れとミートパイを温めた。背中、両足、副鼻腔、首、偏頭痛、めまい、胃、関節――いつでも大事なときに突然病気になるようだった。マーシャルが母を怒らせたとき。祝日の直前。私が遠足に出かけるとき。どの痛みが本物で、どの痛みが想像上のものなのか、私には知るすべがなかった。そしてたまたま私の母である傷んでいる女性を助けるための手がかりもなかった。

子どもたちが傷つけば母親がその面倒を見るのであり、その逆ではない。母はおかしくなっているのだろうか、それとも女性とはこうしたものなのか。私は不思議に思った。

家であまり長い時間を過ごさずにすむよう、私は課外活動にも進んで参加した。だが帰りの足は母に頼るほかなかった。学校の外に立って三十分や一時間も母を待つことがあった。暗くなると、通り過ぎる車のヘッドライトしか見えなかった。母は事故に遭ったのかもしれない。ときどき脅してくるように、わざと道路から外れて、自殺を図ったかもしれない。そのうち、どうしてそんなことを考えたのだろうと罪悪感が押し寄せてくる。

頭の中がぐるぐる回った。孤児になったら僕の人生はどうなるだろう。ジョージア州は一時的に新しい母親をあてがうのだろうか。これから十五台の車が来てもその中に母の車がなかったら、母は来ないのだろう。かくれんぼをしている子どものようにゆっくり十五台まで数えた。母の車が現れないと、別のゴールを設定した。学校の車寄せの端まで歩いて戻った。もう一度。そしてもう一度、通り過ぎるヘッドライトの数を数えながら。

母は必ずやって来た。どんなに長いあいだ待っていたかを伝えるほど私は愚かではなかった。

それでも毎月、母は霊的で明るい言葉を使って支援者たちに手紙を書いていた。そばにあった一通を見つけて読んだ。

人生をいくらか振り返り、主なる神がどのようにこの人生に働いてきてくださったかを思うと、ただただ驚嘆します。主に仕えるなら人生は決して退屈なものにならず、次に何が起こるか常にわかるわけでないけれども、振り返ってみればそれぞれの段階で主の示してくださった方向が見えます。主は「一歩ずつ」私たちを導くと約束されました。そして主は忠実にそうしてくださいました。

母はキリストにあって勝利すること、主の喜び、どのような状態にあっても満ち足りていることについて書かれた聖句を引用していた。母はその暗闇のすべてを、怒りのすべてを息子の私たちに向けていた。

ある夏の日、トレーラーハウスの熱さから避難せずにいられなかった。どうせ家の中ではだれも話をしていなかった。

数ブロック歩いて公共のプールへ行き、ロッカールームで着替えて、錆びた金属かごに入れた衣服を預け、ナンバータグを水着にピンで留めた。塩素臭い水に滑り込み、水面下にしゃがんであえて水中で目を開けた。ひりひりする感覚に慣れると、はっきりものが見えるようになった。

口を開けると水面に泡が浮かんだ。息を吐いてから、ゆっくりプールの底まで潜った。そこでは私の周りで足を蹴り出しているたくさんの人々の頭のない身体が見えた。上のほうからシュワシュワと奇妙な叫び声や笑い声が聞こえた。私は大勢の人々の真ん中で一人じっとしていた。落ち着いて、安全な気持ちが自分の中を流れていくに任せた。やがて息が続かなくなり、水面に飛び出さなければならなかった。

恐ろしい類の残酷さだ、
いかに善意からとはいえ、否認できる自己もないのに、否認を強く求められるとは。
——ジェームズ・ファウラー『信仰の諸段階』

13 熱量

私が七年生を卒業した夏に、母は、ケンタッキーのクリスチャン・キャンプで教えるという、また別の仕事を引き受けた。私たちはスーツケースに服を投げ込むと、アトランタから車でアパラチア山脈の谷間を目指した。

それから六週間、マーシャルと私は、キャンバスとテレピン油の臭いがする、ぼろい丸太小屋で数十人の少年と一緒に暮らした。初日の午後は裸足になり、床板から突き出ている木や石のかけらや釘の頭を避ける難しい方法を習った。夜は二段ベッドで寝返りを打って叫び——「アウ！」——小屋にいる全員の目を覚まさせた。私は壁から突き出ていた釘に鼻をぶつけ、鼻の穴の一つが裂けて大量の鼻血が吹き出た。

少年用の屋外トイレには、ざらざらしたベンチに六つの穴が開けられていて、蝶番《ちょうつがい》で留めた便座はなかった。ここでも破片が刺さる危険があった。トイレに入る前に外気をたっぷり吸い込み、中では息を止めていようとした。日没後にトイレに行きたくなると、ヘビやサソリを踏まないようにと願いながら全速力で草の上を走り、クモが巣を張ったばかりの穴に腰掛けた。同じ小屋にいたある参加者がたまたま穴の中に懐中電灯を落としてしまった。電池が切れるまで、トイレの壁の細い隙間から黄色い光がぼんやり輝いていた。だれも懐中電灯を取ろうとはしなかった。

他のキャンパーの目に私は都会人らしく映ったはずだ。彼らは手足の長い頑健な子どもたちで、有刺鉄線で作ったすり傷があり、指が欠けていたり歯が何本もなかったりした。摩天楼やテレビ、高速道路や旅客列車のことを知りたがった。見たことのある列車は、露天掘りした石炭を山から運搬する車両だけなのだ。一人が尋ねてきた。「ニグロを知っている？　まだ一人も見たことがないんだ。」

新兵訓練さながらの指導をするキャンプリーダーたちは軍隊経験があったに違いない。朝六時になると、グワーンと雑音の混じるラウドスピーカーのスイッチが入って、賛美歌「希望のささやき」が丘一帯にこだまする。三十分経つと、キャンパーは気をつけの姿勢で立ち、シラミと南京虫のチェックと、ベッドメイキングの技術を検査された。そして聖書購読とお祈りで静かに三十分過ごすと、柔軟体操を十五分行った。最後に隊列を組んで朝食に向かい、聖書の授業と宣教の話——母の仕事——の間に、屋内では手工芸、戸外ではゲームをした。

金曜日の夜にローストビーフの夕食を終えると、みんなで火を囲み、まっすぐ伸ばしたハンガーにマシュマロを刺して焼いた。町の光でぼやけることのない星々が上方のコバルトブルーの空に明るく輝く穴を開けていた。キャンプ・ディレクターは賛美歌をいくつか唱和させると、山や小川や動物が語られる詩篇を読んだ。私は、その辺からこちらを見ているかもしれない生き物のことを考えた。

カウンセラーの一人が聞いた。「今週、心の中で神様がどんなことをしてくださったかを分かち合いたい人はいませんか。」　みんなぐずぐずしていた。ケンタッキーの子どもたちは人前で話した経験がないので、反応が鈍く、話も短かった。

「家に戻ったら、主なる神のために生きなくちゃと思う。ここであんたたちといるほうが楽だ。」

「何かを変えなくちゃいけないってわかってる。まず俺は悪態をついてばかりだ。煙突みたいにタバコを吸っている。それに神様の助けがないと、このままでは最後はパパと同じになっちまう。」

「いつも悪い連中とつるんでいた。新しい友だちを見つけなきゃ。」

話をしたキャンパーは告白を終えると、棒切れを火の中に放る。イエスのためにどれほど輝きたいと思っているかを示すしるしだった。

二週間もいると、決まりきった作業に飽き飽きした。マーシャルと私は違うグループに入っていたが、同じ聖書物語を聞き、同じゲームをした。キャンプ活動のない週末だけ一息つくことができた。フラットロック、ドリッピング・スプリングスといった名前の町を通り抜けてキャンパーたちの家を訪ねた。ほとんどの家がわが家のトレーラーハウスのようにコンクリートブロックの上にあって、外壁につぎ当ての厚紙が何枚も貼られていた。

キャンプ仲間の家を訪れるなかで、井戸からポンプで水を汲めるようになった。ハンドルを上下に動かすと、ごぼっという音とともに冷たいきれいな水が注ぎ口から噴き出した。牛の乳しぼりもやってみたが、いくら強く引っ張っても何も出てこなかった。牛が足を踏み鳴らすと、田舎の指導者が

「牛に脳みそを蹴っ飛ばされる前に、手を離したほうがいいぞ」と言って私と交代し、一つの乳首から別の乳首へと流れるように両手を動かした。温かいミルクがぴゅーっと音を立ててバケツを打った。ミルクの匂いとかび臭い乾燥肥料、そして牛の青臭い息を吸い込んだ。

無知だと決めつけていた人々に新たな尊敬の念を持つようになった。私は、腕をつつく隙を与えないほど素早く、めんどりの下に手を伸ばして卵をつかみ取れるようになった。農場の女性がニワトリの首を絞めるのを見た。ぽっちゃりしたニワトリの体を投げ縄のように振り回したかと思うと、突然手首をぐいっと動かして鳥の首をパチンと鳴らし、斧を振りかざした。首のないニワトリが白い羽の上に噴き出た血を広げながら、何も起こらなかったかのように翼をパタパタさせて庭を走り回るのを見て驚いた。

ケンタッキーは私を自然に引き寄せた。キャンプ仲間と二人で手漕ぎボートに乗っていると、毒ヘビが泳ぎながら向かって来た。舌をちょろちょろ動かし、曇った目をして、頭はやっと見えるくらいだった。仲間が落ち着いて、ヘビのいる方向にオールをばしゃっと打ちつけると、ヘビは向きを変えた。夜はベッドに体を横たえ、カエルの単調な鳴き声に耳を傾けた。カエルはオーケストラがチューニングをするときのように、いろいろな音で鳴いた。ホイップアーウィルヨタカの柔らかな鳴き声を聞きながら眠りに落ち、赤ん坊の泣き声そっくりのボブキャットの鳴き声ではっと目を覚ました。

そして、ある日の冒険が、私自身の中にあった残酷さを暴き出した。丸太小屋のやんちゃな友だちと森の中をハイキングしていたとき、泥の中で足をひきずって動いているハコガメを見つけた。その動きは漫画のようで、ちっぽけな黄色い縞模様の足で背中の大きすぎる丸い甲羅を回転させようともがいていた。オウムの嘴のような頭を上下にひょこひょこ動かしながら繁みに向かってのろのろ歩いていた。私が身体を屈めて捕まえようとすると、カメは頭と足と尻尾を引っ込めた。あちこちつついて反応を引き出そうとしたが、その手に乗ってカメは甲羅から出て来はしなかった。

私たちはもう一匹、さらにもう一匹のカメを見つけた。カメの巣につまずいた。数分もしないうちに二人で十七匹のハコガメを捕まえた。カメたちを一列に並ばせたが、みな甲羅の中に隠れて動かなかった。

どうしたことか友だちが最後尾のカメの上に大きな岩を落とした。大きく裂ける音がして甲羅が割れ、鮮血と湿ってきらめく内臓がほとばしり出た。私もためらいながら大きな岩を拾って別のカメの上に落とした。

何かが私たちをとらえていた。互いに一言も言わず、重たい岩を一匹ずつ十七匹のカメ全部に落とし続け、甲羅がぱっくり割れるたびに笑った。もしかしたらその音が怖かったのか、逃げようとするカメはいなかった。どれも黙って死に絶えた。

二人とも押し黙ったまま歩いてキャビンに戻った。その夏ずっと、私は己れの恥という不快なものを抱えて過ごした。ほかのだれかの中にある、あのような残酷さにぞっとしたものだったが、今では自分がその罪深い人間だった。あの場面は第二の皮膚のようにつきまとい、自分の知らなかった、どうしようもない自分がいることを証明していた。そのことはだれにも言わなかったが、何かが爆発したかのように、心の中に暗い穴がぱっくり口を開けていた。

その夏の終わりに、母はトレーラーハウスをアトランタ東端のフェイス・バプテスト教会の敷地に移すことにした。トレーラーの駐車場料金を毎月支払う余裕がなくなったので、教会のキリスト教教育プログラムの担当者となるのと引き換えに、ただで置かせてくれるという話にのったという。私は抗議した。「教会から絶対に離れられなくなる！　教会に住むようなものじゃないか！」

　南部バプテストにしては保守的過ぎる一、〇〇〇人を擁するコロニアルヒルズから、どんな教派としても保守的すぎる一二〇人を擁するフェイス・バプテストに移った。正面の看板には角がいくつもある星の中に教会のアイデンティティーが書かれていた。「自主独立、ファンダメンタリズム、聖書信仰、新約聖書、血による贖い、新生〔ボーンアゲイン〕、ディスペンセーショナリズム、患難前携挙説。」この教会のモットーだろうか。「信仰のための戦い！」

　フェイス・バプテストの敷地は二〇エーカー〔八ヘクタール〕という広さで、以前はポニーの農場だった。教会の男性たちが電気・水道・下水道の設備を整えた場所に、一台のトラックがわが家のトレーラーハウスを牽引した。引っ越し屋は途中でトレーラーのキッチンの窓の下に穴を二つ開けてしまった。作業員たちがキラキラした金属の切れ端で穴を覆ったものの、アルミのわが家の正面は前歯が二本欠けている顔がニタニタ笑っているように見えた。

　会衆が集まるのは小さなレンガの建物で、中の壁には飾りが一つもなかった。牧師のブラザー・ハワード・パイルは、家族全員がテネシーのテンプル大学卒業生という見事なファンダメンタリスト一家の出身だった。燃えるような赤毛とあり余る情熱をもち、いずれも説教者である四人の兄たちの足跡に熱心に倣おうとしていた。パイル夫妻と三人の娘たちは教会敷地内の大きな家に住んでいた。わが家のトレーラーハウスの真向かいだった。

教会生活はこの牧師が中心で、ブラザー・パイルはそのことをめいっぱい活用した。右手の人差し指を振りながら、張りつめた声で夢中になって情熱的に説教をした。それからの四年間で私は礼拝に何百回も出た。日曜日の朝と夜、水曜夜の祈禱会。そして何百もの説教を聞いたが、そのほとんどが私たちの避けるべきものについて語っていた。すなわち罪、地獄、悪魔、誘惑、邪悪なものの企みである。礼拝の最後にはたいてい講壇から救いの呼びかけがされた。それでも会衆に外部からの来訪者がいることはまれで、教会員はだれでも一度は前に進み出ていた。だれも気にしていないようだった。危険性が高いときは注意し過ぎるに越したことはないというのだ。

新しいコミュニティーは、コロニアルヒルズの中産階級の人々よりもケンタッキーの人々に近かった。ニコチンを手放せない片目の美容師。鼻毛がびっしり生えている配管工。ゴミ収集トラックの運転手。「アルコール依存症の夫のために祈ってください」と、しょっちゅうお願いしている中年の母親。私は不思議に思った。この人たちはどうして毎週毎週、邪悪さや失敗の話を聞きに来るのだろう。

音楽があると雰囲気が明るくなった。エネルギッシュな歌のリーダーがいて、群衆を祝福する教皇のように四分の四拍子で腕を振った。マーシャルは彼に合わせてピアノを弾いて、あっという間に謙虚な会衆を魅了した。鍵盤を素早く叩いたりトリルを入れたりすると、疲れた古いピアノの音が、歌手のジェリー・リー・ルイス本人が立ち寄ったかのように活き活きとした。

ある日曜日の礼拝の最中に教会のドアがぱっと開いて、「火事だ！」と叫ぶ声がした。皆が外に走り出ると、私たちが日曜学校で使っているポニーの納屋の屋根にオレンジ色の火の手が上がっていた。

消防車がサイレンの音を立ててばく進し、執事たちは木材をどかしたりホースをつなげたりと忙しく走り回り、他の教会員はみな炎が空に立ち上るのを見つめていた。顔が熱くなった。そして列になって会堂に戻ると、焦げた木材の臭いがくすぶるなか、ブラザー・パイルがその場で語り出した地獄の業火の説教に耳を傾けた。「地獄の業火は今見たばかりの炎より七倍も熱い」とブラザー・パイルは言った。

「あの火事を考えてみなさい。皆さんがこれまで経験したどんなひどい火傷より、はるかに大きな苦痛をもたらします。これは、地獄がどのようであるかを漠然と伝える絵です。これより七倍も熱く、それが永遠に続きます。そして絶対に二度目のチャンスはないのです。」私は十一歳の心で永遠を理解しようとしたが、難しかった。

だが地獄は簡単に想像できた。神は私をそこに送るだろうと恐れながら毎日暮らしていたからだ。そうなるかもしれないとの可能性が私の口の中に酸っぱい味を、胃の中に張り詰めた感情を残した。心が落ち着くと、そのたびに、あのカメとの場面がよみがえってきた。

毎年秋になると、フェイス・バプテストはポニーの納屋脇の原っぱにサーカスのテントを立てて、一週間の特別「リバイバル」集会を行った。教会の敷地内に暮らしていたので、母は私と兄にもその週は毎晩礼拝に出席することを期待した。転居した年、ジャック・ハイルズという説教者がインディアナから車でやって来て、「たましいを勝利させるための効果的な三十九段階」の説教をした。別の年には熱血漢のボブ・ジョーンズ・ジュニアがリバイバルを指導し、ビリー・グラハムは妥協者だと非難して騒ぎを起こした。

レスター・ロロフというテキサス人が大きな白いテントに熱狂的な群衆を引き寄せた。ロロフは自家用飛行機で講演会にやって来た。カウボーイのようにブーツを履いて、ループタイをつけ、テキサス人らしく言葉を長くひっぱりながら低音でしゃべった。同性愛、共産主義、テレビ、アルコール、タバコ、薬物、大食い、心理学に反対する声をラジオで怒鳴り立てて、評判を得ていた。あまりにどぎつい言葉を使って話したため、南部バプテスト派を去り、私たちと同じように独立のバプテストになった。今や彼は困難を抱えた十代の若者のためのグループホームを運営し、彼の言葉を借りると、そこでは「親を憎み、サタンを礼拝し、薬物を使う不道徳な少年少女」が「主の忠実な働き人」になったという。

レスター・ロロフが説教をはじめると、何を聞かされることになるのかだれにもわからなかった。健康オタクで、ほとんどの問題が信仰、断食、そして食べ物によって治ると主張した。「ゴスピル」以外のピル（丸薬）を蔑み、レビ記に書かれているような食事をするよう促した。そして彼自身の助言もそれに少し付け足した。「ネズミやゴキブリだって、あの価値のない白いパンを食べようとしない。信じられないかい？　やつらに一切れやってみな。白パンには化学物質や毒がたっぷり入っていると知っていて、触れようともしないだろう。」　母はその助言に従い、わが家は黒パンを食べるようになった。柔らかい白パンを食べてきた家族が大きな犠牲を払ったのだ。やがて朝食にグレープフルーツも食べるようになったが、私はロロフの大好物のニンジンジュースだけは受けつけなかった。

ロロフのリバイバル礼拝について一つ言っておこう。だれも居眠りをしなかったのだ。説教の途中で彼はいきなり関係のないことを口にした。「ダンスをしていたら、ひざを屈めて祈れない」というような。そしてダンスをする生ぬるいクリスチャンを激しく非難しはじめた。「アーメンと言いましたか。アーメン！」それからジョニー・キャッシュのような調子はずれの大声で歌いだした。「靴を吐きつぶして／神の良き知らせを伝える／わが主のためにドアのベルを鳴らす／ドアのベルを、鳴らす、鳴らす、鳴らす／わが主のために！」

しかし数年も経たぬうちに、レスター・ロロフはグループホームの件でテキサス州と悶着を起こした。彼は事あるごとに厳格なルールを自慢していた。テレビがなく、ドアは外から鍵がかけられ、ラジオはロロフの局だけが流れ、毎日教会に行くことが必須である、と。裁判で十六人の少女が証言したところによると、ホームに入れられた子どもたちは、聖句を暗唱していなかった、あるいはベッドを整えなかった罰として、革の鞭で打たれたり、手錠で排水管につながれたり、独房に入れられたりしたという。

ロロフは抗弁した。「私たちは攻撃にさらされている。共産主義者、フリーメーソン、無神論者、ヒューマニスト、進化論者、そして神を信じない精神病者たちが家族を破壊したがっている。親たちに警告する。政府はあなたがたの子どもを狙っている！」

当局によって刑務所に連行されるとき、ロロフは挑むように叫んだ。「どす黒いたましいよりも、叩かれて赤くなったケツのほうがましだ！」

私は毎年夏をバイブルキャンプで過ごし、それ以外の季節は頑迷な教会の敷地で暮らして、宗教を空気のように吸い込んだ。しかし高校の進学準備をはじめたとき、信仰の深まりよりも不安を覚えるようになった。

私は講壇からの呼びかけの圧力に屈していた。進み出て、もう一度ボーンアゲインしたり、人生を主に献げ直したりするとき、リバイバルの説教者が、「はい、イエス様、ありがとうございます、イエス様」と言うのを聞くと、敬虔な喜びに震える気がしていた。物柔らかで真摯な声の調子で証しをする仕方も、周囲の人々からアーメンを引き出し、ときに涙を誘う祈り方も知っていた。

けれども、プライバシーはないも同然だったが、ごちゃごちゃした寝室の二段ベッドの上段でひとりになれば、疑いに苛《さいな》まれた。私は祈りの中で「天にましますわれらの父」と神を呼んだが、天の父になぞらえられる地上の父がいなかったので、父が何を意味するのかわからなかった。教会でこう祈った女性がいた。「主よ、私に優しくしてください、どうぞ優しく。でも神様、たとい苦しくても、私の子どもたちから何でもお取りください。彼らを破壊してください。」神は母のような方かもしれない。私を愛すると同時に破壊しようとも企てているスーパーパーソンなのだ。

「イエスが再臨されたときに、言えない、やれないことはやめなさい。」母はそう言って私を叱った。母は、友人から映画に誘われた若いころの話をした。はじめはその誘いに心をひかれたが、「映画館にいるときにイエス様が戻って来られたら、どうなるかを考えた！　イエス様になんて言えたかしら。」

私は夜、横になり、最近の自分の言動を逐一思い起こしていた。ボールをバックネットに一時間投げていたこと。夕食のテーブルで沈黙の戦争をしている兄に参戦したこと。イエス様が今日戻られたら、自分はどんなことを恥じ入るだろうか。

『真夜中の呼び声』、『選ばれし人々』、『シオンの果実』、『わが栄光のイスラエル』といった母の預言の雑誌が、疫病、地震、大災害の増加を伝えていた。終末を確かに知らせていた。共産主義がウィルスのように広がり、「戦争と戦争のうわさ」についての預言が成就していた。ロシアの水素爆弾はアメリカのそれよりも強力だ。

「二十世紀の宗教改革の時間」を紹介するしわがれ声が毎日ラジオから聞こえてきた。「皆さん、カール・マッキンタイアーです。フルシチョフが平和を望んでいると言うのを聞きましたか。

フルシチョフは平和の人（a man of peace）でした。
そのことを私たちはみな（all）思い起こすでしょう。
そう、それは、これも（a piece of this）、あれも（a piece of that）、
すべて（all）を自分の手中に収めるまでですからね。」

〔訳注＝ピースとオールの語呂合わせを用いた皮肉たっぷりの表現〕

マッキンタイアーは、ハワイを合衆国の五十番目の州にすることに反対する運動で敗れたところだった。「考えてみなさい。私たちの国は中国のスパイにとって完璧な巣なのです！　共産主義がドア口まで来ているのです。」

恐れるべきものがあまりにもたくさんあった。

毎年、聖書の通読を新年の決意としていた。ガイドブックの小さな囲み記事と照らし合わせながら一日に三章、日曜日に五章ずつ読み進めようとした。目標を達成する年もあったが、預言書で身動きがとれなくなることのほうが多かった。マーシャルと私はできるだけ早く聖書の六十六巻の書巻名を順番に言う練習をした。「創世記出エジプト記レビ記申命記……」私がマーシャルをしのいで十七秒を記録すると、マーシャルは言った。「それは言ったことにならない。おまえは早口で言葉をつなげて、訳《わけ》がわからなくしている。」

フェイス・バプテストは、英欽定訳聖書（King James Version）の中でも一六一一年に出版されたものに忠実な聖書だけを使う教会だった。新しい版の聖書はどれも信用しなかった。ブラザー・パイルが言うように、翻訳者のほとんどがリベラルな人々だったからだ。フェイス・バプテストを訪れたピーター・ラックマンという説教者は、米改訂標準訳（Revised Standard Version）に対する敵意をこれでもかと吹き込んだ。彼は自身の多彩な過去の話で、私たちを大いに楽しませた——禅宗、アルコールの乱用、ディスクジョッキーとして働きはじめ、その後ダンスバンドのドラマーになった——そしてハワード・パイル牧師の兄が彼をファンダメンタリズムに回心させたのだ、と。

講壇に立ったラックマンは、改訂のたびに罵られる聖書だと言って米改訂標準訳を嘲笑した。改訂標準訳からいくつかの聖句を読むと、その聖書を会衆の座っている座席に向かって投げた。聖書はどさっと音を立てて落ちた。次にアメリカ標準訳（American Standard Version）を「やはり神を信じない、堕落したくずだ」と言って放り投げた。私の母も含め、ラックマンのおどけた動作に気分を害した教会員もいたが、私たちはただ安心して読める欽定訳を使い続けた。

フェイス・バプテストは、この世に対して少数派コンプレックスという感情を育んだ。私たちは他の人々から見ればラディカルな連中だったかもしれないが、外部の人々――ハリウッド、ワシントンDC、『ニューヨークタイムズ』紙――にはおそらく理解できない生き方をしているということを誇りにしていた。聖書のテトスへの手紙の一節、「良いわざに熱心な選びの民」がアイデンティティーと言えた。

悪の出現をとにかく避けるため、教会は、ローラースケート（ダンスに似すぎている）、ボーリング（常に酒類がふるまわれる）、男女が一緒に泳ぐこと、そして新聞の日曜版を読むなどということに眉をひそめる。映画は禁じられ、テレビも疑わしいものであった。化粧をして淡い色の口紅をつけている少女たちもいたが、いつも目立たぬようにやっていた。その子たちも教会の敷地内では絶対にスラックスを履かなかった。母はポップビーズは例外だったが、化粧も宝石類もすべて避けていた。

その規則を知らない女性が、しゃれた髪形、派手な色の口紅、つま先の見える靴、真っ赤な爪で、たびたびこの教会に入って来た。彼女は引力のような力を及ぼした。男性たちは彼女をちらちら見ていたが、髪をお団子にした化粧っけのない女性たちは顔をしかめて頭を振り、そんな恰好は認められないと態度で示した。私のホルモンはまだ出ていなかったので、こうした予防手段の必要性を完全には理解していなかったが、肉体が危険を表していること、そして危険性から言うと女性の肉体が最上位に近いのだろうと思った。

こうしたきまりのすべては私たちを外の罪深い世界から守るよう意図されていて、ある意味で成功していた。マーシャルと私はこっそりボーリング場へ行くこともあったが、タバコや酒類や薬物に触れることなど考えもしなかった。いつでも教会にいた私には、この世の活動にさく時間などなかった。

高校に入ると、微かだが別の方向に誘惑されてゆく気がした。私の一部が南部の偏狭なファンダメンタリズムのイメージに抵抗するようになっていった。人生を避けるのでなく、経験したいという思いに駆り立てられた。信仰を拒絶したのではなかった。ともかくまだ拒絶してはいなかった。むしろ振り子のように揺れていた。ここで最高のクリスチャンになろうと奮闘するときもあれば、絶望してあきらめたくなることもあった。

チャールズ・シェルドンの古典的名著、『みあしのあと――主イエスならどうなさるか？』〔川越敏司・堀繭子訳、新教出版社〕に揺さぶられた。この小説は、大きな決断をするにあたって、牧師が教会員に「イエスならどうなさるか」と問うたときに起こることを活き活きと描いている。会衆は牧師のこの問いかけに応じる。ある女性は、求婚者が人生の指標を欠いているために結婚の申し出を断った。ある裕福な女性は町のあまり評判の良くない地区に土地を購入した。新聞の日曜版の購読をやめた出版業者もいた。

イエスに倣うにはどうすればよいか、長く一生懸命に考えた。そしてある日曜日、ブラザー・パイルが偶像崇拝について説教をしたとき、自分にも偶像があるのではないかと思いはじめた。大事にしてきた七〇〇枚の野球カードのコレクションのことを思い出した。それは友人たちの羨望の的であり、ミッキー・マントルのルーキーカードばかりでなくジャッキー・ロビンソンの一九四七年のオリジナルも入っていた。何時間もかけて、チーム、ポジション、統計ごとにカードをまとめてあった。霊的なことに用いるべき時間を。間違いなく偶像だった。

祈り、悩みながらためらった後、通りの先の隣人に貴重なコレクションのほとんどを譲り渡して、この偶像を破壊する決断をした。神の報いを期待していたので、数日後にその隣人が私のコレクションをオークションにかけて、かなりの額を手にしたことを知ると、裏切られた思いがした。自分で自分を慰めようとした。「義のために迫害されている者は幸いです。」

私たち家族がフィラデルフィアのマラナタ・タバナクルを最後に訪れたときに聞いたのは、母が教えてきた「『完全』の教理」そのものだった。牧師は私たちに、コリント人への手紙第一、一三章の「愛」を読むよう促した。「自己を犠牲にする愛は決して性急になりません。……決して妬むことがなく……決して自慢することがなく……決してうぬぼれることがありません……。」さらに、愛は「いつも親切で、真理の中にあって喜び、寛容です。他者の欠点に目を留めず、他者のいちばん良いところを信じ、いつも長く苦しみ、勝利を得ます」〔英訳〕と続いていく。

「さあ、愛という言葉をイエス様と置き換えてください」と牧師は言った。それはすこぶる効果的だった。牧師は言葉を続けた。「次に、あなたがた自身と置き換えて読んでください。『私はいつも忍耐強く親切です。私は決してうらやんだり、自慢したり、不親切な思いを抱きません』と。」私はすぐさま、この勝利するクリスチャン人生を手に入れるには自分が程遠いことを知った。

母はこの神学を一〇〇パーセント信じていて、自分が人生のより高いレベルに到達していると言いきっていた。母が激しい怒りを爆発させようとするとき、私はあの愛についての説教を持ち出さないよう、舌を嚙んでいなければならなかった。私自身は心からイエスに倣いたいと思っても、翌日には嘘をついたり何か愚かなことをしたりしていた。二つの磁石をくっつけようとするように、聖なることにひかれつつ嫌悪感も抱いていた。イエスは言われた。「ですから、あなたがたの天の父が完全であるように、完全でありなさい」〔マタイ五・四八〕。その理想を望んだものの、心の中で自分がどれほどそこから遠いか、小さな声がいつもあざ笑っていた。それは毒のように私の柔らかい良心を苛んだ。

共産主義の刑務所で二十年を過ごした中国人牧師ウォッチマン・ニーのような、信仰のために拷問を受けたクリスチャンの伝記を読んだ。共産主義者から拷問を受けるようなことがあれば、自分がどうするか火を見るよりも明らかだった。彼らの足もとに崩れ落ち、涙を流しながら信仰を否定するだろう。

ハワード・パイル牧師は起業家でもあった。アトランタから二五マイル〔四〇キロ〕ほど東のコンヤーズ近くに兄ノーマンとキャンプ場を作ったのである。私たちがフェイス・バプテストで暮らして一年くらい経って、牧師は、母が中心となって新しい青年キャンプで教えてくれないかと言ってきた。新しいキャンプで教えるなら、ケンタッキーのキャンプで教える仕事はやめることになるが、母は牧師の打診に応じた。私はすぐに母の昇進を喜んだ。キャンプ施設の敷地を車で走っていると、芝生をきれいに刈り込んだ運動場と大きなスイミングプールがあった。ここのキャビンに屋内トイレがあると知ったときは何より感動した。

ブラザー・パイルはキャンパーたちに秩序を押しつけるようベストを尽くした。たとえばトランプは禁止、午後十時に消灯、男女は別々の時間に泳ぐ、手をつなぐことやキスは禁止、短パン禁止（女子の場合）、ラジオ禁止、沈黙の時間とすべての集会に参加するのは必須。だがケンタッキー人と対照的に、都会のキャンパーたちが競ったのは良い行いの点数ではなく、どれだけ多くの規則を破れるかだった。ベッドにシーツを敷くとき、シーツに足が途中までしか入らないように、わざとシーツを半分に畳んでおいたり、男性用便器を透明のラップで覆っておいたり、禁止されていたラジオで世俗的な音楽をかけたりした。

キャンプが招いたボブ・ジョーンズ大学の講演者たちは変わっていておかしな人たちだった。地元の運動選手たちも立ち寄って、イエスがどれほど強くたくましかったかを少年たちにレクチャーした。音楽グループが姿を見せることもあり、その中には歌いながら身体を揺らす金髪の姉妹トリオもいた。私はその三人にあっという間に恋をした。彼女たちが歌いだすと、その一人を選んでじっと見つめ、彼女を崇める思いが思考の周波を通してまっすぐに伝わるという、かつて教会で使っていたトリックを試してみた。もちろん、そのような女神に実際に話しかけたりできないほど私は内気で臆病だった。

毎週みんなで集まってセックスの話を聞くことになっていた。その一時間、カウンセラーは、不適切なところでお互いをつついたり笑ったりする十代の少年たちの注意をひきつけようとしていた。婚前交渉はステーキを待たずにピーナッツバター・サンドイッチにぱくつくようなものだと教わった。適切な質問は「どこまでならしてよいか」ではなく、「どれほど近づかずにいるべきか」ということだった。聖書のヨセフのように、異性と不適切な行為をしていると思われないようにもしなければならなかった。

カウンセラーたちは情欲について多くを語った。「情欲を抱いていると、どうしてわかるんですか。」あるキャンパーが尋ねると、こんな答えが返ってきた。「一度見るのはふつうだ。二度見るのはボーダーラインだ。その女の子を目で追い続けると、ラインを越える。」私は見たくなくなることがなかった。連続情欲保持者なのだろうか。

新しいキャンプで最初の一、二週間はおとなしくしていた。だが新しい場所で自信がついてくると、早起きし、そのカウンセラーに見える正面玄関で特別に長いデボーションをして優等生のふりをすることにした。機会があるたびに人前で祈り、証しをした。当然のことながら、「今週の最高キャンパー」となり、最後の夜に盾をもらった。

しかしその夏の最後の週には、私の暗い面が現れるようになった。時間外に友人とフェンスに上って、藻の連なるプールで何時間も屈脚飛び込みをした。あのカメたちとの場面などなかったかのように、マウンテンデューやコカコーラをカエルに注入する実験をする化学オタクの姿を見せた。日を追うごとに、私の品性はキャンプで下劣なものになっていった。

教会で聖書を何冊も投げたピーター・ラックマンがこの週の呼びものの講演者だった。夕刻の説教では、色つきチョークで絵を描きながら話したが、様々な話題を取り上げる午後のワークショップも導いた。私たちは食堂に集まり、ラックマンはその日のテーマに「人種」を選んだ。

ちょうど六〇年代で、公民権運動がジョージアでも毎日ニュースになっていた。フリーダム・ライダーズをはじめ抗議者たちが、白人専用の学校・トイレ・軽食堂の廃止を要求していた。ラックマンは自身のワークショップで人種隔離政策を擁護した。コロニアルヒルズで聞いたのと同じ「ハムののろい」理論を引用していた。「創世記九章を読みなさい。神はハムとその子孫が召使いになるようにとのろわれた。キャンパーの皆さん、ニグロ人種の由来はここにあります。」

それからラックマンはにやりと笑うと、講壇の後ろから前に来た。「皆さんは有色人種がいかに給仕にふさわしいか、気づきませんでしたか。ときどき観察してみてください。彼らは腰を上手に回して椅子をよけ、一滴もこぼさずにトレーを高く掲げたままでいられるのです。」その動作を大げさにしてキャンパーたちを笑わせた。「わかりませんか、それが彼らの得意とする仕事なのです。でも、会社の社長のニグロに一度でも会ったことがありますか。これまでに。一人でも名前を挙げてみてください。どの人種にも、与えられた場所があり、その人たちはそれを受け入れるべきなのです。彼らと距離を保って混じり合わないかぎり、お互いにうまくやっていくことができます。」

私はたまたまキャンプ場の調理師ベシーに可愛がられていた。ベシーは、子どもが大好きで仕事熱心な大柄な黒人女性で、歌いながら食事の準備をしていた。ラックマンが話しているとき、ベシーがこの大部屋の反対側の端っこで、塩胡椒入れに補充しているのが見えた。ベシーはラックマンの言葉を聞いたそぶりを見せなかったが、私は考えただけで汗が噴き出してきた。

その午後遅く、私はベシーの様子をうかがった。彼女は鳥のように陽気だったので、ラックマンの言葉は聞かなかったのかもしれない。あるいは、聞いていても、私にそれを知らせようとしなかったのかもしれない。私はそのワークショップについてまだモヤモヤした気持ちを抱いていた。しばらく一緒におしゃべりをすると、ベシーは、オーブンから出したばかりのピーナッツバター・クッキーを三枚くれた。夕食のデザートだった。外に出てブラザー・パイルにぶつかったときも、まだ口をもぐもぐさせていた。

パイル牧師は私を捜し回っていたに違いない。私の持っていたクッキーを見下ろすと、頬を紅潮させて、盗んではいけないと叱責した。私は説明しようとしたが、彼は聞く耳を持たなかった。指を私の胸に向けると、頭をグイッと動かした。「君は嘘つきのトラブルメーカーだ。キャンプのアカンだ。若者よ。君は神様がここでなさっているお働きを台無しにしようとしている。」私は無表情で牧師を見つめた。牧師はそれを、あざけりと受け取ったのだろう。大股でそこを立ち去ったからである。

土曜日にキャンパーたちは家に帰るので、金曜日の夜が最後の集会だった。キャンプは最高潮に達していた。夕拝が行われたのは、座席が四〇〇ある側面の開いている建物においてだった。ときに夏の嵐が雷を轟かせながら襲ってきて、金属性の屋根をがたがたさせて、集会がお開きになることもあった。私はそのように雨が降るように祈った。気紛れな気分のまま、感情的なリバイバル礼拝の場に座っていたくなかった。

金曜の夜は、回心していない人々を回心させ、生ぬるい信仰の持ち主の心を燃え上がらせる、キャンプ最後のまたとない機会だった。私たちは疲れて日に焼け、プールもテーブルサッカーゲームもない家に戻って行くこと、そしてじきに学校生活が再開することを意識していた。要するに、みな気分が沈んでいたのである。

説教者のニッキー・シャイバーズはボブ・ジョーンズの学生だったが、持てるかぎりの力を発揮した。広告のスローガンをぶち上げた。「あなたは形だけのクリスチャンですか。『ほんの少しだけで十分だと宣伝する男性用ヘアクリーム』のようなクリスチャンですか。水に溶かして服用する発泡錠のアルカセルツァーのようなバプテスト信者ですか。水に入れれば、三〇秒でプシューと活気づきます。」機知に富み、情熱的で話も長かった。がっかりしたことに、雨はまだ降ってこなかった。

講壇からの招きの時間が来ると、ノーマン・パイルがその役を務め、みんなで「いさおなきわれを」を歌いはじめた。一番が終わると、パイルが言った。「あなたはこの週、明け渡しを拒んできたかもしれません。絶対にそんなことはしない、と。友よ、あなたは創造者に会う用意ができていますか。死ぬ準備ができていますか。なぜ躊躇しているのですか。明日、どうなるかわからないのですよ。」私たちが二番をゆっくり歌っていると、数人のキャンパーがぽつぽつと前に進み出た。

招きが広げられた。「では、今週、キリストにあらためて献身の思いを持った皆さんはみな、この正面に立っている親愛なる人たちのところに来てください。再献身の思いを公に告白してください。簡単なことでないかもしれませんが、勇気を出して、あなたの意志を神様にお示ししましょう。」

そして、フルタイムでキリストのために奉仕をすると決断した人々への招きが続いた。程なくして聴衆の三分の二が前に進み出て正面でひざまずいた。私は頭上の波型の屋根に物欲しげに目をやった。まだ雨は降っていなかった。

「一緒に祈ってもらいたい人がいたら、カウンセラーがここにいます。」パイル牧師は続けた。さらに多くのキャンパーが、混み合っている正面に進んだ。牧師は最後に決め台詞《せりふ》を放った。「これから最後の招きをします。よく聞いてください。生活の中で告白していない罪――どんな罪であっても

――のある人はだれでも、神様が『前に出て、それを告白しなさい』と招いておられます。」

キャンパーたちはパイル牧師の促しに従って流れるように通路を進んで行った。「不注意な言葉を発しませんでしたか。もしかして、怒りに駆られたかもしれません。霊的生活に怠慢さがあったかもしれない。今週、だれかを情欲の目で見ませんでしたか。だれかのことを悪く思いませんでしたか。」ピアニストが華やかにリフレインを叩くと、前に進む流れは川のようになった。

これが六週間過ごしたキャンプだった。一週おきに最後の礼拝で私は前に出た。ところが、この晩はたましいが頑なだった。結局、広い講堂に私ともう一人だけがその場に立ったままでいた。ピアニストがもう一節を弾きはじめると、私は友人のロドニーのところに近づいて行った。正面でひざまずいているキャンプ仲間は私たちをいらいらした目でにらんでいた。私たちのせいで、後でもらえるおやつの時間が遅れていたからだ。

私はささやいた。「わからないんだよ、ロドニー。今夜は罪がまったく思いつかない。君は?」

「告白していない罪なんて一つもない。」ロドニーはきっぱりと答え、笑みを浮かべた。私たち二人は粘り、ついに説教者はあきらめ、集会を閉じる祈りをして、その夜はお開きになった。外に出ると、立ちっぱなしだった両膝が痛んだ。

Ⅳ 混乱

私はこうした教訓を……忘れ去ろうとしています。これには時間がかかります。ですが、
私はそうした教訓を忘れることを教えてくれる人々、反教師《アンティーチャー》を愛しています……。
——アーシュラ・K・ル＝グウィン『世界の果てでダンス』*

14 高校

そわそわした五〇〇人の少年たちの重さで体育館がぎしぎし音を立てていた。「ゴードン高校へようこそ。」校長のクレイグ先生が言った。きれいに櫛を当てた頭髪に白い筋が走るこざっぱりした男性だった。校長は、スーツと糊のきいたワイシャツと縞模様のボータイを身に着けていた。「これから君たちは人生で最高の数年間を送ろうとしています。」

人生で最も恐ろしい数年間に足を踏み入れようとしている気がした。ジョージアのこの学区には中学校がなく、小学校からいきなり高校に進学する。そのため七年間の初等教育を終えると下級の「サブ一年生」として八年生に入る。数か月早く小学校に入った私は二年生も飛び級したため、一九六一年に弱冠十一歳で高校に入学した。

背もたれがなく身体にきつい椅子に前屈みに座っている同じサブ一年生たちを見た。この集会に来る途中で巨人たちとすれ違った。アスリートのようなジャケットを着た気取った少年たちや、身体に

ぴったりしたセーターで胸を強調している少女たちが、小馬鹿にしたような表情で私たち小柄な新参者に目を向けた。

校長はジョン・ブラウン・ゴードンの話をだらだらと続けた。学校の入り口のところにその人の肖像画が飾られていた。ロバート・E・リー将軍が最も信頼を寄せていた将校の一人で、アンティータムの戦いで三発の弾丸を受けながら戦い続けた人物だ。この高校のスポーツチームには、彼を称えたゴードン・ジェネラルズという名がつけられていた。

クレイグ校長はシェイクスピアを数行引用してから副校長を紹介した。胸板が厚くて首の太い、クルーカットのフットボール・コーチだった。コーチがゴードン高校の服装規定と行動のルールを再確認すると、集会の力点が変わった。ひげやブルージーンズ、喫煙、授業中にガムを嚙むことは禁止、愛情を身体で示すことも禁止。そしてがなり立てた。「私のオフィスで会うことがないよう願っているが、いいか、私の機嫌を損ねるな。さもないと絶対に後悔するぞ。」やんちゃな子どもたちが忍び笑いをした。

高校生活がはじまった最初の数週間、より広い危険な世界に足を踏み入れたような気がした。毎日教会の敷地を出て登校すると、トラブルメーカーたちがトイレでタバコを吸っていたり、火をつけたM—80や赤い爆竹を便器に落としたりしている場所に出くわした。ロッカーに貼られた『プレイボーイ』誌のピンナップや、「愛情を人前で表現するな」というルールを気に留めないカップルに目を奪われないよう気をつけた。

すでに高校生活を一年送っていたマーシャルから、いろいろな派閥について大まかに教わった。序列のてっぺんに運動選手がいて、チアリーダーのガールフレンドたちもそこに並んでいる。問題を起こすのはたいてい不良やそのたぐいの者たちで、トイレで爆竹を破裂させたり、大きなテストの日に爆弾をしかけたと脅迫電話を入れたりする。靴のかかとやつま先に鋲で打ちつけた金具のカチッ、カチッという音がすると、彼らがやって来るのがわかる。私は、ヘビのシューシューいう音のように、その金属音を警戒した。

不良少年は私のように弱そうなサブ一年生をいじめるのが大好きだった。「おい、何をじろじろ見ている。そうだ、おまえだ。おまえに話してるんだ！　わからないか。俺を嘘つきだと言うのか。そこのへんてこなチビ野郎、おまえにいいものを見せてやろう。」　私は目立たないようにうつむいて、教室から教室へ急いで移動するようになった。

マーシャルは、ダサいやつらの中にも友人を見つけるほうがいいと言った。まったく危険を感じさせない本の虫の中に。そう言ったマーシャルがしょっちゅうつるんでいたのはマルコムだった。やせっぽちで身長が一五〇センチ程度の小さい男、身体はポリオで麻痺していたが、学校でいちばんうるさい金具を靴底につけて歩いていた。黒い服を着て、不良のように髪に油をつけていたが、当の不良たちは彼のような人間を仲間に入れなかった。それ以外の学生がマルコムに近寄らなかったのは、彼が飛び出しナイフを携え、生きたバッタを食べて男らしさをアピールしていたからだった。それにマルコムの伯父はＫＫＫ上層部の人間だった。彼がマーシャルの大の仲良しになったことに私は当惑した。

やがて驚くべき情景を目撃した。ナンバーワンの不良がナンバーワンの運動選手と対決したのである。運動選手は、この高校で人気のある前途有望なクォーターバックだった。「やっちまえ！ 勝負だ！」 次の授業に向かっていたとき、ハスキーな喚き声が廊下いっぱいに広がっていた。百人の学生が押し寄せて円を作り、ガールフレンドをめぐって決闘する二人を教師たちの目から遠ざけた。不良はクォーターバックをつかんで、その頭を水飲み場の鋭い蛇口に激しく打ちつけた。一度、二度、三度。学校のヒーローは血だまりのできた床に倒れ込んだ。争いの原因となった金髪の可愛い少女は床に崩れ落ち、膝を抱えてしくしく泣いていた。

高校には、勝者と敗者の二つのグループしかいないことを即座に理解した。自分がどちらに属しているか、疑いの余地もなかった。この学校の卒業アルバムには、タキシードやフォーマルウェアに身を包んだ十二年生の大きな写真が写っている。少し小さな写真に写っているのはスポーツジャケットやよそ行きの服を着た十一年生で、もっと小さな写真に写っているのは制服を着た十年生と九年生だ。五十六人のサブ一年生たちは、まるでどこかの小学校の写真が間違って貼られたかのように一ページに押し込まれていた。

服装からして私は敗者だった。ある日、クラスメートに聞かれた。「君ってペンテコステ？ ペンテコステ派の人みたいな服を着ているから、そうじゃないかと思ったんだ。」 白いソックスならどんな服にも合うのに、なぜ私が違う色の靴下を欲しがるのか、母は理解できなかった。服のほとんどはマーシャルのお下がりで、腰回りがゆるくて腕と足は短かった。兄も私も身体に合わない服を着ることに黙って耐えていた。それは、宣教師の母親のもとに生まれた子どもが払うべき代償だった。私の知るかぎり、ゴードン高校でトレーラーハウスに住んでいたのは私たちだけだった。

体操の授業が、一日でいちばん嫌な時間になった。ケネディ大統領が、米国人がロシア人と対等であるために体力向上プログラムを立ち上げたところだった。そしてコーチはサブ一年生を海兵隊の新兵と間違えているらしかった。身体を鍛えるための自重系の筋トレ、それが罰としても行われた。「腕立て伏せを五十回やるんだ、ヤンシー、今度はケツを上に突き上げろ！」カビの生えたロッカールームに戻ると、下級生は背後に忍び寄った最上級生から、濡れたタオルでみみずばれができるほど強く叩かれた。

男とはどういうものかも体育は教えた。男の話題はスポーツチームと女の子と男の肉体の部分ばかりだった。彼らの淫らなジョークを聞いて笑わないと、奇人呼ばわりされる。コーチが現れず、いちばん力の強い不良が代役を務めたことがあった。「これを見ろ。」ストレートピンを手に押し当てると反対側から抜き取った。みんなその場にふさわしく感動したふりをした。次に彼は、取り巻いた傍観者たちに一ドルずつ出させると、ピンを自分の男根に突き刺して見せた。

その日の下校時間になると、いけてる子たちは駐車場からタイヤの音をきしませて、車で家に帰った。開いた窓から、聞いたこともない音楽が大きく鳴り響いていた。チャビー・チェッカー、エルビス・プレスリー、レイ・チャールズ、ジミー・ディーン、フランキー・バリー。音楽の世代間格差が大きく口を開けていた。クラシック音楽のピアノに慣れていた私の耳に、新しいスタイルは荒々しく蠱惑的《こわくてき》に思えた。私の教会はそうした音楽を悪魔的と決めつけ、「ジャングル・ビート」だと嘲笑していた。

私は他の敗者たちとともに黄色いスクールバスで通学していた。裂けたビニールの座席に座って金属のバーを握ると、両手が錆臭くなった。いじめっ子たちはバスでやりたい放題だった。空気を吸おうと窓の外に頭を突き出すと、前方の窓から彼らの唾が顔に飛んで来た。いじめっ子たちはバスの中で餌食を探して通路をうろうろしていた。リードの先でつんのめりになっている犬のようで、リードの反対側を握っているバスの運転手は気にしているそぶりを見せなかった。運転手も怖かったのかもしれない。

ある午後、いじめっ子の中心人物が子どもたちの頭を鉛筆の先端でひっぱたきながら通路を行き来していた。先端の消しゴムにはストレートピンが数本刺さっていた。叩かれたマーシャルは鉛筆をひったくると強く打ち返した。いじめっ子が兄をにらみつけた。その黒い目はショックで大きく見開かれ、歪んだ口が邪悪な笑みに変わった。「やってくれたな。」そう言うと、友人たちのほうを振り向いた。「いいか、今日は違うバス停で降りる。こいつは重大な間違いを犯した。そのことを教えてやったほうがよさそうだ。」

いじめっ子は、兄と私の降りるバス停で六人の仲間を連れて降りると、兄を取り囲んだ。近所の子が何人か見ていたが、ほかの子たちは走って家に帰った。私は大人の助けを求めて、教会の敷地に向かって駆け出した。「早く来て！　マーシャルがぼこぼこにされてる！」

走ってバス停に戻れば、意識を失って伸びている兄がいると思った。ところが見えてきたのは鼻血の手当てをしながら地面に座っているいじめっ子の姿だった。右手の指関節をさすりながら脇に立っているマーシャルは、いじめっ子以上に驚いているふうだった。

翌朝、私の保護者である兄はバスに乗ると、好きな座席を選びたい放題だった。

私が高校に入学した年、ジョージアの教育制度のランクは五十州中四十八位だった。ところが教会の敷地内に引っ越すと、アメリカ有数のエリート学区デカルブ郡の住人となった。この学校には迷うほど多彩なコースがあり、私はマーシャルの指南を仰いだ。

マーシャルはラテン語を最低でも二年取れと言った。「そうすれば正しい文法が学べる。」教師は学生を起立させて、動詞の変化を言わせた。「アモー、アマース、アマト、アマームス、アマーティス、アマント。」両手を高く上に伸ばしてから足首まで下ろす柔軟体操のようなものだ。教師は情熱的かつ魅力的でもあったが、ラテン語を愛していて、初年度中にユリウス・カエサルの『ガリア戦記』を生徒に自由に訳させた。

私は、ラテン語によく似ていると思ってスペイン語も受講した。最初の教師は声の小さい臆病な女性だった。生徒を怖がっているようだった。監督もつけずに学生を言語ラボに置き去りにして、ヘッドフォンで無意味な会話を聞かせることが多かった。「ドンデ　エスタ　ス　カサ?」、「アクゥイエスタ　ミ　カサ」。年度途中で辞めてしまったところを見ると、その数週間で怖くなって、新しい仕事に移ったに違いない。新学期がはじまって生徒たちが言語ラボの席に着いても、教師が来る気配はなかった。

ところが見事なプロポーションをした若い黒髪の女性が突然ドア口に現れた。男子生徒は新しい粋な上級生がやってきたと思い、何やかや言ったり、口笛をヒューヒュー吹いたりした。彼女はしばらくドアのフレームにもたれかかっていたが、いたずらっぽい微笑みを浮かべて教壇に上がると言った。「こんにちは、私はマルタ・バスキン。あなたたちの新しいスペイン語教師です。」宣教師の子どもで南米滞在中にスペイン語を覚えたという。だが、それまで見てきた宣教師の子どもとはまるっきり違って見えた。

私は選択する教科を決めかねていたが、マーシャルが自分のお気に入りのセシル・ピッケンズ先生の歴史を取れと強く勧めた。ピッケンズ先生はこの学校で最も変わった人物だった。インディア・ラバー・マン〔訳注＝イギリス人作家エドガー・ウォレスが一九二九年に書いた犯罪小説の題名・主人公〕のように、コラーゲンが過剰になる病気を患っていた。話がひどくつかえ、足をひきずって歩き、顔は変形しているようだった。唇が大きく、顔が歪んで斜視になっていた。マーシャルは言った。「外見だけで決めつけてはダメだ。ふつうと違う視点から考えることが学べるぞ。」

ピッケンズ先生は初日から宿題を出した。「教科書の第一章はとても短い。そこに書いてあることをすべて学んでほしいので、明日小テストをします。」私たちは実際、その章を暗記したのだが、テストに書かれていた質問は一つだけだった。「第一章のいちばん上にある写真を撮った写真家はだれですか」というものだった。だれもわからなかった。「私はすべてを学ぶように言いました。」ピッケンズ先生は私たちをひどく叱った。「この授業に集中しなさい！」

生徒はピッケンズ先生が大好きか大嫌いかのいずれかであった。ある日、先生がいなくなった。警察が、泥酔していた先生を捕らえると、車の後部座席に共産主義文学があったという噂が流れた。ピッケンズ先生は、生徒たちに自分の頭で考えさせようと思って、別の考えを紹介したまでだと言った。

科学に目覚めたのは生物学の授業の一日目だった。角ばった顔の痩せた長身の男性がクラスの前に歩いて来て、「ナバール先生」でなく「ドク」だと自己紹介をした。その教室は正真正銘の動物園だった。テラリウムと水槽が壁際にずらりと並び、完璧な人体模型の骸骨が見下ろしていた。いたずら好きな生徒がその顎にタバコをくわえさせていた。

授業がはじまると、ドクは靴を脱いでテラリウムへぶらぶら歩いて行き、脱いだ靴の片方を二フィート〔六〇センチ〕のワニの正面に掲げた。パ、ク、ッ！　靴はぺしゃんこになった。

「さあ、見てごらん。」そう言うとドクはテラリウムに手を伸ばし、一本の指をワニの鼻のてっぺんに載せた。「わかるかな、こいつの筋肉は私の靴をめちゃくちゃにするほど力強いが、一方向にしか働かない。生物学はこんなことを教えるんだ。」先生は一拍沈黙してから付け加えた。「沼沢地のそばで暮らしているなら、重要なことかもしれない。」

私は沼沢地の近くに暮らしていなかったが、いつも森の近くに住んでいた。その初日から自分の内側で何かが動くのを感じた。科学は哲学のように抽象的な教科ではない。科学は私にとって、自分がすでに愛していた自然界をよりよく知るための一つの方法だった。

ドクは生徒たちを、自然史博物館の二倍の広さを持つ自宅に定期的に招いた。そこで私の昆虫への興味が再燃した。「昆虫を決して甘くみないように。地球上の人間一人に対し、生きた白アリが重さにして一、〇〇〇ポンド〔四五三キロ〕、おおよそ二千万匹もいるのだよ。」

草原や森に出かけるときは、捕虫網と小さな瓶をいくつか持って行くようになった。やがて二つの発泡スチロールの箱がいっぱいになるほど標本が集まった。蝶の標本の真ん中にオオミズアオの一種を置いた。薄緑色の光る生き物で、触覚は大きな羽毛状、翅は逆三角形で四つの眼点がある。わが家のトレーラーハウスの網戸で生け捕りにしたとはだれも信じなかっただろう。

もう一つの標本箱には、数匹のカマキリと恐ろしそうなカブトムシ、アメンボ、カメムシ、バッタ、そして朽ちた丸太から苦労して手に入れたコメツキムシを入れた。標本の下にはそれぞれ通常の呼び名とラテン名を併記した札をつけた。

セミはいちばん好きな昆虫だったので、標本を別にしていた。赤く膨らんだ目のセミは地下で十三年過ごしてから地上に姿を現す。何千匹ものセミが現れ——いや、何百万も——やがて芝刈り機の緩んだベルトのようなパタパタいう音で空気を震わせた。そしてある日その音がやむと、抜け殻を集めた。ほとんど透明で金色の斑点がついている。この奇妙な生き物に驚嘆した。セミは私が生きてきたより長い時間待ってから、この世界に出て卵を産み、地上で一か月足らずを過ごして、生命を終える。

科学に対する私の熱心さを見たドク・ナバールは、伝染病センター（CDC）の夏の特別研究員に私を推薦した。センターはエモリー大学の近くにある複合型の研究所だ。私は所定の用紙に書き込むと、科学の勉強を進めていきたい理由をエッセイに書いた。驚いたことに、切望していた六つのポジションの一つを獲得した。これほど誇らしい気持ちを味わったことも、これほど自分の分野の外に出たこともなかった。

CDCでの初日、アトランタ中から選ばれた他の高校の実習性たちと出会った。「君の科学実験のことを聞かせてくれ。」科学研究員が言った。私立高校の女子生徒は、セイヨウキヅタ（イングリッシュアイビー）から開発した殺虫剤の説明をした。彼女のその研究は全国化学フェア競技会で第三位を獲得していた。私の隣に座った青年は、昆虫媒介病を特定する過程でダニを捕まえる独創的な方法を発見したと言った。

「本当ですか。」研究員が言った。「もっと詳しく教えてください。私はダニを捕獲する業者に高いお金を払っています。大きな労力が必要です。牧草地の隅々まで毛布をひきずって、草の葉の縁に止まってツメを出しているダニを捕まえます。あなたはどのような方法を使うのですか。」

その高校三年生は、「ダニは動物が呼吸するときに吐き出す二酸化炭素にひきつけられます」と言った。「草原にドライアイスの塊を一つ置いておきます。翌日になるとドライアイスは解けてずっと小さくなっているので、そのドライアイスに集まったたくさんのダニをつまみ出せばよいのです。」

かの研究員が叫んだ。「素晴らしい！　さっそく明日やってみましょう。」

順番が回ってきたとき、私は自分の昆虫のコレクションと、熱帯魚で試した繁殖実験についてもごもごと発言して、静かに席に戻った。

その夏の特別研究員の仕事が、初めてプロの世界で働いた経験だった。CDCは、脳炎が発生したテキサスのある地域から何千もの蚊を集めていた。私は毎日のように顕微鏡の前に座って、羽の縞模様に基づいて蚊を分類してはトレーに載せていた。種ごとに分けられた蚊はすり砕かれ、馬の血清と合わせてマウスの赤ん坊の脳に注射される。九日後、感染したマウスに脳炎の症状が見られると、現場スタッフがその型の蚊を根絶するプログラムを考案する。

分類のプロセス自体は退屈だったが、顕微鏡の仕事をすると、偉くなった気がした。実習生はCDCのセミナーに参加することもできた。セミナーははるかに興味深かった。狂犬病の専門家が馬や犬の映像を見せてくれた。口から泡を吹き、足をひきずりながらうろついては、街灯や木切れに跳びかかっていた。映画が終わると、別の研究者が、腺ペストに感染した生きたマウスにエーテル麻酔をかけて会議のテーブルの上で解剖した。

夏が終わるころには、微生物ハンターか昆虫学者の仕事を目指そうと心に決めていた。

その夏には別の出来事もあった。人種に関わることだ。

ジョージア州で育ったので、黒人は私たちと違うと聞かされ続けてきた。黒人の使う文法は白人の使うそれに劣る。考え方も行動の仕方も異なり、今後も常にそうなのだ、と。学校に黒人の同級生がいたことがなく、通っていた教会はどこも私の偏見をさらに強めるばかりだった。

高校に入学した年に黒人生徒九人がアトランタの複数の学校に初めて入学した。それから数年にわたってアトランタでは他の学校でも黒人の生徒を受け入れたが、ゴードン高校のキャンパスには一人の黒人も足を踏み入れなかった。黒人の家族が近隣に引っ越してきていたが、私たちの高校にあえてわが子を入れようとする親はいなかった。なぜだろうか。兄の変わった友人マルコム、KKKのグランド・ドラゴンの甥であるそのマルコムが、自分たちの学校を純粋に白人だけの学校にしていたのだと、みんな信じていた。

ゴードン高校に入る初めての黒人生徒は、棺桶に入れられて家に帰ることになる。マルコムがそう言いふらしていた。ところが、どういうわけか彼は、ゴードン高校に転入の申し込みをした十三人の黒人学生の名前のリストを手に入れていた。そして数週間後にその生徒たちの家の庭でKKKが十字架を燃やした。十三人はすべて転入の計画を変更した。

一九六〇年代、ＫＫＫはなお脅威だった。子どものころにエグザルテッド・サイクロプスやグランド・ウィザードなどＫＫＫの重要人物の葬列を見たときのことを覚えている。往来を左に曲がる必要があっても、車列がすべて通り過ぎるまで待っていなければならなかった。何十、何百という車が通り過ぎて行った。どれも絹のような白か深紅のローブと、目のところに切れ目の入った尖ったフードを着た人物が運転していた。母は言った。「じろじろ見ないで」――だがどうして見ないでいられただろう。翌日の『アトランタ・ジャーナル』紙は、あの葬列が八キロも続いたと報じていた。

人種差別主義に罪悪感を覚えて、心に痛みを感じることがあった。教会の牧師がマーティン・ルーサー・キング・ジュニアを「マーティン・ルシファー・クーン」と呼ぶと、さすがにたじろいだ。人種差別主義者のジョークはいつでも笑いを引き起こしたが、それでも私はそうしたジョークを繰り返さないように努めた。しかしＣＤＣで研究をした夏、胸の痛みよりはるかに大きなものを感じた。それは電気ショックに近かった。

特別研究員になるひと月前、郵便屋がインターンの使う作業用教材の袋を配達した。私が特に細菌染色技術に関する論文に注意をひかれたのは、それが監督官となるチェリー博士によるものだったからだ。臆病な高校生だったので、アイビーリーグ出身の生化学博士号を持つ人のそばでどうふるまえばよいのか見当もつかなかった。

たとえ化学に詳しくなくても、チェリー博士のそばである程度知的なものの言い方をしたかった。それで、博士の専門に含まれる様々な手順を熱心に勉強した。抗酸染色、レフレルメチレンブルー染色液、ウェイソン染色、そして全く理解できない他のことも。

初日に研究所に行くと、写真の入ったＩＤバッジをもらって、チェリー博士の研究室に案内された。警備員がドアをノックすると、「どうぞ」という声が聞こえて、ドアが開いた。抱えていた書類の束を危うく落としかけた。

チェリー博士は黒人男性だったのである。

その一瞬、私の中で何かが鋭い音を立てた。ゲストの講演者がテーブルとテーブルの間で腰をくねらせながら、一滴もこぼさずに飲み物を運ぶ真似をしたときの、あのキャンプの場面を思い起こした。「会社の社長をしているニグロに一度でも会ったことがありますか。」ピーター・ラックマンは尋ねた。「どの人種にも、与えられた場所があり、その人たちはそれを受け入れるべきなのです。」

来る日も来る日もチェリー博士とじかに触れ合って研究した。博士は聡明で穏やかな師《メンター》だった。二焦点眼鏡をかけ、髪の生え際が後退していた。監督すべき従業員が数百人もいたのに、細菌の染色や蚊の分類に関する質問に辛抱強く答えてくれた。ときどき博士は自分の子どもたちの話をした。私と同じ高校生だと言った。

ピーター・ラックマンに連絡をとってチェリー博士を紹介できれば、と思った。科学者である私の雇い主が「セムの天幕」で……「しもべとな」っていないのは確かだった。「ハムののろいの理論」によれば、それが彼の人種の宿命だった。信仰の危機が一夏、心の中でくすぶり続けた。教会は明らかに、人種に関して私に嘘をついてきた。そしてほかにどんなことに関して嘘をついてきたのだろう。イエスのことだろうか。聖書のことだろうか。

ＣＤＣの実習には市バスで通ったが、私はバスの中でただ一人の白人であることが多かった。エモリー大学を囲む多くの壮麗な屋敷に、黒人のメイドたちが市バスで通っていた。ある日、中年の太った女性がバスのステップを上がった。脇の下に汗染みがあり、ストッキングが足首で丸まっていた。料金箱に硬貨を落とすと、連れていた三歳児と一緒に通路をよろよろと歩いた。二人が私の列まで来たちょうどそのとき、その子は突然母親の手を離すと、前屈みになって私の座席横の床に嘔吐した。黒人女性は何かぶつぶつ言い、男の子の腕をつかんでバスの後部まで引きずっていった。

私はうんざりして嘔吐のしぶきがついていないか洋服を調べ、別の座席がないか見回した。本能的な反応だった。ところが、驚いたことにこう感じたのである。私はこの女性の人生に思いを馳せることができるだろうか。車をもっていないから、このバスに乗ったはずだ。毎日モップがけをし、家具のほこりを払い、決して自分では手に入れられないような家の掃除をしているのだ。たぶん面倒を見てくれる人がいないので子どもを一緒に連れて来たのだろう。

同情というほどではないが、あわれみ以上のものを感じて、私はバスを降りた。

＊邦訳、『世界の果てでダンス』篠目清美訳、白水社、二四七頁

われわれ人間は、どういうわけか、自身の中において二重で、自分が信じるものを信ぜず、自分が非難するものから脱け出せないでいる。

――ミシェル・ド・モンテーニュ『随筆集』より「栄光について」*

15 分裂

私がファンダメンタルな教会の敷地内でトレーラーハウスに住んでいることは、学校のだれも知らなかった。最初の週、バスから降りると、近くに住む同級生のユージン・クロウと彼の家まで歩いた。クロウ家の裏庭の低い柵を飛び越え、教会の敷地を突っ切って家に向かった。「ねえ、この眺めのいい道を通って帰ってもいいかな。」ユージンに頼んで、いつもその道を使わせてもらった。だれかを家に招かないかぎり私の秘密はばれなかった。そして一度も招かなかった。

トレーラーハウスは、家と教会という私の世界の完璧なシンボルだった。狭くて、長方形で、世間から離れていて、メタリックだ。他のすべて――CDCのインターンシップ、市バス、学校での活動、書物、政治、科学への愛――はパラレルワールドにあった。一方の世界のものと、もう一方の世界のものはまったく別ものだったが、柵を越えるまで、どちらも現実的で真実に思えた。

高校時代はいつも二つの世界を行き来していた。家と教会、そしてその向こうにある世界との間を。

両者を合わせる必要に迫られるたびに、たまらなく恥ずかしい思いをした。

二年生のときに英文学の教師が、遠足で「ローレンス・オリビエとマギー・スミス主演の『オセロ』の上映会に行きます」と言った。「金曜日の午後の授業は出なくてよいことにしてもらいました。」先生の言葉に生徒全員が歓声を上げた。私を除いて。

授業の後でおずおずと教師に近づいた。「チャスティン先生、困ったことがあります。あの、僕の教会は映画に行くことを認めていません。映画を見ることが禁止されているんです。」

先生は下唇を噛んだまま、私を少し見つめてから優しく答えた。「わかったわ、フィリップ。映画に行けないのは残念ね。心配しないで。あなたには別の課題を考えましょう。」それを知った他の生徒たちは私を、社会から見捨てられた人のように扱った。そして金曜日、みんなは授業のないことにわくわくしながら、午後の上映を見るためにバスに乗り込んだ。私は空っぽの教室に残されて、チョーサーについてレポートを書いた。

マーシャルは霊的な段階の一つを通過中だったが、「学校のユース・フォー・クライスト（YFC）に入れ」と私をせっついた。目を丸くしている私に説教した。「俺たちはクリスチャンとして目立つ必要がある。おまえは無言の証人としていろいろやってみればいい。」

私の恥ずかしい思いをさらに膨らませるかのように、YFCのスタッフは、教科書のいちばん上に赤い大きな聖書を載せて持ち歩けと言った。（「なんで赤なんだろう。読んでもらえるようにするためだ。」）そして教科書にユース・フォー・クライストの派手なカバーをかけるといいとも言った。本物の信者は学校のカフェテリアで、周囲の人が気づくように首を垂れて食前の祈りをささげていた。

私はそれができなかったので、頭を数秒下げて両眉をこすってから弁当の入った紙袋を開けた。

毎週火曜日の午後になると、車体にユース・フォー・クライストと赤字で書かれた大型バスが学校の向かい側の車寄せに停まり、忠実な一団がそこに乗り込んだ。運転手のすぐ後ろの床に古いピアノがボルトで留められていた。バスが学校の前でぐるりと向きを変えるとき、メンバーたちはマーシャルのリードで何曲か歌を歌った。そして、バスは集会の開かれるメンバーの家に向かった。私はバスの中にいるところを外から見られたくなかったので、バスが校門を通るときはたいがい何かをわざと落とし、身体を屈めて、それを拾っていた。

市の中心街にハイ美術館があり、アトランタのYFCは毎週土曜日の夜に館内の豪華な講堂で集会を行った。信仰深いティーンエージャーをこの世の活動から守ることを目的とした集会だったが、音楽グループやゲストスピーカーが登場して、参加者たちを楽しませたり鼓舞したりした。ディレクターは毎週のように、「皆さんはよく集会の後にミルクセーキやバーガーを楽しんでいますが、それは慎みましょう」と言った。「これから案内係が座席の間を歩きます。お小遣いはどうぞ献金箱に入れてください。」

YFCは私の教会と同じように、他の人々と信仰の話をすることの重要性を強調した。ある説教者が言った。「十七人の献身的な共産主義者がロシアを征服しました。アメリカのクリスチャン一人ひとりが一年に二人ずつキリストを信じさせれば、教会は幾何級数的に成長するでしょう。十年後には一、〇〇〇万人の、十五年後には十億人の新しいクリスチャンが誕生します！」

私は、一年に二人の回心者を出すことを個人的な目標とした。同級生にアプローチするのはどうにも気が引けたので、ドアをノックして知らない人に証しをした。「こんにちは。一つ質問していいですか。人生が今夜終わるとして、あなたは天国に行く準備ができているでしょうか。」うまくいったためしがなかった。もう天国に向かっていると言われるか、面前でドアがぴしゃりと閉められた。

福音のトラクトを配ることだけはできた。教会でいくつかのトラクトに目を通した。あるトラクトには、背後で地獄の業火が燃え上がっているのに、この世を楽しんでいる罪人たちが露骨に描かれていた。イラストがなくて表紙に質問が一つ印刷されているだけのトラクトもあった。「地獄に行くには何をしなければなりませんか？」中身は真っ白だった。そのテクニックも成功しなかった。地獄に向かっていますよと伝えなければならない相手と、どうやって親しげに会話ができるのか、まったく見当もつかなかった。

自分は詐欺師や偽善者であるに違いないと結論した。教会やYFCの集会でどうふるまえばよいかはわかっていた。何を言うように、あるいは言わないように求められているか、何を考え、何を考えるべきでないかがわかっていた。それでもいったん新しい環境——あちら側の世界——に足を踏み入れると、頭に血がのぼって足取りがおぼつかなくなった。失敗に対する罪悪感が恥の意識をさらに強めた。

私が二年生のとき、マーシャルはYFCのピアノコンテストに、私は「少年説教者」コンテストに申し込んだ。どんな期末レポートに取り組むときとも変わらないほど一生懸命に説教を作り、覚え、浴室の鏡の前で身振り手振りをしながら練習した。自分の説教していることをそのまま受けとめ、涙がこらえられなくなることもあった。だが土壇場になってコンテストの出場を取りやめた。うまくやり遂げればインディアナの全国大会にただで行けるかもしれなかったが、自分が本気でそう信じていない言葉をどうして口にできるだろう。

恥ずかしい思いのほかに恐れもあった。わが家にはテレビがなかったので、カール・マッキンタイアーやビリー・ジェームズ・ハーギスといったラジオ説教者たちの甲高い声でニュースを知った。彼らは、宗教より政治の話をする時間が長く、政治家はみな詐欺師、公民権運動の指導者はみな隠れ共産主義者、大統領はみな臆病な卑怯者だと言った。そしてルーズベルトはヤルタ会談で「私たちを冷酷に見捨てた」。米国民はいまジョン・F・ケネディのもとで生活しているが、マッキンタイアーによれば、ケネディで「この国は終わるだろう」ということだ。母は彼らの説教を聞くのが大好きだったが、そのためにいつも不安に駆られていた。マーシャルはこの二人の説教者を「怖がり屋」だとからかって、そのたびに母と口論がはじまった。

母は、聖書の預言が目の前でまさに成就しつつあると言った。西欧諸国がこぞって欧州共同市場に加わっている。ベルギーのコンピューターは獣の刻印に備えて、おそらく私たち全員の名前を保存している。「この小切手を切れるのは、小切手の番号と額《ひたい》に書かれている数が同じ人だけです。」こんな但し書きのついた社会保障給付小切手が、ある月に誤送されたという噂が流れた。母の持っていた本は、ニューエイジを信じる人々が核爆弾を手に入れて二〇〇〇年までに二〇億人を抹消するだろうと予言していた。カトリックは地下に銃の隠し場所を持っていて、そこに合衆国を乗っ取る計画も入っているとも警告していた。

教会は恐れをさらに強めた。ブラザー・パイルのサマーキャンプで、あるギリシア人の学者が「キリストの再臨前に必ず現れる最後のしるし」をテーマに講演した。私は、世界の終わりを知らせる最後の手がかりを知ろうと、興味津々で教会の席に座っていた。ブラザー・パイルはテモテへの手紙第二〔三・一〕の「困難な時代が来ること」を語る一節を引用して言った。「このギリシア語が文字どおりに意味しているのは、ねじれた、もしくは気が変な時代です。私たちは狂った時代に生きています。それに疑問を呈する人がはたしているでしょうか。」私は何か裏切られた気がして、もっと正確なことを知りたくなった。

フルシチョフは「おまえたちを葬ってやる！」と脅しをかけ、新聞には両半球に赤い血が滴り落ちるようにして染みが広がる共産圏の地図が載っていた。共産主義の侵略者も、ロシア語を話す人の生命は取らないと読んだことがあった。マーシャルは万全を期してロシア語の授業に登録し、私は中国語を学んだ。どちらの方角から敵が来襲しても、兄弟の一人が生き延びられるように。共産主義者は、征服した敵の手にまめがあるかどうかを調べると何かで読んだことがあった。肌のきれいなブルジョワは列に並ばせて撃つが、労働者の手をしている者は解放されるのだ、と。私は一生懸命に熊手で落ち葉を掃いた。できたまめが硬くなるよう手袋をはめなかった。私の習った多少の中国語と、マーシャルの習ったロシア語の語彙によって救われるか、すでに怪しいと思いはじめていた。

キューバ危機が起こると、恐れはほとんどヒステリー状態にまで膨れ上がった。学校のテレビはケネディ大統領が疲れきった硬い表情で、米国民を葬ると決断したキューバに海上封鎖を宣言している映像を流していた。ゴードン高校は毎年科学フェアを開催していたが、今や賞を受けた者たちは新しい化合物や電子機器の発明でなく、最高の核シェルターの設計を競っていた。

国防総省は国民を安心させるために、こんな文言のパンフレットを配布した。「大量の放射線を浴びれば死にます。しかし、少量もしくは中程度の量の放射線を浴びた場合は、身体は自然治癒によって回復します。」だが、ジョージアに暮らす私たちに安心をもたらすものなど一つもなかった。カストロがミサイルを発射させれば、生命が吹き飛ぶことはわかっていた。それを的確にとらえた冷笑的なポスターがあった。「核攻撃を受けたら、学校の机の下にもぐり込む。頭を両膝の間に押し込んで、やってられっか、おさらばだ。」

ケネディ大統領には複雑な感情を抱いていた。教会から警告されていたものの、ケネディがローマ教皇の指令を受けているとはとても思えなかった。フルシチョフに立ち向かうケネディの姿勢が好きだったし、ケネディ政権の華やかな時代の神秘に抗《あらが》いようもなく心を奪われていた。ホワイトハウスの芝生でのタッチ・フットボールに。「私はベルリン市民である」という演説に。おしゃれな妻ジャクリーンに。大統領の誕生日の記憶すべき詩に。

そして、元素の周期表をぼんやり見つめながらプッチアーノ先生の化学の授業に出席していた一九六三年十一月のあの日がやってきた。プッチアーノ先生は、私が初めて知ったカトリックの一人だった。先生には子どもが十人いて、そのうち何人かはゴードン高校に通っていた。授業時間に学生たちが廊下を走る——走る——音が聞こえて、プッチアーノ先生が何事かと見に行くと、走っている生徒の一人がこう叫んだ。「ケネディ大統領が銃撃された!」　先生は私たちが聞かなかったことを願いながら、ドアをバタンと閉めた。だが、私たちは聞いてしまった。プッチアーノ先生は教科書を閉じ、祈るようにとも言った。そして私たちはさらに詳しい状況を知った。

数分も経たないうちにインターコムのスイッチが入って、校長の声が聞こえた。その前年、雄弁そのものだったフットボールのコーチのジェンキンズ先生に代わって、クレイグ先生が赴任していた。「もしもし、スイッチは入っていますか。いいですね。皆さん、校長です。」校長がマイクのボタンを何度か押すと、静電気がバーストした。教室は静かになった。私たちは全身で警戒している鹿のように静かだった。

「ダラスから入ってきた、とんでもない報道をすでに聞いた人もいるでしょう。」校長が話しはじめた。「テキサス州知事……」この言葉を聞くと、プッチアーノ先生は十字を切り、ふうっと息を吐いた。ジェンキンズ先生はもう一度ボタンを押すと言葉を続けた。「そしてジョン・F・ケネディ大統領が銃撃されました」。数人の生徒が息を呑むのが聞こえた。「ケネディ大統領は頭を撃たれたので、非常に深刻な状態です。」みんな次の言葉を待っていたが、インターコムのスイッチは切られた。

プッチアーノ先生は教卓の上に突っ伏して肩を上下に震わせていた。泣いている女の子たちもいた。そして、廊下の先で拍手喝采している生徒たちのくぐもった醜い声が聞こえた。もちろんその理由はわかっていた。この数年間、ケネディ大統領が南部に人種差別撤廃のために連邦保安官たちを送り込んでいたからだ。

ゴードン高校はその日早めの下校となり、国全体が動きを止めたかのようだった。この事件はあまりにも重大で、母は二日後の日曜日に、礼拝が終わったらユージンの家でテレビニュースを見てもよいと言った。ユージンの家に上がると、クロウ夫人がアイスティーを飲みたいかと聞いてきた。夫人が台所から戻って来たときに、私はテレビの生中継を見つめていた。ジャック・ルビーがリー・ハーヴェイ・オズワルドの腹部を撃ったところである。

キャンプに来たギリシア人学者の言ったとおりだった。アメリカは混乱状態に向かっていた。

私はケネディに好意を持っていたが、後任のリンドン・ジョンソンにはそうでなかった。ジョンソン大統領が口を開くたびに、身がすくんだ。「わがアムリカの同胞たちよ。」ジョンソンの発音は北ジョージア丘陵地帯出身の田舎者のそれだった。やることが粗野で、犬の両耳を持ってつまみ上げたり、ドアを開け放したまま便器に座って外交政策を論じたりした。一九六四年の選挙年に高校二年生だった私は、ボランティアとしてゴールドウォーターを支持する共和党青年委員会に入って副会長を務めた。

その年の七月四日にレイクウッド・スピードウェイで開催された「独裁国家に反対する愛国者大会」に参加した。大会にはアラバマ州知事ジョージ・ウォレス、ミシシッピ州知事ロス・バーネット、そしてアトランタ州知事レスター・マドックスといった有名人を講師として立てた。州の権利を踏みにじっていると各講演者がワシントンを糾弾すると、一一、〇〇〇の南部人の群衆が南軍の小旗を振った。

私は屋根のない暑苦しい観覧席に座ってプログラムで顔を扇《あお》いでいた。政治集会の話題は人種――そして暴力――に変わった。黒人男性が何人かいて、正面の特別観覧席の一角で目につく濃い色の一群となって座っていた。あるスピーカーがウォレス知事を紹介すると、三人の黒人が両手を口に当てて大きなブーイングをした。

だれが合図したのかわからなかったが、『ディキシー』〔訳注＝南北戦争の時に南軍が愛唱した歌〕の演奏が盛り上がった直後、何人かのクランズマン〔ＫＫＫのメンバー〕が席から立ち上がると、黒人男性の一団を取り囲み、不穏な雰囲気の中でいきなり襲いかかった。クランズマンはまず拳で、それから折り畳みの椅子で、黒人たちの頭や肩を殴った。「殴れ！　殺せ！」　群衆の叫び声に促されて数人の白人も加わった。

黒人男性たちは肩を寄せ合い、逃げ道がないか必死に見回していた。やがて慌てふためいた数人が逃げ出そうとして九メートルの高さの金網のフェンスをよじ登りはじめた。観客をレーシングカーから守るためのフェンスだった。

スピーカーのメガホンは静まり、フェンスにしがみついている身体を攻撃者が無理やりはがそうとする様子を見ていた。しばらくして、つば広帽子と濃紺・灰色の制服を着たジョージア州警ら隊がぶらぶらやって来ると、血を流している黒人たちを護衛しながら博覧会場から連れ出した。

大会が再開すると、ジョージ・ウォレスが舞台に立ち、ＫＫＫの指導者アサ・カーターが執筆した原稿で演説をした。一九六四年の公民権法を「かつて制定されたものの中で最も忌まわしい法律であり、……ごまかし、偽物、悪ふざけであり、この法律は不名誉を背負ってゆくだろう」、そして公民権運動は『共産党宣言』に直接由来すると言った。「私たちは神を信じるこの国に作られた政府をあらためて活性化しなければならない！」　彼が両腕を挙げて勝利のシンボルＶサインを作って舞台を回ると、群衆は叫んだ。「ジョージ！　ジョージ！　ジョージ！」

さっきの強襲に心を捕らわれていた私はスピーチがほとんど耳に入らなかった。その七月の熱さの中でも冷たいものが肌にすり込まれていった。群衆の歓呼の輪に入れなかった。実際、政治そのものであった大会の訴求力は失われていった。群衆の野太い叫び声と、クランズマンが肉体を殴った拳の音によってかき消されたのである。

その場面は消えない悪臭のように、その夏ずっと記憶から抜けなかった。

高校最後の二年間は家族からも教会からも遠のいてゆく感じがした。高校が私に新しい開拓地を切り拓いていた。自信がつき、自分が受け入れられているとも感じるようになった。

いくらか不安を覚えつつ、学校で開かれる『風の遺産』〔訳注＝この映画が一九六〇年にスタンリー・クレイマー監督によってつくられた〕という進化論裁判を描いた劇のオーディションを受けた。ファンダメンタリストの象徴であり、私の教会が英雄視していたウィリアム・ジェニングズ・ブライアンを嘲笑する内容だった。私はエリヤ役のオーディションを受けた。山に暮らす非識字の男で、テネシー州デイトンの町の人々に聖書を売り、裁判所の外で地獄の業火と硫黄を群衆に説教する人物だ。演技指導者は、私がエリヤのような多くの説教者の話を聞いて育ったことも知らず、興奮気味に言った。

「新しい才能を見つけるのは実に楽しい！」

そのあとディベートチームに入ったが、これは別の形をした演技である。トピックを研究し、ある考えを支持すると言って熱弁を振るう。その後、逆の立場になって、先の考えの愚かしさを論じる。二度目のトーナメントで私は最終的にマーシャルを上回る総合点を獲得した。それは、何であれ初めて兄に勝った日であった。私のほうが上位のランクにいることを知ると、マーシャルはディベートチームを抜けてしまった。

三年生のある週末、学校のディベートチームとアセンズまで出かけた。ジョージア大学がアセンズで州のトーナメントを開いていた。モーテル二泊分の費用は校区持ちだったので、このとき私たち討論者はそれを存分に活用した。プールで屈脚飛び込みをし、自動販売機をからっぽにし、タバコまで吸った。ルームメートたちが眠りに落ちている真夜中、私たちは二五セント硬貨を入れて電動マッサージベッドに寝転がった。

その旅で一番の思い出となった出来事が起きたのは、車で帰途についてジョージア東部の曲がりくねった道を走行しているときだった。私は、付き添いの新しい社会学の先生の車に乗っていた。先生は当時としては珍しく、髪はぼさぼさ、口髭ももじゃもじゃだった。ネクタイ三本とスポーツジャケットを二着しか持っておらず、五日間続けて同じ洋服を着ていることもあった。学校の駐車場では、この先生の運転する車がいちばん貧相だった。

五人の熱心な若い討論者を詰め込んだ古臭い車の中で、ブラッドフォード先生はそこまで質素に生活している理由を語った。「世界中の人間の四分の一は、年収がこの私の腕時計の値段に満たないと知っているかな。」 先生は左腕をハンドルの上に滑らせて三〇ドルくらいの金の腕時計を見せた。

トレーラーハウスで暮らしている自分を裕福と思ったことは一度もなかった。だが、平和部隊〔訳注=ケネディ大統領によって設立されたもので、教育、農業、環境などの分野で発展途上国の援助を目的とするアメリカの長期ボランティアの派遣プログラム〕の任務を解かれたばかりのブラッドフォード先生から、世界の最貧国の日常生活がどんなものかを聞かされた。

先生は後部座席に頭を向けると、その目で私をとらえた。「平和部隊に入る前に私が何をしていたか想像もできないだろうね。南部バプテストの伝道者だったんだよ。」みんな笑った。

ブラッドフォード先生は数分間、何も言わなかった。私は外の景色に集中していたが、先生の語った海外での経験に思いを馳せていた。

やがて私が尋ねた。「それで、なぜ伝道者でなく教師になったんですか。」

先生は、その質問を待っていたと言わんばかりに勢い込んで話しはじめた。

「じゃあ、理由を教えよう。アメリカに戻ると、私が海外で見たものについて、教会ではだれも関心を払わなかった。アメリカンドリームを追求するほうが大きな関心事だった。私は、平和部隊で見た場面を心から追い出すことができなかった。それである日、もうこんな偽善的な生き方はすまいと決めた。心にあることを話すべき時が来ていたんだ。

たまたま水曜日の夕拝で話をすることになっていた。それで農場で一日仕事をした後、教会の廊下を堂々と歩いて行き、壇上の布張り椅子に腰を下ろした。着替えもせず、臭いオーバーオールのままだった。ゴム長靴が教会の通路に泥と肥料の跡を残した。その聖なる場所に新しい臭いが入り、会衆はひそひそ話をはじめた。

五分で終わった説教だったが、こんな内容だった。

皆さんはショックを受けたご様子です。まるでコスチュームを着た道化師を見たように笑っていますね。いいですか、コスチュームを着ているのは皆さんのほうです。世界中の人間の七五パーセントが私のような恰好をしています。世界の半数の人がお腹を空かせたまま床に就きます。皆さんはお腹いっぱい食べ、犬に餌を与えながら、美味しい食事を廃棄しています。

他の国々で遺体が腐れ落ちているとき、サイロ〔訳注＝農産物などを収蔵する倉庫〕の穀物を腐らせている国は何かが間違っています。そして、この教会では私のような恰好をした人は決して歓迎されません。この壇上で貧しい人が語ったことはありません。それに皆さんは気にもしませんん。今夜私がここを後にするとき、私は変人、この場にふさわしくない人間、道化師として記憶に残るでしょう。皆さんは自分を奇妙な人間と思わないでしょう。しかし皆さんは奇妙な人間なのです。何より奇妙なことは、それに気づいていないことです。」

そう言って教会を後にしたと、先生は私たちに誇らしく語った。先生が祈ったのも聖書を読んだのもそれが最後だったという。

科学の世界で仕事をすることが自分の未来だと三年間思い続けていた。だが、高校最後の二年間、言葉の力が徐々に私の中で大きな部分を占めていった。

クレイグ先生という上品な校長が私たち一年生の英語クラスに顔を出したとき、私の気持ちは揺れ動いた。クラスの先生はいつもクレイグ校長にシェイクスピアを読んでほしいと頼んだ。校長は咳払いをすると目を閉じて、身体を前後に揺らしながら、私がそれまで聞いたこともない美しい言葉を一行一行朗読した。クラスがいつも静けさに満たされたのは、校長が読んでいたからだけではなかった。

私は英文学のクラスでシェイクスピアを学んでいた。『ジュリアス・シーザー』、『ロミオとジュリエット』、そして『ハムレット』を読んだ。「友よ、ローマ市民よ、同胞諸君、耳を貸していただきたい……」〔『ジュリアス・シーザー』福田恆存訳、新潮社、九五頁〕。こんな台詞《せりふ》について私たちはジョークを飛ばしたりしていた。だが、言葉の魔法は私たちを幾度もちっぽけな世界から運び去り、より壮大な世界に引き寄せてくれた。

上級の文学クラスでは他の書物が違う力をふるった。『一九八四年』、『動物農場』、『すばらしい新世界』、『ライ麦畑でつかまえて』、『アラバマ物語』、『シッダールタ』。それらの書物は、それまで生きてきた教会という閉ざされた世界から私を引き出し——ブラッドフォード先生の平和部隊の話のように——知らなかった考えや世界にさらした。初めて本を読んでいるように、またそのような書物を読むのは罪深いことだろうかと思いながら、自分が反体制的な者であるように感じた。自分の背景とまったく異なる背景に出合い、血管に血がどっとなだれ込んだ。

良書を読むと、そのすべてが自分に起きたような神秘的ともいえる感覚に陥った。いや、むしろ、そう「なってほしいと思った」。チョーサーを読めば、自分も、友人や見知らぬ人々と路上で猥褻な話を交わしている巡礼者の一人であればと思った。『帰郷』を読めば、恋に恋した。ヘミングウェイを読めば、徴兵に応じたくなった。サリンジャーを読めば、心の中にくすぶっていた傲慢さをそのまま外に出す勇気に憧れた。

ファンダメンタリズムの信仰を初めて外側から見るようになった。シャーリイ・ジャクスンの『くじ』を読むと、くじをひいて逸脱者を石打ちにした旧約聖書の記事に連れ戻された。ある教師が朗読したC・S・ルイスの『天国と地獄の離婚』では、地獄が暗鬱とした孤独な場所に描かれていた。その奇想を凝らした地獄の形は、教会で聞く業火の説教よりはるかに納得のいくものに聞こえた。『蠅の王』は、堕落について知るべきすべてを、堕落という言葉を使わずに教えてくれた。

人種に関する私の考えは、CDCや愛国者の集会での出来事以来、ふつふつと泡立っていたが、ジャーナリストのジョン・ハワード・グリフィンによる新刊『私のように黒い夜』を読んだのが大きな転機となった。表紙の一行にこの本の考えが記されていた。「白人も黒人になれば、黒人の人生の真相がわかる！」それが誇張表現であるにしても、グリフィンは実際に薬の服用や紫外線の放射を受けて肌を黒く変色させたのである。

この本には、著者が黒人として深南部をバスで旅した六週間の経験が事細かに書かれている。ミシシッピ州で道を尋ねたり、仕事を求めたり、バスのチケットを買おうとしたりするだけで受けた「憎しみのまなざし」のことが語られている。黒人に扮すると、食べる場所、水を飲める場所、トイレ、手を洗える場所など、当たりまえと思っている基本的な事柄が非常に高いハードルとなった。

やがて着色が褪せてグリフィンの茶色だった顔がピンクになると、すべてが変わった。彼は再びファーストクラスの市民となり、カフェ、トイレ、図書館、映画館、コンサート、学校、教会のドアが開かれた。「胸が躍るような解放感が、全身を駆け抜ける。私は通りを横切って、レストランに入った。カウンターへいき、白人の隣りに坐ると、ウェイトレスが微笑みかけてくる。まさに奇蹟だった」〔平井イサク訳、ブルース・インターアクションズ、一九四頁〕。

この本は私にとてつもなく大きな影響を及ぼした。肌の色に基づく人種差別主義の愚かしさがたちどころに理解できた。ジョン・ハワード・グリフィンは肌が白くても一時的に茶色でも、まったく同じ人物だった。それなのに、ふつうの人間として扱われることもあれば、汚い獣のように扱われることもあった。

彼の本を読んで頭が痛くなり、良心も傷んだ。私は黒人たちのふるまいを嘲っていた。彼らの音楽やダンス、方言、奇妙な食べ物、派手な服を。その下にいる人間を、本当は知りもせずに。「ピエドモント・ドライビング・クラブ」のような高級社交クラブの人々が、私のようなトレーラーハウスの住民を「白いごみ」とみなすのと、私が社交クラブの人たちを生産性のない俗物とみなすのと、どれほど違いがあるのだろう。外側にあるものだけから人々を判断している点では同じだった。

ジョン・ハワード・グリフィンと違って、私はたとえ一時的にでも黒人のような扱いを受けたことがなかった。どんな感じだろう。最初はおっかなびっくり、それから貪欲に、リチャード・ライトの『アメリカの息子』、ラルフ・エリスンの『見えない人間』、マルコムXの『マルコムX自伝』を読んだ。自分の受け継いでいた典型的な人種差別主義が新しい性質を帯びるようになった。スラム街で高い家賃をとるアパートの家主がいる。その人の所有する荒れ果てた住まいに暮らしているせいで、黒人は「隣人たちと同レベルでない」のかもしれない。彼らに「歴史という感覚がない」のは、その歴史がそうさせているからかもしれない。

ふと、黒人は私たちのような名前を持ち**たくない**のかもしれないと思った。私たちと同じ文法や発音、同じ音楽を楽しむ、同じ服を着る、同じような握手の仕方をする、同じようなやり方で礼拝する。

そんなことはしたくないのだ、と。黒人にとって、「彼女は自分を白いと思っている」は、侮辱であってお世辞ではない。黒人の文化には黒人の文化の素晴らしさがある。

私たちの住んでいる教会の、ポニー牧場の原っぱにつながる柵をまたいで、私は、白人—人種差別主義者—被害者意識—ファンダメンタリズムという自分のコミュニティーを、そうした種類の文化と見るようになった。見て嬉しいものでは決してなかった。

＊邦訳、『エセー㈣』原二郎訳、岩波書店、三六頁

そうだ、俺には笑顔がある、笑顔を浮かべて人を殺せる……、
時と場合に応じてどんな表情でも浮かべられる。

——シェイクスピア『ヘンリー六世』*

16 大変身

十一年生のときは憂鬱と混乱の中で過ごした。アイデンティティーの演じ方は心得ていた。舞台上である人物を演じる、教会やキャンプでたましいを震わせる証しをする、ディベートの壇上である見解やその反対意見をなるほどと思わせるように論じるすべを心得ていた。だが、その間ずっと心の奥で虚しさを感じていた。私はだれなのか。

その後、骨折を繰り返すようになった。教会でソフトボールの試合中におかしな体勢でホームに滑り込んで骨を折ったのが最初だった。右腕でホームベースにタッチしたとき、乾いた小枝のようにパチンという音がした。新しいレベルの痛みを救急室で味わった。医者が馬に打つような太い皮下注射針を差し込むと、注射液が骨に沿って流れ、骨折した正確な場所を突きとめる。そこで麻酔薬を注射して骨折の処置をする。

一か月後にギプスをはめたままバスケットボールをしていて、つまずいた。折れた右腕をかばおう

として左腕をねじり、地面に左肘をついて、また骨を折った。

そんなときはたいてい同情してくれる母も堪忍袋の緒が切れた。「何を考えていたの？　折れた腕でバスケットボールをするなんて。常識ってものがないの？　この次から自分で治療費を払いなさい！」

両手にギプスをはめると、人生がややこしくなった。服を着るときはギプスをつけた両腕で下着をもち、二段ベッドの上段から飛び降りざまにパンツの穴に両足を入れる。これほどの困難を経験したが、さらなる骨折は避けられた。しばらくは。

数週間経つと、医者はいろいろなメッセージの書かれた右腕のギプスを不気味なのこぎりで切り開いた。そして、「君の柔肌に接触した瞬間、のこぎりの回転は絶対に止まるから」と言った。割れたギプスをこじ開けると、私の震えている萎えた腕、黒い汗の雫が点々とついている腕の覆いを取り除いた。腐敗臭が部屋に充満した。

たった一年で六回も腕を骨折したが、ほとんどがバスケットボールかタッチ・フットボールの最中だった。「もっと注意しないと。」毎回、医者が言った。母の言葉はもっと厳しかった。一方、私は治療費を支払うために新聞配達をはじめた。

両腕を骨折した後も、教会の友人デイビッドがやって来たときに、また怪我をした。歩いて公営プールに行って、料金の三五セントを払い、水着に着替えた。「回転飛び込みのやり方がわからない」と口を滑らせてしまった。「頭からまっすぐ飛び込むことはできるけど、回転飛び込みは怖いんだ。」

デイビッドは笑い飛ばした。「簡単だよ。頭を下にして水中に入る動作のことを考え過ぎてるんじゃないかな。両膝をなるべく早く顎に引きつけることだけ考えるんだ。そうすれば自然にぐるんと前に回れるよ。」

水に足を浸しもせず、ステップを十段上って端まで歩き、膝を顎に、膝を顎にと言い聞かせながら飛び込み台で何度か跳ねてみた。それから何歩か戻って走り出し、飛び込み板から高く飛んで、両膝をできるだけ素早く顎につけた。

後でわかったのは、水の中でめまいがし、口の端から血が噴き出て、顎が焼けつくように感じたことだ。顎に右ひざを強く打ちつけたに違いなかった。そして頬を思いきり噛んだのだ。足で蹴って水面まで上がり、水をかいてデイビッドのところまで進んだ。「何かおかしい。怪我をしたようだ。」恐怖で咳き込みながら早口でしゃべった。

デイビッドは同情してくれなかった。「料金を払ったばかりで帰れやしないよ。」私は三十分ほど仰向けで浮かんでいたが、痛みは引かなかった。やっとのことでデイビッドを説き伏せ、歩いて家に戻った。クリスピークリームドーナツを食べると、火がついたように顔が痛んだ。

診察室で理由がわかった。顎のレントゲンを撮ると、医者は言った。「運が良かったね。顎の骨が真っ二つに割れている。右頬の表皮のすぐ下の骨がギザギザだ。ドーナツより硬いものを食べていたら、この骨はたぶん皮膚から飛び出ていただろう。」怯えて顔全体に痛みが走った。

医者は二つの選択肢を示した。病院に行って、ワイヤーで顎を閉じたまま六週間過ごすのが一つ。「その場合は歯を何本か失うかもしれない。歯磨きがよくできないからね。」もう一つは、顎を自然治癒に任せることだ。「しかし聖書の山に手を置いて、今後六週間決して硬い食べ物に手を触れないと誓うならば、だ。」　私はそれを誓って、断食がはじまった。

流動食の必要は、毎日ミルクセーキを飲む口実になった。次第にミルクセーキからマッシュポテトに、それから豆や五色アオマメを丸ごと飲み込む技術を習得した。仰向けになると、下顎が下がって、骨のギザギザの端が頬を圧迫する。横向きに寝ると、骨折した場所が耐えがたく圧迫される。それで腹ばいで寝ることにした。たくさんの枕やタオルで長四角を作り、真ん中の開口部に顔を吊り下げる。その夏はほとんど眠れなかったが、顎をワイヤーで閉じることだけは免れた。

そのころには母が気遣ってくれるようになった。怪我をした私を責め続けていたが、誤診だったらどうしよう、となった。専門家を訪ねると、骨の組織検査を勧められた。

検査の予定を組む前に、私は、伝染性単核球症と腺熱に罹《かか》り、ベッドでひと月を過ごすことになった。毎週土曜日に病院で血液検査を受けた。白血球の量の多さから白血病が疑われた。

自己憐憫に陥って白血病だったらと想像した。僕が死んだら、だれか気にしてくれるだろうか。心の中で別れの手紙を作成した。一通は兄に宛て、僕のものを全部ゆずると書いた。もう一通は母宛てで、マーシャルにきつく当たらないようお願いした。さらに一通は牧師に宛て、教会とキャンプで不愉快だったことを洗いざらい書き連ねた。

死は慰めと言える気がした。私を不当に扱ったすべての人間に死後も復讐する方法であるように思えた。

母は青年期の病の専門家を探し出した。厚ぼったい二重顎の疲れた目をしたぶっきらぼうな年配男性だった。私が子どものころに罹った一連の病気と最近の怪我を母が説明している間、カルテとレントゲン写真を親指でめくっていた。私にいろいろな質問を投げかけてきた。そしてしばらくスツールに座ると、目を上げて検査台の端に下着姿で腰かけている私を見た。その口は何か言うべきことがあるかのように、何度か開いたり閉じたりした。

私は、すべてを説明するような聞きなれない魅惑的な診断を待っていた。やがて医者は疲れた声で言った。「フィリップ、君はどこも悪くないと思う。君は虚弱なんだと思う。姿勢が良くない。病気や怪我をするのが好きなんじゃないかな。回復するのも強くなるのも君次第だ。私が君にできることは何もないんだよ。」

その言葉は皮膚の下に刺さった棘《とげ》のように心から抜けなかった。それから数週間、人生を振り返ってみると、確かに医者の言うとおりかもしれないと思った。家で母の優しい注意を引くのは、たいてい病気や怪我の養生をしているときだった。マーシャルは強い息子で、いつも母と喧嘩していた。

心穏やかでない考えが迫ってきた。僕の身体は苦しまずにいられないのだろうか。自分を切りつけたり、ひっかいたり、火傷をしたりして、わざと怪我をする子どもの話を聞いたことがあった。自分も同じなのだろうか。今までの骨折はすべて自分が仕組んだものなのだろうか。しかも骨折を避けようともしなかったのだろうか。

マーシャルは、現実との確かなつながりを感じさせるものはマスターベーションだけだと私に打ち明けた。だが、私の場合は痛みによって現実とつながっていたのかもしれない。痛みがあると生きている実感があり、痛み続ける理由となった。僕はこれに耐えられる。生き延びてゆける。それはねじれた類のアイデンティティーにもなった。両腕にギプスをはめて登校すると、教師たちは寛大な目で見てくれた。クラスメートも私に気づいて、ギプスにメッセージを書いてくれた。私は何者かであった。

おそらく自分で思う以上に私は病んでいたのだ。あるいはあの医者が言ったように、少しも病気でなかったのかもしれない。

ふつうが何を意味するにせよ、もっとふつうになるよう努めることにした。手はじめに大人と関わる方法を知る必要があった。

大人が同じ質問ばかりすることに気がついた。「何年生?」「いちばん好きな教科は?」「大人になったら何になりたい?」そうした質問に満足してもらえる答えを用意しておくことにした。特に、女性は沈黙にアレルギー反応を起こすようだった。私が黙ったままでいると、女性たちはいっそうおしゃべりになる。うなずいて興味のあるふりをする必要などほとんどなかった。

文学の授業で学んだ本に『心は孤独な狩人』があった。他者の話に耳を傾けるだけで友情を育む寡黙な男が主人公だ。人々は次々と打ち明け話をする。聴覚に障がいのある彼は他言しないとわかっているからだ。この本がヒントをくれた。たとえ興味がなくても、他の人々の言うことに興味があるふりをすればよいのだ。

「お子さんはいますか」、「高校はどちらに行かれたんですか」等、基本的な質問をする練習をした。「二人目の自分」が肩の上でそのパフォーマンスを評価し、今後参照できるよう記憶する。私は本物の人間になろうとしていた。人工的に。

私の主な収入源は新聞配達だったが、自分なりに開発した配達ルートのテストプログラムを実行することにした。新しくだれかが引っ越してくるたびに自己紹介し、「無料で二週間配達します」と申し出て、こう言った。「新しい引っ越し先で起きていることを知るには新聞がうってつけです。」新しい住民が近所でいちばん良い食料品店や、散歩に適した場所を聞いてくることもあった。そして私は本物の会話をすることになった。

明かりの灯った窓の向こうに隠遁者や実業家、バスローブをまとったきれいな主婦や意地悪なおばあさん、そしてつまらないことで喧嘩をするたくさんの子どもがいることを知った。ある老人は書物に埋もれた家にひとりで住んでいたが、いつも私を家の中に招き入れて、それまで読んできた本の話をした。新聞配達が楽しかった主な理由は、トレーラーハウスからも、家に充満していた緊張からも逃れられることにあった。

予想もしなかったが、ユージン・クロウのブルーカラーの父親が私に新たな自信をもたせてくれた。ある夕方、ユージンの宿題を手伝っていると、彼の父親が隣の部屋で私たちのやりとりを聞いていた。私が帰るとき、クロウの父親はたばこの煙を吐き出しながら言った。「おい、俺が工事現場の監督で何かを猫車でどかすときは、大柄なやつより即刻君を雇うよ。どうすりゃうまくやれるか、あっという間にわかるだろうからな。」

大人からほめてもらった！　歩いて家に帰りながら、息子を手伝った私に、あの人なりに感謝を伝えてくれたのだとわかった。私は心の奥深くの、何より大切なことをしまう場所に、この人の言葉をしまいこんだ。

心理学の本を何冊か読んでいたマーシャルに、性格の玉ねぎ理論を教わった。「こんな理論だ。ほとんどの人間は玉ねぎの外側の皮を見ている。それは、おまえが世界に見せている自己だ。人々がもっと近づいて、おまえが彼らを信頼するようになると、おまえは何枚か皮をむく。いちばん奥にあるのが内側の自己、おまえの真実の芯だ。」

私はこの玉ねぎ理論のことを長い間一生懸命に考えてみた。それもよくわかるのだが、私は皮をむかないのが最善だと学んできた。皮をむけば傷つく。心の中で起きていることをだれにも知られないとき、いちばん安心していられた。そしてその内側の芯を調べてみると、空白に行き当たる。私は外側の皮に集中したほうがよいのだろう。

自問した。どんな性格になりたいのだろう。スポーツに秀でたり、人気投票で勝ったりしないことは、とっくにわかっていた。真面目で内向的な性格になじんでいた。ところが高校二年生になったころ、「キークラブに入りませんか」という招待を受けて驚いた。公園や公共の場をきれいにするなど奉仕プロジェクトを請け負う社会奉仕団体、国際キワニスの高校部門だった。このクラブには秘書が必要で、私が記録をつけることを苦にしない勉強好きなタイプに見えたから選ばれたのだろうと推測した。

それに勇気づけられて大変身計画に着手した。まずアクセントの矯正に取りかかった。深南部の痕跡を消すために母音のアクセントを一つずつ矯正した。フィラデルフィアの人々がからかいの対象にしていたティン（ten）やユオール（y'all あんたたち）の発音も直した。南部人は時代遅れで、無知で、人種差別主義者であるとアメリカ全体が決めつけていたので、私は出身地の南部を切り離したかったのである。

次に筆跡を作り直した。私の字は、女の子の書く文字のように飾りが多かった。一文字一文字をもっと現代的な流れるようなスタイルに変えていった。

母に渡された思春期に関する本によると、私は笑っているかと思えば泣き出すような感情のジェットコースターに捕らわれているとのことだった。ところが、それとはまったく対照的に、自分の感情がどのようなものであるべきなのかわからなかったし、自分の実際の感情がどのようなものかもわからなかった。もしかすると、すべての感情を沈黙させておくことが最も安全な道だったのかもしれない。マーシャルと母の怒鳴り合いをあまりにも多く聞いてきたが、それは、スチールのドアの後ろで溜まっていた激しい怒りが突然爆発して、その熱が噴出したかのようであった。

感情はエネルギーの浪費のように思えた。怒りを積み上げて、だれかを目がけて爆発させる。その後は卑屈にふるまって和解しようとする。こちらに危害を加えないネズミやクモを恐れ、恐怖を感じて逃げ出す。ある夜は幸せに思い、翌日には憂鬱な気持ちや二日酔いのまま目を覚ます。感情を抜かして、ただ最終状態に至るほうがずっと簡単ではないだろうか。

スピーチの授業で教師が『シッダールタ』の抜粋を朗読した。ゴータマ・ブッダの時代に生きた一人の若い弟子を主人公とする小説だ。仏教のことは何も知らなかったが、教師の朗読を聞きながら、人生に対して抱えている病の治療法を探すシッダールタに自分を重ね合わせた。彼は修業によって欲望を克服し、「不動心の三昧境」に達する。私はその言い回しを取り入れ、それが表現しているものに憧れた。感情のない無表情や、唇を素早くぐっと持ち上げて嘘の微笑みを作る練習をした。

サルトルやカミュの小説を読みはじめた。ちょうどいくつかの作品が大西洋を越えてアメリカにも入ってきていた。カミュの『異邦人』のある登場人物は言う。「結局のところ、三十歳で死のうが、七十歳で死のうが、大した違いはない、ということを私は知らないわけではない。というのは、いずれにしたところで、もちろん他の男たちや、他の女たちは生きてゆくだろうし、それにもう何千年もそうして来たのだから」〔窪田啓作訳、新潮文庫、一四四頁〕。

この言葉がページから飛び出てきた。これは私だ！　読みながらそう思った。サルトルやカミュの小説の平板で宿命的な響きが好きだった。教会やリバイバル礼拝の興奮した感情とは大違いだった。

こうした書物に見られる考えに心が高鳴った。教会で聞いたすべてと矛盾していた。教会は、どんな行動にも考えにも永遠の結果がつきまとうと教えていた。そしてゼーレン・キェルケゴールという哲学者——キリスト者！——に、同じ無関心の精神を見いだした。「結婚してもしなくても、後悔する。……世界の愚かさを笑っても嘆いても、後悔する。……首を吊っても吊らなくても、やはり後悔する。」

遠い親戚の葬儀に出たときのことを思い出した。友人や親戚は棺の上に腕を投げ出して泣いていたのに、私は無感情なまま傍らに立っていた。殻に閉じこもっていた時期の私の感情はそんなふうだった。

斜に構えた目で高校を見はじめた。フットボールの試合が大嫌いだった。巨体の闘士たちが競技場を、革のボールを追いかけながら前へ後ろへと走り回る。クラスメートの称賛を得る。サイドラインではミニスカートをはいた乳白色の脚のチアリーダーが、韻を踏んだ掛け声に合わせて手を叩いて飛び跳ねる。「ダンスチーム」がサーカスのピエロのジャグラーのように、きらめくバトンを宙に放り投げる。彼女たちが中世の王様や女王様を選んで戴冠式をする馬鹿馬鹿しい「ホームカミング」。すべてが下劣で無意味な茶番に思えた。

私の心の奥の芯、玉ねぎの中心部はだれもたどり着けないほど硬くなっていった。

ある日、私の言葉を厚かましいと思った母に思い切り顔を叩かれた。頬に母の手の指の跡が赤く残るほど強く叩かれた。母の顔に、自分の行為に対する恐れが一瞬浮かんだのがわかった。二人とも去年の夏の顎の骨折を思い出し、黙ったまま数秒間互いを見つめ合った。それから私は母に一秒で嘘の微笑みを作って見せると、くるりと背を向けた。母は私の身体を傷つける力をなくしていた。

　そのころフリードリヒ・ニーチェに出会った。この有名なドイツの哲学者は、私がもがきながら進んできた自己抑制の道をはるか昔に描いていた。「回復するのも強くなるのも君次第だ」と、あの医者は言った。ニーチェは自己を制することを自らに課していた。厳しい食事制限をし、午前二時に床に就き、六時に起床した。私は子どものころに読んだ冒険物語を思った。南極で立ち往生している隊員たちの助けを求めるために、氷山の連なる海やハリケーンのような強風の吹きつける中をライフボートで航海したアーネスト・シャクルトン。何日も飲まず食わずで一、〇〇〇マイル〔約一、六〇〇キロ〕のアラビア砂漠を歩いて横断した小柄な考古学者T・E・ロレンス。

そんな高尚な行動原理を実際にどんなふうに行えるのだろう。仏教の書物は「好みを持たないこと」を語っていた。熱と冷たさ、悪臭と芳香、ハーモニーと不協和音、痛みと喜び、これらは克服され得る恣意的カテゴリーなのだ。

二年生を終えた夏休みに郡のゴミ収集車で働くという実に魅力のない仕事に嫌々ついた。初日に気づいた。だれもゴミ収集人を見もしない。目をそらすのだ。ベテランのゴミ収集人はみなたくましい黒人で、重いドラム缶を肩に載せると、うなり声をあげているトラックの口に投げ入れる。その一人に品定めをされた。「おい、白人小僧、おまえみたいな痩せっぽちにあの缶は持ち上げられないだろう。おまえは草の束と葉っぱの入った袋の担当だ。」

朽ちた草の腐った甘い臭いは嫌いだ。それでも、腐敗する生ごみの臭いに慣れたりするものなのだろうか。ところが驚いたことに、数日もすると臭いがほとんど気にならなくなっていた。マーシャルと母は気になっていたはずだ。私の腕には泥の跡、Tシャツには発酵した食物のくずが絡まった染みがつき、汗まみれで帰宅していたからだ。

アトランタの夏に外で働いたおかげで、暑さが嫌いでなくなった。やがて黒人労働者は私を運転台の白人ドライバーの隣に座らせるのでなく、彼らと一緒に後ろの荷台に乗せてくれた。最後の収集の後、トラックがごみを捨てるために急いで走っているとき、踏み台に立って横に身を乗り出してそよ風に当たった。それが一日の中で、うだるような暑さ——もう気にならなかったが——が和らぐように感じる唯一の時間だった。

新学期がはじまって涼しくなると、雨が降っていても、わざとコートをはおらずに登校した。私は暑さと寒さの両極端を平坦にしようとしていた。暑さ寒さに影響されないよう努めていた。南極航海をしたシャクルトンの忍耐を思い出した。

フランス外国人部隊の新兵訓練所で使われた言葉に出合った。「痛みとは身体から出ていく弱さである。」五マイル〔八キロ〕走れば、足が痛んで、水膨れができる。だが毎日走り続ければ、水膨れは硬いマメになって痛みがなくなる。それも目標になった。痛みに倒れることも痛みを与えることもせず、痛みを吸収するのだ。

その年は、六度目となる最後の腕の骨折をした。ある日曜日の教会で、右肘をたまたま教会ベンチのとがった角にぶつけた。肘はふくらんで赤くなったが、骨が折れていないことはわかった。私は自制力を試すことにした。寝室に行くと、二段ベッドの上段の鉄のフレームに一度、二度と思いきり打ちつけた。すぐさま覚えのある感覚を感じた。骨の砕ける、刺すように熱い痛みである。しかし、痛みはほとんど認識されなかった。私の身体から弱さが離れていた。

私は何より自制を追求した。ニーチェは主人と犠牲者の大きな違いを描いていた。主人は自身の人生を制御する。他者に原稿を書かせるより、自分で自分に権能を与えるのだ。

それは私の性格ではない。そんなことは絶対にできない。私はそんなふうでない。人々がそんなふうに言うのを聞いたことがあった。キャンプでも教会でも、人生の多くが行動から成り立っていると教わった。キャンプで壇上から祈りをささげたり、お涙頂戴ものの証しをしたりすれば、いきなり霊の巨人となる。その反対をすれば、背教者だ。人々は外側で判断する。心の内をうまく隠し続けているかぎり。

学校では、レストランのテーブルで盗み聞きをするウェイターのように、他の学生たちを観察した。みんなだれを称賛しているのだろう。霊的なふるまいが教会で及ぼすのと同じ効果を、高校のグループでは機知が果たしていた。私は気の効いた文句やジョークを集めた。まもなく友人ができた。興味があるように共感を示しながらうなずき、人の話に熱心に耳を傾けた。裏表のある人間のような気がしたが、効果はあった。初めてクラスメートが私のそばで楽しそうに見えた。

何の興味もない話題について会話をする練習をしておいて、クラスメートの注意を引いた。「リチャード・ペティーの車がNASCAR（全米自動車競走協会）で禁止されたよ。ヘミエンジンを搭載していたからだって。」オーブントースターとヘミエンジンの違いも知らなかったし、リチャード・ペティーの名をほとんど聞いたこともなかったのに、そんなコメントを投げかければ、クラスメートたちはお昼の十分間に活気づいた。二日後に別のランチテーブルで同じことを言うと、やはり同じ結果が出た。

同級生がNASCARの新ルールについて熱く議論している間、私の脳みそは別の会話の糸口を探していた。「ビートルズがアトランタに来るって聞いた？」

学校新聞や文芸誌、年鑑の作成にもボランティアとして志願した。他の高校生に取材すると、彼らの頭の中に入り込めた。彼らの生活を不当に利用する道を見つけた。だれかの話を書けば、いっときフィリップでいるのをやめられて別の眼で世界を眺めることができた。午後と夕方のミーティングに毎日出た。家から離れていられるという、この上ない利点があったからだ。

一日の終わりにトレーラーハウスに帰ると、新しい性格を脱ぎ捨てて、上着のようにハンガーにかけ、書物の中にひきこもる人生に戻った。母は息子たちを失いつつあることを感じ取っていた。マーシャルはまもなく家を出て、大学に行く。そして、私はできるだけ家にいる時間を短くしていた。学校と家の隔たりが広がっていった。

十二年生のときのある出来事が、私がニーチェから学んだものの最大の試金石となった。新学期がはじまると、政治にのめり込んでいたクラスメートのハルが、向こう見ずにも国政を真似た形で学生政府を組織することを思い立った。ハルが立てた計画によると、各ホームルームが「下院」に生徒を一人選び、学年ごとに二人の上院議員を選ぶ。下級生にその考えが大うけしたのは、三つの学年の純粋な生徒数が下院をコントロールするからだった。ハルのアメリカ党には一、〇〇〇人が登録した。ほとんどの十一年生と十二年生は卒業のことで頭がいっぱいだったので、この計画に無関心だった。自分でもなぜだかわからないが、私はこの計画全体をやめさせようとした。ハルは典型的なオタクだった。肥満児でダサくて学問好きだった。彼の理想主義が私の冷笑主義を逆なでしたのかもしれない。

ハルに対抗するために、私は自分と同じように冷笑的な友人を集め、総勢八人で学生権利党を作った。元フットボールのコーチだった校長が私を呼び寄せて詰問した。「君が考えている学生の権利とはどんなものかね。」渋い顔つきで尋ねた。私はいくつかの問題を口にした。お昼のカフェテリアでねずみを撮影したことを隠蔽していること、学校新聞を検閲していること、駐車場が満杯になっていることなど。これを聞いて、校長は苛立ちながらも放免してくれた。学生権利党を校長は何らかの脅威と見たのではないかと私は勘繰った。

ゴードン高校には八年生から十二年生まで五学年があったので、学生権利党の計算では、上院で六議席を勝ち取ればよかった。そうすれば、安直な下院が通過させようとするどんな法案にも拒否権が発動できる。十年生、十一年生、十二年生のいちばん人気のある学生を二人ずつ特定し、上院議員候補として出馬するようおだてた。大人気の十二年生二人は美人の女子生徒と運動選手だったが、私は大統領と副大統領に立候補するよう二人を説得した。

ハルは、新聞、政策綱領、アメリカ党候補者全員の名簿を使って自身の軍団を結集し、各ホームルームや上院、生徒会の役員に送り込んだ。当選のあかつきには、生徒の違反行為を裁くよう最高裁に提議すると約束した。学生権利党は八人の候補者を擁立し、下院の廃止を綱領で提案した。遅くまで残ってスローガンを作り、候補者たちの写真が目立つポスターを作製した。

結局、闘いにならなかった。ハルは、開票作業に当たる熱心なグループを下級生のクラスで募っていた。広い部屋で教職員の監督のもと、計算機の投票用紙を記録する長テーブルに座っていた。けれども勝者を算定する計算機など必要なかった。開票者たちのうなだれた顔を見れば結果は一目瞭然だったのだ。一時間も経たぬうちに大勢が明確になった。学生権利党の候補者全員が勝利を収めようとしていた。夢を打ち砕かれたハルは、涙を流して部屋を出て行った。

その後、ハルと私は同じ授業をいくつか取っていたが、学年末まで口を利かなかった。ディベート旅行のとき、ようやく朝食のテーブルにひとりで座っているハルを見つけた。私は歯をぎゅっと嚙みしめ、そこに座っていいかと尋ねた。翌日のトーナメントのスケジュールの話をし、その後はぎこちない沈黙が訪れた。数人の討議者の中で、二人とも話し下手なほうだった。私はごくりと唾を呑み込むと、何度か言いよどんだ後で謝罪の言葉らしきものをもごもごと口にした。

ハルは「ありがとう」とうなずくと、目を逸らした。その悲しげな表情に、自尊心を傷つけられた敗北の痛みがはっきりと見て取れた。

その年の後半に、学食で変わった会話をした。それは私の心を動揺させる内容でもあった。その日はいつもの面々と嘘の会話をする元気がなく、だれとも目を合わせない内気な痩せた少女の隣に座った。同じ授業を少なくとも三つ受けていたのに名前を知らなかった。

彼女の生活について尋ねると、思いがけず打ち解けて話してくれた。父親は酔うと彼女や母親を殴る、と言った。学校がひけると、こっそり自分の部屋に入るという。どうすればよいのかわからないからだという。家を出れば、戻ったときに父親がベルトを手にして待ち構えているだろう。家に居続ければ、父親が不意に彼女の寝室に入ってくるかもしれない。

話を聞きながら、教師に呼びかけられると彼女がビクッとする訳《わけ》がわかってきた。うつむいてロッカーを身体でこすりながら廊下の片側を歩いている理由が。

私はいくつか励ますような言葉をかけて、彼女が授業で提出した最近のレポートをほめた。だが、やがて言葉が尽きてしまった。準備しておいた会話のストックの中に、彼女のような人にふさわしい言葉が一つもなかった。最後の二年間は他者を持ち上げるのでなく、自分を高める方法に力を入れていた。

その夜、草地を横切って明かりのついたトレーラーハウスに向かって歩いていると、疑いの念に襲われた。わが家には欠けたところがたくさんあるが、彼女の家とはまったく違う。二人とも自分を被害者だと思っていた。ニーチェの言葉を使えば、奴隷だった。それでも、どちらがましなのだろう。うつむいて生きていく者か、私がハルにしたように他者をやり込める方法を見つける者か。

突然、自分の大変身計画が異なる光の中に見えた。人を打ち壊すほうが、人を建て上げるよりも簡単な気がした。

＊邦訳、『ヘンリー六世』松岡和子訳、筑摩書房、五〇四頁

家族が教えるのは、好き嫌いを越えた世界で愛がどのように存在するかということ、無関心、敵対心、そして反感とも共存することだ。
――ジョン・アップダイク『ブラザー・グラスホッパー』

17 クレッシェンド

家にあった科学の本に、一羽の鳥とヘビが絡み合いながら死の舞踏を繰り広げている様が描かれていた。目撃したのはナチュラリストで、大きな黒ヘビが雌のエリマキライチョウの体に巻きついていた。ライチョウは翼の自由を奪われて飛び立てなかった。何度か飛ぼうとしたが、ぶざまに落下し、そのたびにヘビの体は硬い岩石砂漠に打ちつけられた。怒ったヘビはシューッと音を立てて力を緩めず、ライチョウが飛ぼうとするたびに、その体をさらに締めつけた。

その文章を読んだときに思い描いたのは鳥とヘビではなく、死の抱擁にがんじがらめになっている兄と母の姿だった。高校時代、私は自宅で防衛の殻に閉じこもっていたが、マーシャルは神や母と真正面から対決していた。

マーシャルが十二年生のときの二つの場面が記憶に刻み込まれている。最初の場面は、母がマーシャルをベルトで叩こうとして、兄のズボンのベルトをつかんで留め金を外そうとしたときのことだ。

マーシャルはすでに十八歳で身長が一八二センチもあった。母がズボンを下ろして、むき出しの尻を叩こうとしていると思った兄は、ベルトの留め金を指で覆うと、母を押しのけた。

母の眼は怒りに燃えていた。トレーラーハウスを揺らしながら、武器を探しに子ども部屋に駆け込んだ。テニスのラケットを手に再び姿を現すと、頭の高さまでラケットを持ち上げて、まっすぐ私たちに向かって来た。マーシャルは前に踏み出し、母の手首をつかんでラケットをひったくった。

その数秒間で私は兄の子ども時代が終わったことを悟った。兄はすでに母を凌駕していたのである。今では兄のほうが母より力があった。二人の燃えるようなまなざしは、彼らの間で何かが断裂した――おそらく永遠に――ことに双方が気づいたことを物語っていた。

二つ目は、マーシャルが家でライムグリーン色のピアノの前に座っていたときのことだ。日曜学校で用済みになったピアノで、漫画の写し絵がまだ貼り付いていた。何かの件で母がなじり出すと、マーシャルはよくピアノを弾いた。猛々しい反撃の音を奏でた。思考のスピードそのままに言葉が飛び交い、怒鳴り合いがエスカレートすると、モーツァルトやショパンからチャイコフスキーやラフマニノフに曲を変え、鍵盤を叩きつけるようにしてピアノを弾いた。私は寝室に退却し、マーシャルのピアノとともに行き交う一つ一つの言葉に耳を澄ませた。

母は激しく毒づいた。「あなたは愛の基本をわかっていない。愛がどんなものか教えてあげるわ。だれがあなたたちの服を洗い、食事を作っているの。私はまるであなたたちの奴隷だわ。音楽のレッスン代も払っている。それなのにあなたのふるまいはどうなの。この世があなたの生活の面倒を見なきゃならないとでも思っているの？　あなたは豚よ、怠け者のだらしない豚！　あなたの鈍い頭蓋骨にいつ、それがわかるのかしら！」

「そのとおりさ！」　マーシャルは大音量で次々に和音を弾きながら叫び返した。「愛の基本なんかいいいい、知るもんか。それにお母さんがそれを愛と言うなら、そんな愛なんかなくても俺はへっちゃらだ。」

突然電話が鳴って、音楽も口論も遮られた。母は受話器をとると、顎の骨と肩の間にはさんで、「まあ、そう」と言いながら相手の話を聞いていた。だれだかわかった。母の教える聖書クラブに部屋を提供している一人が定期的に電話をかけてきていたからだ。その人は、子どもが病気で結婚生活も暗礁に乗り上げ、右往左往していた。母は、落ち着いた声でなだめるようにその女性に助言を与えていた。聖句を引用し、電話越しに共に祈っていた。

会話は少なくとも二十分続いた。マーシャルはまだピアノの前に座って待っていた。静けさの中で雨がトレーラーハウスの屋根を叩く音が聞こえた。母が電話を切るなり、マーシャルはアルペジオでがんがん弾き、母は兄を責める熱弁をセンテンスの途中から再開した。「あなたの顔がまたその嫌みな表情を浮かべるなら……。」


マーシャルも私も、グレイディー病院の鉄の肺に挟み込まれていたすり傷だらけの写真を持っていた。マーシャルの写真の裏には、父が三歳の息子に送った最後の言葉が母の手で記されていた。「母さんを愛するのだよ。弟の面倒をみるのだよ。そしてイエス様のために生きなさい。」

それ以来マーシャルは重荷を背負って生きてきた。父の名前と名声、死の床で厳粛に委ねられた責務、ハンナの誓いにも似た母の誓い。小学校でも高校でも兄はとにかく努力した。敬虔な息子であり、なぜダンスをしたり映画館に足しげく通ったりするべきでないかを、他の子どもたちに教えた。ジャズを演奏するし、女の子が短いスカートをはくからといって、マーチングバンドを辞めた。

ほとんどの兄と同様、マーシャルも弟の私よりはるかに優れていた。知性、音楽の才能、運動能力。もちろん霊的にも。私は負け犬の地位をおとなしく受け入れていた。しかしマーシャルにすれば、何一つうまくいっていなかった。私が二学年を飛び級したとき、自分が飛び級して当然だったと思っていたマーシャルは憤慨した。「マーシャルはだれよりも聡明な学生なのに努力をしない」という教師たちは母に不満をぶつけたが、兄は彼らの不満を一笑に付した。「アインシュタインは三年生で落第した。ケネディ大統領の通知表はお粗末だった。」

しかし、母は言い訳を認めることなく、何度も言って聞かせた。「あなたは無責任なだけ。あなたの問題は考えないこと！　あなたには常識というものがないのよ。」

母にはそのように言う立派な証拠があった。仕事で遅くなることがわかったある日、夕食の手順を書いておいた。「箱からポットパイを取り出す。パイ皮を細長く切る。クッキングシートに載せる。オーブンを四〇〇度に温める。三五分加熱する。」　母が帰宅すると、トレーラーハウスがものすごく熱くなっていた。オーブンの扉が竜の口のように大きく開け放たれていた。マーシャルは抗議した。

「オーブンの扉を閉めろと書いていなかった。」

マーシャルと私は成長過程の大部分で不安定な同盟関係を結んでいた。論じ、競い、ときに互いのことを告げ口した。それでも、母とあのテニスラケットの一件からすべてが変わった。あのときから私たちは仲間であり、腹心の友として結束したのである。

私に新しい世界を開いた高校は、マーシャルの常軌を逸した傾向を育んだ。マーシャルの友人は変わり者ばかりだった。名前でからかわれていたビリー・ピクルシマー。生きたバッタを食べ、ＫＫＫの伯父さんがいるタフな小男マルコム。マーシャルは何にでも手を出した。ただどうなるか知りたくて六十三杯も水を飲んだことがあった。一匹も逃さず素手でハエを捕まえることができ、わが家の向かいに立つ教会建物の中で何百匹ものハエを殺した。兄がコウモリに魅了されたのは、飛びながら捕まえる、その優れた能力のせいだったかもしれない。

兄は魅力的な外見をしていた——長身で黒い巻き毛——が、見た目にはまったく無関心だった。派手でおかしな組み合わせの服を着ていたが、そのほとんどはフィラデルフィアの教会が宣教師のために寄付したものだった。なぜか兄は歯磨きが大嫌いだった。子どものころは歯ブラシを流水の下に置いて、歯を磨いているふりをした。高校十一年生のときにひどい目に遭った。例のやぶ医者が局部麻酔もせず、残っていた上の歯十二本全部を引き抜いたのだ。

その夜、マーシャルがひりひりする顎をさすりながら、「入れ歯を装着する羽目になった」とぶつぶつ文句を言っていると、母が言った。「あの医者はバカじゃないわ。ちゃんとわかったうえで処置しているのよ。それにあなたはもう虫歯にならないし。」入れ歯は決定的な進歩をもたらした。もう手で口を覆って虫歯や歯の抜けたところを隠す必要がなくなった。だが作りは乱雑で、後に歯学部の学生が、その義歯をエモリー医学博物館に寄付してくれないかと頼んできたくらいだった。入れ歯になったせいで兄はトランペットを捨てて、ピアノを取るほかなくなった。

私は高校のいろいろな活動に身を投じたが、マーシャルは霊的なことにエネルギーを注いだ。勝利するクリスチャン生活をテーマとする母の本を読み、とらえどころのない「至高の人生」を得ようと真面目に奮闘した。兄は私と異なり、学校のＹＦＣクラブに、何の戸惑いも覚えず、会長として奉仕したいと申し出た。私よりもはるかに真面目な兄は、目に見える証しとして教科書のいちばん上にＹＦＣの赤い聖書を載せて持ち歩いていた。ピアノの演奏をほめられるたびに言った。「ほめられるべきは僕じゃない。主なる神だ。」

マーシャルは、世俗的過ぎるといって野球カードの収集やモノポリーをやめた。それでもボーリングは続けていた。最終学年になると、新しいガールフレンドの話で私を大いに楽しませてくれた。ガールフレンドのナタリーは、バージニア州の私立の全寮制高校からゴードン高校に転入した生徒だった。あか抜けした女の子で、皮肉屋だったが、マーシャルの強烈な霊性に魅力を感じていた。マーシャルはナタリーを説得して、化粧やローラースケートをやめさせた。それでも、二人で手をつないだりキスしたりするたびに罪悪感を覚えた。マーシャルが身体的な接触はすべて避けようと言うと、ナタリーは納得できないようだった。兄が数日後に受け取ったカードには、こう書かれていた。「あなたは親密になるのが不安なのね。」　ナタリーは兄の誠実な初恋をすぐに終わらせてしまった。

高校はマーシャルに知的な刺激をもたらさなかった。『ブリタニカ国際大百科事典』の中身をほとんど憶えていたマーシャルは、友人たちから「歩く百科事典」と呼ばれていた。代数など数学の問題を解くときの様々な段階が時間の無駄に思われ、まっすぐ結論に向かった。授業時間は、チェス盤を描いたメモ用紙を通路越しに友だちとこっそり行き来させながらプレーをして過ごした。ラテン語の授業で当てられると、前もって訳しておいた文章を、その場で訳しているようにたどたどしく読んだ。マーシャルに興味を持たせようとした職員もいた。ラテン語の教師は、ジョージア大学の奨学金を申請するよう促した。ある晩、マーシャルのお気に入りのピッケンズ先生が著名な保守的思想家ラッセル・カークの講演会に兄を車で連れて行った。マーシャルは興奮して帰宅すると、私を起こして宣言した。「今わかった！　俺は今夜まで自律的な思考をしてこなかった！」私はマーシャルに「明かりを消して寝てくれ」と言った。その初めての自律的思考の話はそれっきり聞かなかった。

高校で退屈していたマーシャルは、音楽をより真剣に考えるようになった。ある日、調号に感情があるかのように、各音調の違いを説明しようとした。「このト長調を聞いて、太陽の光や夏を思わないか？　へ短調の楽節と比べてみるんだ。へ短調は陰気な音調だ。嵐のように。」私は調子を合わせてうなずいた。

わが家のトレーラーハウスにあった緑色のピアノには六十四鍵しかなかった。両端が十二鍵ずつ欠けていたのだが、おかげでごちゃごちゃしている居間にちょうど収まった。マーシャルは難曲を弾くときは、隣の日曜学校に使うコンクリートの建物にこもった。そこに行けば、少なくとも八十八鍵がそろっているピアノで練習することができた。このみすぼらしい二台のピアノで一年中成績の芳しくない学生が驚異的な才能を見せはじめた。

ある日、私がトレーラーハウスのピアノでチェルニーの練習曲をどうにか弾いていると、マーシャルがストップをかけた。「どの鍵盤でもいいから押してごらん。」

適当に鍵盤を選んで指を乗せた。「ファのシャープか。」兄が尋ねた。

「なんでわかるの。見てた?」

「そうじゃないよ。もう一度やってごらん。」

私の身体で兄に鍵盤が見えないことを確認すると、別の鍵盤、そしてまた別の鍵盤を押した。そのたびに兄は正しい音を言い当てた。私の指が不協和音を十個押しても、兄は次々にたやすく言い当てた。

それは二人のゲームになった。「電話のダイヤルトーンは何の音だ?」私が尋ねる。兄は手回し式の電話の受話器を取ると、中央のドより高いファとラの組み合わせだろうと言った。絶対音感を持つのは一万人に一人であり、兄はどういうわけかその天賦の才を得ていた。車のクラクションやサイレンの音を言い当てる練習をし、列車の警笛のドップラー効果をたどったりもした。

マーシャルには完璧に近い記憶力もあった。ラジオで複雑な音楽作品を聞くと、その後でそれを再現できた。こうした離れ業を目のあたりにした私は、兄に新しいレベルの尊敬の念を抱くようになった。兄の才能がモーツァルトのように見えた。その前で低頭する種類の才能だ。ベートーヴェンのだらしなさやリストの変人ぶりを書いた本を読んだことがあったが、私の「責任感のない」兄も本当は天才ではなかろうか。

高校十一年生のとき、マーシャルは、フロリダ州ジャクソンビルのYFC会議で行われたピアノコンテストに出場し、その競争の質の高さに圧倒された。刺激を受けた兄は、すべてのエネルギーをピアノのマスターというただ一つの目標に向け、上級者対象のレッスンに申し込んだ。来る日も来る日も放課後に練習し、わが家のトレーラーハウスも日曜学校の部屋も兄の稲妻のように速い和音やスケールで揺り動かされた。

翌年の大会で兄は賛美歌『いのちのいずみに』の変奏曲を弾くことにした。初めに高音域のメロディーが二本指でシンプルに奏でられる。それから十本の指が鍵盤を右へ左へと激しく動く壮麗な提示部に流れ込み、一連の華やかな和音で締めくくる。兄がこんなに素晴らしい曲を作ったことが信じられなかった。

兄が練習するとき、賛美歌のあの演奏を何度聞いただろう。

いのちのいずみに　ましますイエスよ
豊かに流れて　潤したまえ
まことのことばに渇きし我も
糸をばととのえ　恵みを歌わん　〔聖歌二七三〕

ジャクソンビルでマーシャルは入賞したが、優勝は逃した。それで倍の努力をした。マーシャルは夏の終わりにフィラデルフィアのマラナタ・タバナクル教会で、献金唱のときの演奏を頼まれた。兄が一楽章のシンプルな部分を弾いているとき、その後にフォルテの楽節が続くことを知っていた私は、緊張しながらも誇らしい気持ちで教会のベンチに座っていた。

突然、牧師が立ち上がって言った。「ありがとう、マーシャル。」牧師は、マーシャルが曲を弾き終えたと思ったのだ。自尊心を傷つけられた兄はすごすごと席に戻った。

教師たちが落胆したことに、マーシャルはどの大学にも音楽学校にも願書を出さず、隣のサウスカロライナ州のバイブルカレッジに入るという母の要求に屈した。兄は言った。「母さんと闘っても無駄だ。バイブルカレッジに行けば家から出られるし、そうすれば別の大学に転入できるかもしれない。」

九月になると、母と私はバイブルカレッジのキャンパスまで兄を車で送って行った。私は兄を手伝って、洋服や本を詰めた箱を抱えて階段を上り、男子寮の部屋まで運び入れた。「ここが気に入るといいね。」私はそう言って、ぎこちなくハグをした。突然、ひとりぼっちになった気がした。「家にいる僕を忘れないでよ。」

「おまえならうまくやれるよ。おまえは学校にいる時間がすごく長くて、あまり家にいないじゃないか。」

母はアトランタに戻る四時間、車中でほとんど無言だったが、ものすごくゆっくり運転していることに私は気づいていた。「州間高速道路は最低速度があると思うよ。だからみんなライトをつけたりクラクションを鳴らしたりしてるんじゃないかな。」

「いつから運転の専門家になったの。」母がきつく言い返してきた。「運転免許を持つ年齢にもなっていないくせに。」私は家に戻るまで静かにしていた。

その月に母は引っ越しを決めた。フェイス・バプテスト教会で権力争いが起こり、母は牧師と異なる側に立って、こう言った。「あんな緊張状態にある教会にはいられないわ。」　教会は分裂し、母の友人のほとんどが去って行った。

　去って行った友人の一人が一軒家を低家賃で貸してくれることになったので、私たちはそこに移り住んだ。木の床とカーポート、そして柵に囲まれた裏庭つきという本物の郊外の家だった。トレーラーハウスは過去のものとなった。高校の最終学年になって、自分の住んでいるところを秘密にするためにユージン・クロウの家を使う必要がなくなった。

　マーシャルのいなくなった新しい家で、ようやく家庭生活が変わるかと期待した。確かに生活は変わったが、期待どおりではなかった。母の気分は天気のようにころころ変わった。明るく幸せそうなときもあれば、不機嫌で怒っているときもあった。不思議に思った。お母さん、だれに怒っているの？　お母さんを置いていなくなった夫に？　お母さんを裏切った神様に？　お母さんを喜ばせられない息子たちに？

　しばしばかつての沈黙が襲ってきたが、私には話しかけるマーシャルもいなかった。寝室を共有していたときより、三〇〇キロ以上離れた今のほうが、マーシャルは私にとって大きな存在であった。

　私は何事にも影響を受けない計画に深入りし、家は毎日それを試す場所となった。夜、遅くまで眠れずにベッドに横たわっているとき、母がすすり泣く、くぐもった声が廊下の先からよく聞こえてきた。私はなすすべもなく横たわっていた。母のつらい人生を思い起こすと、気の毒に思った。父の死、そしてその前の、厳格な祖母との何年もの長屋暮らし。

　翌朝、私は優しく接しようとしたが、一夜明けて母は態度を硬化させていた。コンロの上で金属のスプーンをガチャガチャ鍋にぶつけて、オートミールをかき混ぜながら、鼻をすすっていた。

「どうしたの、お母さん。」

「どうしたのだって？　あなた、私はくたくたなのよ。頭が働かない！　一週間ぶっ通しで教えて保育園のバスも運転する。あなたにはわからないでしょうね。女はこんな気分になることがあるのよ。私の抱えている重圧――請求書、教会のごたごた、あなたの兄さんのこと……もう限界！　私の苦労なんてだれにもわからない。あなたたち二人のせいで神経衰弱よ。」

その日は何を言っても、事態は悪化するばかりだった。もうすぐディベートの会合があるとか劇の練習があるとかと言うと、「あなたは家にいたためしがない！　いつだっていない！」学校への近道を教えようものなら、「地理がどうなっていようが知ったこっちゃないわ。どの道がいちばんいいかわかっているもの。いつになったら、あんたは人の話を聞けるようになるの？」裁判官の前に呼び出されたロシアの政治犯のような気持ちだった。有罪宣告が下ることがわかっていても罪状を知らされていないのだ。

マーシャルがいなくなったので、ターゲットは私だけになった。母の嵐のような感情のはけ口になったのだ。罠にはめられたような気がした。標本用の瓶から逃げられないカブトムシのようだった。マーシャルと違って私は闘おうとすらしなかった。身を潜め、顔を覆い、感じる前に感情をブロックする習慣に戻った。

母が再婚しなかったのは、私とマーシャルのせいだった。母は幼い私たちに宣言した。「あなたたちが違うお父さんを受け入れないことはわかっていた。だから、再婚なんてしない。」母は家族を養うために朝から晩まで身を粉にして働かなければならなかった。そして私たちはどうやってその母にお返ししていただろう。家事を怠って。音楽のレッスンの練習をせずにテニスをして。折れた腕でタッチ・フットボールをするような愚行をやらかして。兄も私も電気はつけっ放しにし、トイレの便座も上げたままで、元に戻さなかった。

　こうした記憶が、紙で切った傷のようにずきずきうずいた。私はもっと家事を手伝うことにし、マーシャルが家を出ると、彼の仕事も引き受けた。だが、どれもうまくいかなかった。ディベートのトーナメントに出かけて、週に一度の芝生の手入れをできずに戻ると、母が前庭に膝をついてハサミで草を刈っていた。

　夜になると、母が、ドアを閉じた私の部屋の前に立ち、また鼻をすすって、しかしいつもと違う口調で話すことがあった。「世界一優れた母親でないことはわかっているけど、フィリップ、私は精いっぱいやったのよ。本当に。聞いてる？　フィラデルフィアに戻って、ジミー叔父さんの世話をするかもしれない。それとも古い知り合いの家を見つけるか。ある日、あなたが家に帰って来ると、私はもういないかもしれない。そうすれば、どれほど大変な事情だったかわかるでしょうね。あなたは後悔するのよ。手遅れになってから。」

　私は暗闇に横たわっていた。腕を胸の上に組んで、きつくねじりながら。感じてはだめだ。感じないようにするんだ。

　マーシャルのように家を出たかった。スクールカウンセラーが前から勧めてくれていたように、古臭いバイブルカレッジでなく、とにかく本物の大学に行きたかった。CDCの奨学金を得たとき、母は、私が罪を犯したかのような態度に出た。「そんな仕事はまだ早い。その学年を飛び級なんてさせるもんですか。」最上級生になったころ、私がクラスの卒業生総代になるチャンスがあると英語の教師がこっそり打ち明けてくれた。それを伝えても、母は無反応だった。

マーシャルや私がすることは何一つ母を喜ばせないだろうということが、私たちの人生は母自身のかなえられなかった夢、特にあの夢――あの誓い――を、胸を突き刺すように思い出させるものであることが、少しずつ見えてきた。それが、母があれほどバイブルカレッジに行けと執拗に迫る理由ではないかと合点がいった。母は、私たちが手もとから離れて行くのを感じていたのだ。

真実だけは避けようがなかった。二人の息子の一人が家を出て、もう一人も家を出る日を指折り数えていること、母にはもはや制御のしようがないこと、そして息子たちは夫の代わりにならず、母の必要にも応えられないという事実は否定できなかった。

母の顔に恐れと喪失感を見ることがあった。母のように考えてみようとした。現実を思い知らされた未亡人の親。だが、すぐにあきらめた。自分のようにしか考えられなかったからである。

だが、明らかなことがあった。これが勝利するクリスチャン生活なら、これが何十年も罪を犯したことがない人だというなら、そんな人生はごめんこうむりたい、ということだ。

数週間おきに万年筆で書かれたマーシャルの手紙が届いた。インクの色はトレードマークのターコイズで、心から幸せそうな文面だった。

兄の才能はバイブルカレッジですぐに認められた。新入生全員が音楽のテストを受けさせられ、その結果を教授が発表した。「二〇〇の設問のうち一九九問を正解した学生がいました。間違いはポピュラー音楽に関する設問だけでした。」それほど優秀だったのに、マーシャルは音楽を理解するための基礎的な授業を取らなければならなかった。このカレッジは規則に従って動いていた。

マーシャルは、学校のチャペルに置かれていた九フィート〔二・七メートル余り〕の華麗なスタインウェイと一瞬で恋に落ちた。音もタッチもそれまで弾いてきたピアノと段違いだった。彼の練習を聞くだけのために他の学生たちが立ち寄って、後ろの座席に腰を下ろした。兄は声楽家の学生の伴奏をして、お金を稼ぐことにした。樽のような胸のテノールが、急勾配の丘のふもとの荒れ果てた建物で学生を教えていた。新しい伴奏者がどんな曲も、どんなキーも、音楽ありでもなしでも弾けることを知って、声楽教師は喜んだ。

ある日曜日にマーシャルは礼拝のピアニストの代理を買って出た。主任牧師が告げた。「兄弟姉妹、賛美歌を選んでください。ゲストのピアニストがすぐそれを特別に編曲してくれます。」噂は広まり、やがて兄は週末ごとに伴奏することになった。

マーシャルは学校の巡回聖歌隊の主任ピアニストになった。聖歌隊のオルガニストのラリーとともに、献金唱で弾く曲のアレンジをした。ある夜、オハイオ州の教会で、日曜学校の部屋からチャペルに引っ張ってきたピアノが、オルガンより半音低く調律されていることにマーシャルは気がついた。クリスマス休暇にその話を聞かせてくれた。「あれほど挑戦しがいのある仕事はなかった。すべての音をその場で半音高いキーに移調して弾かなくてはならなかった。ドの音を弾くのにてんてこまいした。一秒に絶対的な四四〇サイクルでドのフラットを弾く。音楽を聴かないよう全身全霊を傾けなければならなかった。むしろこれは純粋な数学の練習だと思って弾いたんだ。」兄は英雄になった。

兄はハイパー・カルヴィニストの名声を誇る上級生グループに刺激を受け、熱心に授業に臨んだ。その上級生たちは、すべてを支配する主権者たる神を頑なに信じていた。その年のクリスマスに兄は「怒れる神の手にある罪人」というジョナサン・エドワーズの説教の素晴らしさを称賛しながら語った。私が高校の英語の授業で学んだ面白くない内容だった。マーシャルは一年生を終えるまでに、ジャン・カルヴァンの二、〇〇〇ページに及ぶ『キリスト教綱要』を読了した。

マーシャルは休暇中も、ギリシア語やヘブル語の語彙を単語カードで勉強していた。「どの授業も簡単だ。授業料が安かったら、毎週二十七時間分を取るよ。」十五時間という通常の授業時間の倍に近い。兄は自分のペースをつかんだかに見えた。

すべての答えを知っているより、質問をいくつかするほうがよい。
——ジェームズ・サーバー『知りすぎていたスコッティ』

18 カレッジ

最上級生になって、兄の通っていたサウスカロライナのバイブルカレッジに願書を出した。「本当にその大学でいいの。」高校のカウンセラーが尋ねた。「この成績なら、デューク大学やデイビッドソン大学の奨学金をもらえるかもしれないのに。」

彼女の言葉に心が激しく揺れ動いた。だが、進学先をめぐってマーシャルと母が何度もぶつかり合うのを見てきたので、避けようのない争いはしないことにした。バイブルカレッジの二、三年は短大に通ったつもりでやり過ごし、その後で別の大学に転入すればいい。再びマーシャルの足跡に倣うのだ。そうすれば最初の年は家を離れて兄と一緒にいられる。それに一九六六年当時のバイブルカレッジの学費は部屋代と食費も含めて二、〇〇〇ドルかからなかった。

バイブルカレッジまで車で四時間かかった。新入生の説明会に向かっていた車の中で母は陰鬱な気分に沈み、私たちはほとんど言葉を交わさなかった。この一週間、母は仏頂面だったので、私は家を離れるのが嬉しくてたまらない様子を決して見せまいと肝に命じてきた。キャンパスに到着すると、寮の鍵を受け取り、持ち物すべて——洋服を詰め込んだスーツケース二つ、本の入った箱、そしてリール式テープレコーダー——を新居に運んだ。母はその間、九月のかすんだ空の下で車の脇に佇《たたず》んでいた。「身体に気をつけるのよ、聞こえた?」それが私にかけた最後の言葉だった。

母の車がキャンパスを三度周遊してから遠ざかるのを、二階の窓から当惑しながら見ていた。後年、母が私を車から降ろすとジョージア州境までずっと泣いていたことを知った。そのころの私には母の厳しい仮面の後ろが見えていなかった。

しかし、ぎくしゃくした別れもサウスカロライナの鬱陶しい暑さも、私の精神を滅入らせはしなかった。籠《かご》の戸がぱっと開いた気がした。一人になった。ついに自由になったのだ。

ディベート旅行で訪れた大学の中には、エレベーターが尿臭く、壁が落書きだらけのところもあった。だが、ここは違っていた。寮は清潔で、消毒液のような匂いがした。経費削減のため、この大学の学生はみな何らかの作業班に入ることが義務づけられていた。私はトイレ掃除の班に入った。最高の仕事ではなかったが、夏にゴミ収集車の仕事を経験していたので、別段気にならなかった。

すぐにルームメートのボブと会った。アッシュビルの全寮制の学校の卒業生で、女の子とサッカーが人生最大の関心事だった。トレーニングを終えて着替えをしていたボブは、私が彼の靴下を見つめているのに気がついた。「そう、ガーターをつけてるんだ。靴下がずり落ちないようにするには、これで留めるしかないのさ。サッカーの練習でふくらはぎがどれだけ太くなるか知ってるだろう。」私は友人全員がガーターをつけているかのようにうなずいた。

その最初の夜、一年生の男子の多くが親睦を図るために外の中庭に集まった。一人ずつ自己紹介をした。年かさの学生が、港ごとに女性がいた海軍時代の罪深い生活を語った。「ビール・パーティーをするより、キリスト教信仰を分かち合う、そんな大学に入って、とても嬉しい。罪深い人生を経験したが、何にもならなかった。」フロリダの裕福なクリスチャンの実業家に感謝をしているという新入生もいた。ネズミのうろちょろする、オレンジ農園の掘っ立て小屋に住んでいた彼の姿を見て、ある実業家がバイブルカレッジの進学費用をまかなってくれたという。

私はグループの端に突っ立って、何を言うべきだろうかと逡巡していた。熱いクリスチャンに囲まれながら、例の分裂する気分を味わっていた。私の一部はこの場所に属したいと思い、もう一部はここから逃げ出したいと思っている。しかし、クリスチャンカレッジに適応する最善の方法は、クリスチャンらしくふるまうことだと腹をくくった。勝手知ったる型どおりの仕事だった。何度か唾《つば》を呑み込んでから証しをした。「そうでない人もいるだろうが、僕は生まれてからずっとクリスチャンなんだ。」こう切りだした。「でも、ここ数年は主から離れていた。」そんな具合に話を続けた。サマーキャンプで似たような集まりに出ながら練り上げた言葉を繰り返した。

語り終えると、隣に立っていた見知らぬ学生が私の肩にすっと腕を回して言った。「祝福あれ、兄弟よ。神が君を力強く用いられると僕は信じている。」満足感が押し寄せてきたが、すぐに自己嫌悪の暗流に切り替わった。やはりここでも梯子を上るためにするべきことをしている自分がいた。

説明会の行われた週も、自分はここに属していないという陰鬱な気分で過ごした。学生たちの微笑は何かそこに貼りつけられているように見え、彼らの音楽は人工甘味料のようで、次にどんな言葉が出るかもわかるような気がした。こんな霊的な言葉には聞き覚えがあった。「神が車を与えてくださった」は本当のところ、「両親が高校の卒業祝いにかっこいい贈り物をくれた」であり、「神は、州立大学に進学するドアを閉じられた」は、「入学を許可されなかった」であった。「今日、バスに乗り遅れた……。でも、それには主なる神の理由があるはずだ」は、「次回は神のせいにしないで、目覚まし時計をセットしておくほうがいいだろう」なのだ。

数日後に兄が上級生の友人たちを連れてやって来た。実は懐疑的な態度でいると打ち明けると、笑いながら言われた。「大学生活はゲームみたいなものと思えばいい。ここにはここの言葉とルールがある。ここに馴染みたければ、それに従ってプレーをするんだ。とにかくそうやって、あまり波風立てずにやっていくんだ。この大学の後に人生がある。我慢していればいい。」

ときどき他の学生がみな霊の秘訣を知っているようで、落ち着かない気持ちになった。みんな神を親しい友だと言った。一日中聖書を学ぶことに満足しているようだし、教授たちの言葉を何であれ鵜呑みにしているように見えた。秘訣などない。私は、他者のふるまいを真似て、正しい言葉をおうむ返しに言うという順応の仕方を学んでいるにすぎないと思うことが多かった。

私は背教者としてふるまうことに歪んだ喜びを見いだすようになった。教師たちを困らせる質問を調べて、授業に臨むようになった。相手が顔を赤らめて横を向くまで、黙ってその学生を見つめた。カフェテリアで女学生の横に座り、ただどんな反応をするかを見るために、「自分を可愛いと思う?」、「セックスしたことある?」、「今までにした一番悪いことって何?」などと尋ねた。

全学生に大学のルールブックが渡されていた。それを読んで署名し、ルールの順守に同意しなければならない。六十六ページとは完璧な構成だった。「おい、聖書六十六巻のルールが一ページずつ書かれているぞ！」大学はその本を学生の親代わり、しかも厳しい親だと考えていた。ボーリング、ダンス、トランプ、ビリヤード、公営リンクでのスケート、映画、ボクシング、レスリング、そして「バレエ、ダンス、思わせぶりな歌を含む演目のオペラやミュージカルの上演」などの活動が禁じられていた。

必ず出席しなければならない集まりの中で、男子学生部長がルールをさらに詳細に解説した。「ルールはすべて聖書の原理に基づいています。皆さんはこのバイブルカレッジに来て、喜んでルールを守ることに同意し、署名しました。」顔髭の禁止や男性の髪の長さの規制はおかしいと思った。教科書に描かれているイエスも十二弟子も、ほとんどの男性の聖人も、髪と髭が長かったからだ。

六〇年代の性革命が文化を席巻していたが、この学校の閉鎖的な環境には入ってこなかった。ルールブックには、「学生は手をつなぐこと、抱擁、キスそのほか身体的な接触を絶対に避けなければならない」と書かれていた。誘惑を制限するために、下級生は週に二回だけデートが許された。もちろんダブルデートだ。そしてデートの一回は礼拝への出席でなければならなかった。婚約中の学生でも、「交際」はカフェテリアで夕食をとる一日一度に限られた。婚約していないカップルが親密な会話をすることは許されなかった。電話もかけられなかった。

女子学生にいたってはルールはもっと厳しかった。スラックスの着用は禁じられ、唯一の例外は、スカートの下にスラックスをはく特定の活動だった。私が一年生のときには、女子学生のスカート丈はひざ下でなければならなかった。常習的違反者を見つけるために職員が女子寮のロビーに立ち、疑わしい丈のスカートを履いた学生がいれば、床にひざまずかせ、より綿密に確かめていた。

学校はセックスを放射性物質のように扱っていた。バレンタインデーが近づいたころ、学校事務局で働くクラスメートが「異様な光景を見てきたわ」と言った。白手袋をはめた女子学生部長がパーティーの飾りに使われる小さなハート型キャンディーを一つずつ調べていた。「君は僕のもの、ずっと友だち、僕の恋人になって」は検閲を通ったが、「カワイ子ちゃん、熱い唇、セクシーだね、愛してる」はゴミ箱行きだったという。

学校側の涙ぐましい努力にもかかわらず、アメリカ文化はルールの作成者が対応できないほど急速に変化していった。それから二年間——ミニスカートの時代——許容されるスカート丈は膝の真ん中まで上がり、さらに膝上まで上がった。男子学生はどうかというと、ビリー・グラハムが、長髪の「ジーザス・ピープル」たちを学校に連れて来たことがあった。ところが驚いたことに、学部長はこの新しい回心者たちを理髪店に行かせ、レコードアルバムも没収してしまったのである。

学生は「キリスト教の証しと調和しない」音楽をすべて避けることになっていたが、何をもって「キリスト教の証しと調和しない」とするか、解釈に大きな幅があった。私はクラシック音楽のほうが好きではあったが、サイモンとガーファンクルやビートルズをヘッドフォンで聴くこともあった。学外ではテレビやラジオでしきりにロックンロールが流れていたが、一年生のときにゲストスピーカーとしてテレビ伝道者ボブ・ラーソンが来校した際には、数日間にわたってロックの危険性を語っていた。

ミュージシャンでもあるラーソンは、ピカピカのエレキギターを抱えてチャペルの正面に立つと、弦を派手にかき鳴らして、私たちの直面している脅威を大げさに表現した。そして「この振動によって脳の基底部の延髄が永久に変化する」と言った。ビートルズのマネージャーのこんな言葉を引用した。「ビートルズと同じくらい群衆の心をつかむ力を持っているのは、ヒトラーだけだ。」

ボブ・ラーソンの訪問は反ロックのリバイバルに火をつけた。ある夜、キャンパスの真ん中に燃え上がる炎が見えた。何十人もの学生がレコードを割り、炎の中に投げ入れていた。私は熱くなっている若い学生に、彼のクラシックアルバムは火に投げ入れないでくれと必死に頼んだ。けれども、彼は「神に栄光を帰していないレコードだ」と言って、ベートーヴェンとブラームスを、エルビス・プレスリーやローリング・ストーンズの溶けたビニール盤の上に放り投げた。

数か月後も経つと、世間から隔絶したバイブルカレッジの環境に慣れてきた。ほとんどふつうに思えるようになった。休暇で帰省するまでは。アトランタの通りで目に飛び込んできたのはミニスカートをはいたノーブラの女性たち、ベトナム戦争に反対する怒れる抗議者、そしてブラックパワーに敬意を表して拳を突き上げる学生も混じっている公民権運動のデモ行進だった。カルチャーショックの不意打ちを食らった。タイムズスクエアを訪れたアーミッシュもこんなふうに感じたに違いない。

祖父母の家で『ルック』誌や『ライフ』誌をめくれば、頭から血を流している公民権運動の指導者、炎上する低所得者用公営住宅、ヒッピーらを殴打する警官たち、そしてナパーム弾でやけどを負って泣き叫ぶ幼い裸の女の子の写真が目に入った。バイブルカレッジでは、こうしたことについて、なぜだれも話さないのかと思った。アメリカは何千人もの若者を東南アジアのジャングルに送り込んで死に至らせ、主要都市や大学では暴動が起き、性革命が進んでいたのに、バイブルカレッジの学生はカルヴァン主義の素晴らしさを論じたり、髪の毛やスカートの長さを測ったりしていた。

マーシャルと私は違う寮にいたので、あまり頻繁には会えなかった。バイブルカレッジに入学したころの兄の輝きは少しずつ失われていた。その証拠に、空き時間にピアノを弾くより卓球をすることが多くなっていた。ある日、兄を誘った。「一緒に散歩しよう。あまり楽しそうに見えないよ。」

兄は苦々しげに言った。「本当にやってられないよ。ジョイスと別れたんだ。俺はあまり霊的でないと言われた。」

舗装道路から私がいつも散策している森に続く土の道まで二人でぶらぶら歩いた。マーシャルは最近のスピーチの授業での出来事を口にした。「この大学がやっているのは思考コントロールの一形態だ。あの授業では自分の選んだ題目についてスピーチを二つすることになっているんだ。俺は最初のスピーチでダンスは許可されるべきだと言った。二つ目のスピーチではロックミュージックに対する大学の立場を論じた。おまえも知っているように、俺にとってロックは聞くに堪えないが、大学がロックを禁止しているのはまったくのナンセンスだ。不道徳な音楽のことなんて聖書のどこにも書かれちゃいないじゃないか。」

私がそのことに興味を示すと、兄はスピーチの論点をこうまとめた。「教会は昔から新しい音楽に反対してきた。たとえば中世、教会は「三全音」の使用を作曲家に許可しなかった。知ってるだろう、全音三つ分の音程だ。教会は三全音を『悪魔の音程』と呼んだ。でも今ではクラシック音楽で当たり前のように使われている。そのうち教会でもロックミュージックが聞かれるようになり、この大学が愚かしく見える日が来るよ。」

兄がその二つのスピーチでもらった評価はDマイナスとFだった。そんな評価を得たのは準備や実際のスピーチのゆえではなく、単に教師がその意見に賛成でなかったからであるとマーシャルにはわかっていた。兄が学部長に訴えると、こんな助言が返ってきた。「教授を面食らわせるようなトピックを選ばなければいいんだ。」

「それでどうしたの?」私は尋ねた。

「奉仕者の役割についてスピーチして、Aプラスをもらったんだ。」

数週間すると、マーシャルは、自分がクリスチャンなのか確信が持てないと言いだした。マーシャルは、ある女の子をデートに誘って、ヴァン・クライバーンのピアノ演奏会に行った。コンサートの後でクライバーンの演奏を評してから、より個人的な話をはじめた。「自分が救われているかどうかよくわからない。」兄がそう言うと、ガールフレンドはローマ人への手紙の聖句をいくつか一緒に読んで、(兄のそらんじていた)「罪人の祈り」(救いを受け入れる祈り)を振り返り、それから共に祈った。けれども次の日になっても、兄は何の変化も感じなかった。

「どういうことなのかわからないが、この学校のやつらが言っているような平穏や平安を感じていないことは確かだ。俺は何か超自然的なもの、自分自身より偉大なものにとらえられている感覚を持ったことがないんだ。」兄は言葉をつないで言った。「まあ、音楽は別かな。でも、それはクリスチャンでなくても感じられることだ。何が偽物で何が本物か、どうすればわかるのだろうか。」

私は、兄のこの問いに対する答えを持っていなかった。私自身も物心ついてから、同じ疑問と格闘してきたからだ。それで最近の話をした。「ティムが礼拝のときに語った悲惨な話を覚えている？婚約者が彼のところに来る途中で交通事故に遭って亡くなったって。学校中が泣いて彼のために祈った。でも後でわかったんだ。アトランタにいるティムのお姉さんによれば、ティムはカミングアウトしていない同性愛者で、婚約した事実はなく、その話はまったくの作り話だったんだ。」

マーシャルとはそこで別れたが、お互いの疑問は解消しなかった。それから少ししてから、礼拝の時間にルームメートのボブに驚かされることになる。壇上に登ると、「マイクをもらっていいですか」と学長に言い、学校当局が聞くに堪えないような高校時代の罪をむせび泣きながら細かく告白した。彼の恐ろしい過去についてはうすうす感じていたが、この話を聞いて本当に驚いた。

「僕は宣教師の息子ですが、今やっとクリスチャンになろうと思います」とボブは言った。その話は真実で迫力があったので、前に進んで一緒に祈ってほしいと彼に頼んだ学生も何人かいたくらいだった。

ボブは数か月後に、あの日の話のほとんどが作ったものであったことを認めた。「話しだしたら、どうしようもない話が次から次に湧き出てきたんだ。」

マーシャルの問いがよみがえってきた。「何が偽物で何が本物か、どうすればわかるのだろうか。」

この学校の学生は、地域の宣教を支えるキリスト教の奉仕活動をすることになっていた。マーシャルは当然のことながら近くの教会でピアノを弾く奉仕をすることにした。私は、フォート・ジャクソンでの礼拝奉仕や、「知的障がいの人々の家」と呼ばれていた施設での奉仕活動、戸別訪問伝道、刑務所や少年院の訪問といったリストを検討した。

「一九六四 ナッシュランブラー」車を持っていたクラスメートから、一緒にチェインギャング・ルートに行こうと誘われた。「それ、何?」私は尋ねた。

「聞いたとおりさ、鎖でつながれたやつらのいる刑務所だよ。基本的に僕たちはあちこちの受刑者の作業所を回り、毎週日曜日には教会で礼拝を執り行う。僕は去年もやったんだ。南部のうまい食堂に寄って朝食をとるんだ。あっ、それから安全については心配いらない。鎖でつながれた連中だからね。」

朝食に関して彼の言葉に間違いはなかった。これほど美味しく不健康な食事をしたことはなかった。ひきわりトウモロコシとレッドアイ・グレービー、塩漬けのカントリー・ハム、目玉焼きを載せたチキンフライのステーキ。腹が満たされると、車でその作業所に向かった。刑務所長から借りごしらえのチャペルに案内された。「こいつらに良識を叩きこんでやってくれ。」そう言うと、私の肩を親しげにポンと叩いた。

装塡したショットガンを携えた警備員がドアのところに立っていた。部屋の中を見てショックを受けた。黒と白の縞柄の囚人服を着た四〇人の黒人がそこにいた。足首に鎖が巻きつけられ、砲丸のようなものがついている。だれかが姿勢を変えるたびに、ガチャガチャと耳障りな音がした。

私たちは十戒に関する一連の説教を用意していた。囚人たちのそばのベンチに座ったとき、私のような囲いの中にいるバイブルカレッジの十代の若者が、多くの戒めを破ってきた男たちに何が言えるというのだろうかと思った。けれども、私たちのチームは元気の出る音楽で囚人たちの心をつかむことができた。仲間の一人がアコーディオンを弾いて、「リクエスト曲はありますか」と尋ねると、会衆はさらに活気づいた。『アメイジンググレイス』や『世の終わりのラッパ』を準備していたが、『わたしは飛んでゆく』や『鳩の翼』といったポップな曲になった。

礼拝が終わると、警備員が囚人たちとの交わりの時間を設けた。そこで私は、本の中でしか知らなかった人生の一面を聞かされることになった。泥酔の父親たち、ナイフを使った喧嘩、密造酒づくり、賭場、名誉殺人、警察の野蛮さ。強盗稼業をやってきた男から有益な助言をもらった。「夜、電気をつけっ放しにしている家が多い。それで俺たちをだましているつもりだ。だが、俺たちはだまされない。トイレの電気だけつけておくんだ。そうすれば、本当に起きている人間がいるかどうかがわからないからね。」

マーシャルの霊的危機はその年度の終わりに深刻なものとなった。母は手紙の中で繰り返し兄の精神状態を私に聞いてきたので、異変を感じていたに違いない。兄は何か月も母に手紙を書いていなかったので、母が兄の近況を知ろうとすれば、私に頼るほかなかった。

兄のルームメートがある日、私を脇に引っ張って尋ねた。「君の兄貴はどうしたんだ。先週、必修のデボーションのときに、聖書から目を上げると、『これはただの人間の本だと思う』と言っていたんだぞ。」バイブル〔聖書〕の名を冠したカレッジで、それは背信にほかならなかった。

やがてマーシャルの冷笑主義は私のそれを上回った。マーシャルのクラスメートの一人が言った。

チャペルで四年生が順番に、聖書の中で「生涯の聖句」を語ったときのことだ。「箴言、ローマ人への手紙、エペソ人への手紙から代表的な聖句がいくつか語られた。そうしたら、君の兄貴が立ち上がって、真面目な顔でこの聖句をものすごい速さで暗唱したんだ。『西方の前庭には、大路に四人、前庭に二人であった。』歴代誌第一〔二六・一八〕の引用だと言った。早口で言うと異言で話しているように聞こえるんだ。

それから詩篇一三七篇の言葉も引用した。『幸いなことよ　おまえの幼子たちを捕らえ 岩に打ちつける人は』〔九節〕とね。兄さんは大丈夫か。」

教職員はマーシャルを祈りの緊急リストに付け加えることにした。兄がピアノの伴奏を務めたことのある音楽科の学生二人が、丘のふもとの練習室に兄を招いた。背後でプロパンの暖房機がシューシュー音を立てるなか、兄から悪霊を追い出そうとした。両手を兄の頭に押しつけ、イエスの御名によって悪霊に離れるようにと命じた。兄は何も感じなかった。

マーシャルは「新しい目標を見つけた」と私にこっそり打ち明けた。例の六十六ページのルールブックの規則を全部破るというのだ。手はじめにシンプルな違反をした。女の子と手をつなぐ、朝のデボーションをさぼる、ベッドを整えない。数週間経つと、それに飽きて、最も不道徳な行為をためすことにした。酒に手を出すことにしたのだ。

マーシャルも私も、酒を飲むクリスチャンに会ったことがなかったし、「悪魔のラム酒」を非難する説教を何十と聞いてきた。十四年〔一九二〇～一九三三年〕しか続かなかったとはいえ、クリスチャンは禁酒法を牽引したのであり、一九六〇年代ですら、サウスカロライナという田舎では多くの郡がアルコールの販売を禁止していた。

心のすさんだ上級生二人がマーシャルの目標達成に協力を申し出た。「まず酒を売ってくれる店を探す必要がある。この州ではけっこう難しい。酒屋の看板を出すのは違法だから、その代わりに建物の壁面に水玉模様を描いている。」 水玉模様の店のありかを突きとめると、安いロゼワインを一瓶買ってから、近くのマクドナルドで三カップ分の氷を手に入れ、ブロードリバーに近い人目につかない場所まで土の道を車で走った。

その晩、寮の私の部屋でマーシャルが一部始終を語った。「川のほとりでなく、崖っぷちに立っている気分だった。母さんの考え方はわかっているだろ。一口でもすすれば、一生アルコール依存症になるって。友だちは紙コップに注いだワインを、氷で数分間冷やした。俺は呪いを飲もうとしていた。誓って言うが、紙コップを口まで持っていくと、本当に両手が震えたよ。」

「どんな味がした。」 私が尋ねた。

「ひどいもんさ。くらっときて、いつもより心臓の鼓動が速い感じだった。興奮したからだろうな。コップ一杯飲み干してキャンパスに戻った。それだけさ。」 この経験全体が期待はずれのものだった。

幾晩か経つと、マーシャルに大きな重しがのしかかってきた。犯した重罪に良心の呵責という痛みを感じたのだ。マーシャルは男子学生部長に報告した。学生部長は兄の語る間違った行為に熱心に耳を傾けた。「君は確かに正しいことをしたよ、マーシャル。私のところに来て、悔い改めた。適切な罰を決めよう。」 マーシャルは安堵のため息を漏らした。

だが、学生部長はこう付け加えた。「それでも君はわかっているはずだ。悔い改めるだけでは十分でない、と。一緒に酒を飲んだ学生たちの名前を言うまで、君の悔い改めを完全には受け入れられない。」

マーシャルの胃が縮みあがった。卒業まであと数週間という五月だった。あの二人の四年生の名前を明かせば、きっと学校から家に送り返される。一度も通わなかったかのように、学歴が抹消されるのだ。学生部長はさらにプレッシャーをかけてきた。「君は私に告白しているだけではないのだよ、マーシャル。聖霊様が君の全き悔い改めを待っておられるんだ。」

マーシャルからこのことを打ち明けられた共謀者たちは、恐怖に凍りついて寮の部屋の中を行ったり来たりした。「僕たちの名前を言うんじゃない！　僕たちの考えじゃなくて、君の考えだったんだから。だから、言うんじゃない！」　兄は激しい羞恥心を覚えながらうつむいた。

翌日、その四年生の一人が最後の望みともなる珍奇な計画を思いついた。彼は一晩でルールブックを最初から最後まで読み直して、驚くべき事実を発見した。アルコールに言及している箇所がどこにもなかったというのだ。この罪はあまりに自明で忌むべきものだったため、殺人や獣姦のように、キャンパスでそれを禁じる規則を明記することをだれも考えなかったのである。

「僕たちには希望が一つだけある。」　取り乱したその四年生は言った。「飲酒を罪深く思うクリスチャンがいるなんて知らなかったふりをするんだ。無理なこじつけだとはわかっているが、考えてもみてくれ。僕は英国国教会の信者だが、通っていた教会は毎週日曜日の聖餐式にワインを出していた。ワインは神聖だ。それに聖書はワインについて何十回も言及しているし、良い意味で言われていることが多い。僕たちは無知だったと学生部長に思い込ませるんだ。」

その夜、マーシャルの二人の友人に呼び出されて、私もこの計画に参加させられた。「練習をするために、学生部長役をしてくれる人が要るんだ。これは秘密のことだし、僕たちは君がお兄さんを裏切るような人間でないと信じている。」

それから何日か、二人の四年生は抗弁の練習をした。私は彼らの話に一貫性がなかったり矛盾があったりしたら、検察官のようにそのことを指摘した。そして二人は話を隅々までうまく作り上げた。練習が行われている間、兄は両手で頭を抱えて、寮のベッドに腰かけていた。兄の鼻から床に汗の雫が落ちていた。

罪の意識に駆られ、敗北感に染まり、ばらばらに引き裂かれた思いを持って、マーシャルは学生部長の部屋へ行き、二人の名前を告げた。「神様の祝福があるように、マーシャル。君の悔い改めは完璧だ。君には大学で二十五時間の奉仕を割り当てる。それを行えば、君は赦されていると思っていい。困難なことでも、君は正しいことをした。」

その日の昼下がり、二人の四年生が学生部長の前に姿を現した。彼らは自分たちの主張を述べたが、学生部長がそれを一言も信じていないことは、その態度から明らかだった。学生部長は二人のことを学部委員会に報告し、委員会で話し合いがもたれた。二人の四年生は卒業証書を受け取れるかどうかわからないまま、最後の試験を受けた。

法律尊重主義者は規則に従うものである。カレッジは、記述のない決まりを破ったかどで罰することはできないという結論を出した。四年生たちは無事に卒業し、ルールブックは改訂され、兄は他のカレッジに転校するために願書を書きはじめた。

――どうもおかしな話だね、とクランリーは冷静に言った。どうして君の心は信じてもいないという信仰のことでいっぱいなんだろう？

――ジェイムズ・ジョイス『若き藝術家の肖像』*

19 不適応

マーシャルが逃亡計画を立てた夏に、私はトラックで食料品を運搬する仕事を見つけた。このトラックは愛情を込めて「ゴキブリトラック」と呼ばれていた。アトランタ郊外をトラックで自由に走り回る仕事を、会社が十七歳の学生に任せることに驚いた。唯一の問題は、仕事が午前五時にはじまることだった。日が昇る前に、トラックの片側にコーヒー、スープ、ホットサンドを、反対側に冷たいサンドイッチ、スナック類、氷でくるんだソフトドリンクを積み込んだ。

ドライバーの仕事は完全歩合制だった。稼ぎやすいルートはすでに押さえられていたので、最初の数週間はほとんど無収入だった。別の仕事を探そうかと考えだしたころに金脈を発見した。工事中の高速道路の脇に造成中の新興分譲地があることに気づいたのだ。そこで出会った現場監督のジェイクに取り引きをもちかけられた。

「いいか、俺は毎日こいつらをアセンズからトラックに乗せて、ここまでやって来る。」そう言って一団を指さした。積まれた木材の上に、シャツを着ていない黒人の若者たちが座っていた。「ここは、あいつらを昼飯に連れて行くには遠すぎる。おまえが毎日昼飯時に来て、あいつらの注文をツケで受けてくれたなら、それぞれ給料日にそこから差っ引いて、おまえに現金で支払うぞ。」

一週間で販売する食べ物と飲み物を上回るものを一日で売ることができた。話される言葉は訛っていてほとんど理解できなかったが、腹を空かせた労働者はみなサンドイッチ二つとコーラを何本か、デザートにムーンパイかケーキを一切れ注文してきた。シチューを頼んだ人もいた。午後は冷たい飲み物とスナックをお昼より多めに積んで作業場に戻る。私は彼らの好みを書き留めて、翌朝はトラックにその分を多く積み込んだ。

週の終わりに、あの白人の現場監督が労働者を一人ずつ呼んだ。「ルシアス、昼飯代を清算するぞ。」当時の最低賃金より高い時給二ドルを労働者に支払っていたジェイクが、二〇ドル札を四枚取り出した。

私がルシアスのその週の昼食代を計算すると五二ドル六四セントになったので、八〇ドルから引いた。お釣りを手にしたルシアスは、それを見つめると上司を見上げた。「ボス、これだけしかもらえないんですか。」トラックの荷台で一時間忙しく動き回ってから木材を引きずって釘を打ちつける。この作業を月曜から金曜まで毎日繰り返した報酬として、今、二七ドル三六セントを手にした。

「それだけだと思うぞ、ルシアス」とジェイクが答えた。「昼飯代をもうちょい切り詰めることだな。」

ルシアスとその仲間は翌週も翌々週もほぼ同量の昼食を注文した。その夏ずっと。私は、ケータリング会社が設定した固定価格を請求し、週末になると二〇〇ドル以上をもらって家に帰った。

その夏、不正を内部から見られるようになった。金曜日の夜が来るたびに罪悪感に身もだえした。ジョージアの白く熱い太陽の下で側溝を掘ったり、コンクリートを混ぜたり、スタッドを打ちつけたりしている若者たちより、私ははるかに多く稼いでいた。毎週、同じように働いた。そうしなければならないと言い訳もした。学費を払うためなのだ。バイブルカレッジの学費を。

マーシャルは飲酒事件からまだ立ち直っておらず、夏は他校への転入申請に時間を費やしていた。狙っていたのは、シカゴに近いエリートのキリスト教系学校、ウィートンカレッジだった。「音楽院もあるから、いちばん行きたいところなんだ。願書の締め切りは過ぎてしまったけど、特例として受けつけてもらえるかもしれない。」

そして、こう付け加えた。「ただし何をするにせよ、母さんと論じてはだめだ。喚き散らして計画がおじゃんになるのが関の山だ。」

それから、あの決定的な日々がやってきた。いつもと同じようにはじまりながらも、人生を永遠に変えてしまった日々が。

ケータリング・トラックの仕事を終えて家に戻ると、マーシャルが台所のテーブルでその日の郵便物を調べていた。顔を上げると、開けた封筒をひらひらさせて、くじに当たったかのようににやりと笑った。「信じられないだろう！　ウィートンカレッジが入学を認めるばかりか、奨学金まで出してくれると言うんだ。」

「やあ、おめでとう。」私は言った。「第一志望に入れるんだ。ウィートンは素晴らしいところだと聞いている。しかもキリスト教系だ。お母さんが反対するはずがないよ。」

大間違いだった。その夜、三人で食事室のテーブルを囲んで夕食を食べた。私が配送ルートで出会ったその日の冒険を話しているときには、マーシャルは口数が少なかった。兄の心が痛んでいることがわかった。三人とも食べ終わると、マーシャルがあの手紙を持ち出し、緊張しながら言った。「それで今日は良い知らせがあるんだ。ウィートンから入学許可が下りた。奨学金も出る。」

母の反応は素早かった。まるで心の中でこの話し合いのリハーサルをしていたかのようだった。母は兄がどこか別のところへ転入しようとしているのを知っていた。兄もウィートンの名を何気なく口にしていた。

「ハ、ー、バ、ー、ドのようなところに行ってほしいもんだわ。」母は低いしわがれ声で言った。ウィートンという校名を小ばかにするように発音した。「まあ、ああしたところは神を信じているふりすらしない。ウィートンは神を信じていると言ってもリベラルなのよ。私たちと同じ言葉を使っていても、本当は違う意味で言っているの。世俗的な大学のご多分に漏れず、彼らは背教者よ、マーシャル。あんなところへ行ったら信仰を失うのがせいぜいだわ。失う可能性のほうが高いわ。」

マーシャルは食い下がった。「ちゃんと考えてよ。ウィートンはキリスト教系の学校だよ。ただ他のところほど狭量じゃないだけだ。ビリー・グラハムもあそこにいたんじゃなかったっけ。」

まずい答えだった。母の声が高くなった。「そうよ、あの人をよく見てごらん。リベラルな連中やカトリック教徒を壇上に招き、教皇と会って、いつかロシアを訪問すると話している。私が言ってるのは、そういうことなのよ！」

私は嵐を感じてソファーに退き、兄と母の論争を見ていた。母は兄を馬鹿にするように親指を噛み、顎の筋がぴくぴく動いていた。明らかに怒っているしるしだった。「学費の支払いはどうするつもり。お金は木に生《な》らないのよ。それに私はあなたを助けるつもりなどさらさらないわ。第一、どうやってあそこまで行くのさ。あなたは車を持っていないじゃないの。」

マーシャルは、奨学金のこと、そして遠路ボストンから車でアトランタに来て、シカゴのウィートンまで兄を乗せて行ってくれると言った友人ラリーのことを話した。「ラリーと俺は一緒に演奏をするんだ。俺はピアノを弾くけど、彼は教会の合唱団のオルガニストだった。ラリーもバイブルカレッジからウィートンの音楽院に転入しようとしている。ルームメートになるかもしれない。」

母は両目を細め、顔をゆがめて激高し、それまで見たこともなかったような猛々しい表情になった。そして吐き出すように言った。「マーシャル。言っておくけど、あなたをウィートンまで車で送る人なんていやしない。まだ二十一歳になっていないのだから、あなたはこの州では未成年なのよ。教会のバーンズ夫人は連邦判事のところで働いている。あなたに州境を越えさせるような人間はだれであろうと、誘拐容疑を判事から突きつけてもらうからね。」

息を切って兄を見下ろした。「冗談を言っていると思う？　私は本気よ。見ててごらん。」

マーシャルは屈しなかった。「それなら飛行機で行くさ。判事が何をするって。デルタ航空に令状を出すのか。」

母が次の威嚇を思案している間、沈黙が下りた。顎の筋の震えは早くなったが、顔の表情は変わらなかった。

母が口を開くと、言葉が激しい怒りの爆発となってほとばしった。「私を馬鹿にしたけりゃ、すればいい。あなたを止めるためには何だってやるわよ。聞きなさい。あなたがまんまとその計画を実行した日には、絶対にこうしてやる。神があなたを打ちのめすよう、私は死ぬまで毎日祈ってやるわ。あなたは悲惨な事故に遭って死ぬかもしれない。そうすりゃわかるでしょうよ。身体が麻痺するほうがまだましかもしれない。そうすれば仰向けに寝て天井を見つめることになる。そしてわかるのよ。あなたがどれほど反抗的なことをしたかを。神の御旨に、信じるようにと教わったそのすべてに反することをしたってね。」

母の言葉は毒ガスの煙のように部屋に浮かんでいた。一度吐き出されると、もう容器に戻すことはできなかった。マーシャルがテーブルから離れた。椅子を強く引きずったので、床に跡が残った。寝室に向かった数秒後にドアを強く閉める音が聞こえた。

私は頭を下げて雑誌を読んでいるふりをしていた。視界がぼやけ、こめかみの脈が速くなった。心臓よ、鎮まれ。そう思うことしかできなかった。

その後の緊張した静けさの中で父のことを想像した。鉄の肺の中で動けずに横たわり、頭上の蛍光灯を見つめている。「神があなたを打ちのめすよう、私は死ぬまで毎日祈ってやるわ。」そんなことを母ははたして祈るのだろうか。

その後、何十回も何百回も私は兄とその場面を再現してみた。二人とも同じ細かな部分を鮮明に思い出した。大量の迷惑メールに交じっていた合格通知の「W」の文字、激しい怒りにゆがんだ顔から発せられた冷たく厳しい言葉。しかし一つの重要な点でいつも意見が分かれた。「ほうがまだまし」という言葉の前に母が実際に発した言葉についてである。

私が覚えているのは身体の麻痺という脅しだったが、マーシャルが覚えているのは違うものだった。「あなたの気が変になったほうがまだましかもしれない。」この言葉はその後もずっと、樹木の心材に押し込まれた有刺鉄線のように兄の中に深くとどまった。兄の潜在意識が、母に脅された記憶とウィートンで実際に起きた出来事をつなげて理解してしまったのである。今にいたるまで私はそう思っている。

家族の沈黙の時はその夏どんどん長くなっていった。家庭での緊張を回避するために私はケータリングの仕事で遅くなると言い訳をした。マーシャルはグレイディー病院のヘルパーとして最低賃金の仕事に就き、病人用便器の洗浄をしながら小銭を貯めて学費を稼いだ。兄は意図的に遅番を願い出て、母との接触を避け、夜遅く眠りについた。

母は、親に求められる財政支援の用紙に記入しようとしなかったが、ウィートンは寛大に扱ってくれた。母はマーシャルの友人ラリーに、車でマーシャルを送らない約束もさせた。結局ウィンストン叔父が兄を車で空港まで送って、シカゴ行きの便に乗せてくれた。叔父は自分がマーシャルの年齢でカリフォルニアまでヒッチハイクをしたこともあって、甥がこの国をもっと広く知るのは良いことだと思っていた。それにマーシャルに「君は、ヤンシー家で大学を卒業する最初の人間になるチャンスをつかんだんだ」と言っていた。

私はいちばん大切な仲間と離れて、バイブルカレッジの四年生になった。マーシャルの友人たちと過ごすことが多かったが、彼らのほとんどが兄の転入を羨ましそうにしていた。私はそのころには、クリスチャンらしくふるまうゲームを続ける意欲を失くしていた。兄の冷笑主義に感染力があったのかもしれない。

高校時代は競争の仕方を心得ていた。一生懸命勉強して脳みそを使うのだ、と。だが、バイブルカレッジでは知性は否定的なものに見えた。

聖書の授業には疑問が掻き立てられた。旧約聖書に見られるあらゆる暴力をどう解釈すればよいのか。自分をからかった子どもたちを熊に襲わせたエリシャ、カナン人を大量虐殺したヨシュア、単純な過ちを犯した人々に死を与える神の懲罰はどうなのか。それに「復活」についてのヨハネの言及を信じるべきなのか。それともマタイの言及を信じるべきなのか。両者の間の矛盾する記述を信頼できるのだろうか。授業中にそうした質問をすると、他の学生たちは私のことを、質問責めにしてみんなの結束を破壊する人間、あるいは抗体をすり抜けてきた細菌のようなまなざしを向けてきた。

私はますます周りから「悪い種子《たね》」〔訳注＝一九五四年にウィリアム・マーチが発表した小説のタイトル〕とみなされることを受け入れるようになっていった。独立独歩になることも気にならなくなった。「従え」という圧力に抗《あらが》い、硬い殻の下で首を縮めて何年も過ごすという経験をした。ただ、この学校で行われていることで、いくつか納得のいかないことがあった。

たとえば、合衆国下院議員の息子でありキャンパスのレジェンドであるS先生。バイブルカレッジ創設期の学生で、今では尊敬されている教授である。まっすぐ前方を見つめ、声を限りに講義をした。講義はたいてい、彼の授業の学生をすべて収容できる学校チャペルで行われた。教授はまるでロボットのような感じだった。両腕を揺らし、リズミカルな抑揚で、私が克服しようと努めてきた南部訛りで話をした。

『フランク、聖書で君のいちばんのお気に入りの書はどれかな』と聞かれたら、こう言いなさい。いちばん好きな聖書の書巻は今学んでいる書です、と。聖書でいちばん好きな章は、今勉強している章です。聖書でいちばん好きな節は、今学んでいる節です、と。」

アルファベットではじめることもあった。「イエス・キリストはアルファでありオメガである。それが意味するのは、イエス・キリストはA、イエス・キリストはB、イエス・キリストはC……。」驚いたことにS先生はAからZまで二十六文字全部で、こう言ったのである。

一年生のときにS先生の旧約聖書概説を取ってから、先生の真正面に座って落ち着かない人間のように腕を振らなければ——私はいつもそうしていた——S先生の話を阻むことができないとわかった。そうでもして話を阻止しなければ、先生は質問に答えることはなかった。この教授ほど私を失望させた人はいなかった。S先生はキャンパスでだれよりも極端な見解の持ち主だった。先生はカトリックを容赦なく非難した。J・B・フィリップス版の聖書に反対だった。フィリップスとその友人のC・S・ルイスがビールを飲み、パイプを吸っていたからだ。新聞の日曜版や月曜版を読まなかったのは、日曜や月曜に新聞を発行するために、従業員を日曜日に働かせることになるから、というのが理由であった。

バイブルカレッジの職員が概ねそうであったように、S先生もセックスに対してきわめて神経質だった。結婚して二十五年も経つのに、車の席でも奥さんを自分からできるだけ離して座らせていた。身体が接近していると、二人が夫婦だと知らない人が誤解するかもしれないからというのだった。先生は、あるデパートが水着を販売していたということで、そこの株を手放した。水着は、「混泳」はけしからんという先生の信念に反していたためだ。クラスでは純粋な少女たちに、脅すような声の調子でこう警告した。「口紅をつけるのは、この世に向かって『キスして！　キスして！』と言っているのと同じです。」

先生の見解のあるものには学校の経営陣はひやひやしながらも、S先生を象徴的な存在であり、理想の卒業生であるとしていた。私はといえば、何よりもその教え方が気に入らなかった。先生は主張した。「啓蒙は聖霊に対する最大の障壁である。」そのために、私たちに無意味な時間つぶしとしか思えない課題を与えたのかもしれない。私たちは毎日、二五〇ページに及ぶノートの穴埋め問題に取り組んだ。私の高校ですら、こんな時代遅れのことはやらないだろう。

一年生のときに私は毎晩少なくても一時間はそのノートを開いて勉強した。だれよりも長い時間勉強したと思う。それでもS先生はBの成績しかくれなかった。授業で質問をした私を罰したのだろうか。先生と面談の約束をして、そのことを聞いてみた。「先生がこのノートの成績をつけるときの基準を教えてください。これからもっと向上したいのです。」

先生の机の後ろには二〇〇冊を超える分厚い黒いノートがうず高く積まれていた。どういうわけか先生はわずか三日でそれらに成績をつけていたのである。S先生は微笑むと、自信満々な口調で答えた。「聖霊がそれぞれにどんな成績がふさわしいか、教えてくださるのです。」これには反論できなかった。

ところが四年生のとき、新しいルームメートが私の大量のノートを見て思った。なぜこれほどたくさん勉強する必要があるだろうか、と。そして、私の知らないうちにノートの表紙の名前を自分の名前に書き替えて提出した。すると、S先生はそれにAプラスの成績をつけたのだ。私の疑いは確たるものとなった。聖霊が、不正を行う人に報いを与えてくださるとは思えなかった。

もう一人の教授はS先生と教え方も気質も反対で、キャンパスで一番愛されている人物だった。H先生は内気で、きわめて内向的な男性だったが、学生たちの前に立つと別人になった。「さあ目を上げて。」そう言うと、舌を左右に動かして唇を湿らせた。そして何を教えても、学生たちの心を捕らえた。児童心理学、預言書、聖書解釈学を講じるH先生の授業はとても人気があった。

ある日、H先生がその日のスピーカーとしてチャペルの講壇に近づいた。講壇に少しのあいだ立って、集まった教職員や学生を見渡した。咳ばらいをして唇を湿らせてから言った。「一週間、主なる神からどんな言葉が語られるか、耳を傾けてきました。けれども一言も聞こえませんでした。解散します。」そして集まった人々がみなあっけにとられるなか、先生は腰を下ろした。私たちは黙って列になって出て行った。

そのときから私はH先生が大好きになった。

先生は子ども時代に深い傷を負ったことを匂わせたが、詳しくは語らなかった。原因が何であれ、その傷によって決まり文句を連ねる信仰を教えないようになったという。この学校について私の中に膨らんでゆく不満を、H先生には打ち明けても大丈夫であると思い、私は先生の研究室での面談をお願いした。

「自分がここにいてよいと思えないのです。僕は逸脱者扱いされていますが、僕には、この学校自体が病んでいるような気がするのです。」そう言うと、先生は驚いたそぶりをまったく見せずにうなずいて、話を続けるよう促した。

「このキャンパスにはあまり恵みがありません。ダンが亡くなったときに、この学校の姿勢に当惑している学生もいました。（前年、三年生の一人が近くの川で溺死した。ダムが予測を超えた高水位まで放水したからだった。）『ダンは日曜日に泳いだから、神の罰を受けて死んだ。』学生たちが授業でそんなふうにあっけらかんと話しているのを先生はご存じでしょうか。教師たちもそのことに反論しませんでした。そして学校の経営陣は、規則を破ったからということで、ダンの友人に労働のペナルティーを科しました。親友を失ったことがトラウマになっている学生に対してです。」

先生が聞き続けてくれたので、私は話を続けた。

「僕たちは、勝利するクリスチャンの話をさんざん聞いてきましたが、自分を正当化するための競争をしているようにしか思えません。教授たちはC・S・ルイスを排除します。パイプを吸っているといったくだらない理由からです。そして先生もご存じですよね、一杯のワインを飲んだ兄に学生部長がどんな処遇をしたか。

僕は、経営陣がどんなことであれ自分たちの誤りを認めるのを聞いたことがありません。先生も僕も経営陣の決定の中に悪いものがあったことを知っています。規則は毎年変わりますが、以前の規則が恣意的だったことを学部長たちは認めようとしません。規則はすべて聖書の原理に基づくというだけです。だれ一人、ボブ・ラーソンやS先生の極端な見解に異論を唱えません。そして女子学生たちから訴えられた、あの聖書を教える教授、あの人は忽然と姿を消してしまいました。そのことについては何の説明もありません。僕には隠蔽としか思えません。」

H先生は眼鏡をはずすと、禿げた頭をこすった。一言も発しなかった。一度も私の話を遮ることもなかった。私は言い過ぎたのだろうかと思った。

「僕が言おうとしているのは、ここでは恵みをまったく経験していないということです。権威と服従と高い理想はあります。でも、思い違いの余地はなく、基本方針から外れていると思う人の居場所もありません。」

先生は椅子をしばらく揺らしてから、ようやく口を開いた。「君の言うとおりだ。僕たちはいくつもの誤りを犯してきた。僕たちはふつうの人間なんだ。完璧な人間ではない。」先生の声の柔らかな調子に肩の力が抜けた。

二人で一時間近くも話をし、思いを口に出せる人がいただけで私はほっとした。先生の言ったあることが心に残った。「もしかすると、恵みがここにあるのに、それを受け取る受信機が君にないのかもしれない。」他の教授たちから言われたなら、不快に思っただろうが、H先生の言葉にはそれを感じなかった。

本当にそうかもしれないと、寮までの道を歩きながら思った。人々のいちばん悪いところを見ろと、何が私を誘惑するのだろうか。ひょっとすると、私にもこの学校と同じくらい欠陥があるのかもしれない。

数日後、私はチャペルに座っていた。学校は学生に毎日必ず礼拝に出席することを課していた。病気以外の理由で休むことは許されなかった。だが、この日はその年で最も心待ちにしていた礼拝の一つだった。「トロピカーナ」のオーナー、アンソニー・ロッシが来るのだ。シチリアからの移民であるロッシは、「トロピカーナ」を世界最大の新鮮なオレンジジュースを供給する会社にまでしたが、後に「ペプシコ」に買収された。彼はこのカレッジの最大の後援者の一人として有名だった。冷蔵トラックをフロリダから直接この学校に送ってくれる寛大な男性である、と。毎週トラックが止まると、学生たちはダッシュして、オレンジジュースやグレープフルーツジュースの入った箱を下ろすのを手伝った。ジュースはカフェテリアで朝食にいくらでも飲むことができた。

アンソニー・ロッシはこの学校のヒーローだった。彼がシチリア語でレビ記の一節を読むと、スタンディングオベーションが起きた。みな静かに座り、ろれつが回らないようなアクセントで話されるメッセージに耳を傾けた。その日の話題としてロッシは数ある中から、自らの最大の失敗を選んだ。ある年、例年より早く氷が張って、穀物が被害を受けると、彼はオレンジジュースの入った大樽に、不法に砂糖を投入して甘みを作ろうとした。そして捕まった。多額の罰金を払い、競合各社は彼を業界から追い出しにかかった。彼はその試練を甘んじて受け、しばらくはクリスチャンとしての評判も地に落ちた。ところが彼は言うのだった。どんな成功よりも、その大失敗から学んだことのほうが多かったのだ、と。

バイブルカレッジで過ごした期間、礼拝で数百もの話を聞いたが、最も強く印象に残ったのは、H先生とアンソニー・ロッシの言葉だけだった。この二人だけが失敗と弱さを認めたのである。

福音書の授業の後でマーシャルと私は、自分たちはイエスのたとえ話に描かれている石ころだらけの地面だと結論した。私たちの土壌は硬く焼けていた。たぶん太陽にさらされ過ぎたのだろう。そして私たちの上に落ちる信仰の種は根を張らなかった。

自分はバイブルカレッジの模範生にはならないだろうと確信していた。この学校での残りの時には二つの選択肢があった。忠実な偽善者を装うか、誠実な裏切り者としてまっとうに生きるかだ。私は後者を選んだ。

静かな証人とは正反対に、私は表立って挑発的な本を読んだ。ハーヴィ・コックスの『世俗都市』とバートランド・ラッセルの『宗教は必要か』である。理想的な学生とは対照的な人間だという評判に密かな満足を覚えていた。他人からどう言われようが思われようが気にしなかった。実際、私のひねくれた部分は疎外を楽しんでいた。

私は大勢から離れて権威を侮り、周囲をいらつかせていたが、深刻な報復を誘うほどではなかった。礼拝の最中に『タイム』誌や『エスクァイア』誌を読むようになった。スピーカーが聖書の解説をしているとき、ベトナム戦争のテト攻勢やソンミ村の虐殺、チェコスロヴァキアのプラハの春について学び直した。数日も経たないうちに、バルコニーで出席確認をしていた人に告げ口され、学部長に呼び出された。兄を飲酒でとらえた、あの男だった。

「君は礼拝のときに雑誌を読んでいるんだってね。」

「おっしゃるとおりです。読んでいます。」即座に認めると、学部長の顔に驚きの表情が走った。だが、学部長は畳みかけてきた。

「学生が講演者の知恵に学べるよう、多くの配慮をしたうえで礼拝は行われている。」

「わかります。でも、僕は講演者の話を聞きながら、雑誌を読むことができるんです。」

椅子に深く腰掛けて、しばらく顎をなでていたところを見ると、学部長が初めてマルチタスクという弁明を聞いたのは明らかだった。「講演者はどうなる。話しているときに雑誌を読んでいる君が見えるはずだ。」

「そこは大事な点です、先生。よろしければ、礼拝の講演者に前もって僕のことを喜んで説明しますよ。」

その会話は他の会話と異なり、引き分けとなった。やがて、一人の気さくな教授が、私の名前が学部委員会の特別祈禱リストに載ったと教えてくれた。今や私は逸脱者の中に位置づけられていた。兄と同じように。

巣から逃げ出すときが来た。私は、マーシャルの新居であるウィートンカレッジに転入の出願をした。いま必要なのは年度末まで生き延びることだけだった。

私がバイブルカレッジでもがいていたとき、マーシャルはウィートンで新しく見つけた自由を満喫していた。転入したのは、歴史上、最も激しく議論の飛び交った時代だった。数週間ごとに学校新聞のコピーを送ってきた。社説はベトナム反戦を論じ、必修とされた兵役将校養成訓練に学生が抗議していると報じていた。ある反体制派の学生はハンドマイクを持って、エドマンチャペルの階段に立ち、礼拝での納得しがたいメッセージに対して反駁をはじめた。

マーシャルは驚くほど誠実に手紙をくれた。毎週ターコイズブルーのインクで書かれた手紙を受け取った。小さいクモの足のようにくねくねした筆跡で、一ページにおよそ五〇〇語が、どうにか読めるくらいに書かれていた。そしてどの手紙にも新しい知的冒険が記されていた。

ある手紙に、ついにキリスト教の合理的根拠を受け入れるようになったと書かれていた。だが、感情のレベルでは神の現実を経験できるかどうかを疑っていた。それから数週間経たないうちに、兄は無神論の実存主義者たちの本を二〇冊読み、自殺が意味のない存在に対するたった一つの誠実な答えであると結論していた。

次の手紙には、高教会派の教会に通っていること、その芸術性と典礼に魅了されていると書かれていた。「カトリックに行ってみるかもしれない」とあった。それからミルウォーキーのポーランド人居住区の大統領候補ユージン・マッカーシーについて熱く書かれた手紙が届いた（兄は以前、マッカーシーと親しいバリー・ゴールドウォーターのファンだった）。

珍しく電話をかけてきたマーシャルによると、フランシス・シェーファーという、スイスから来た講演者がウィートンに一週間来ていたとのことだった。シェーファーはアルプスの登山者のようにニッカーボッカーズ〔訳注＝長さが膝下までで、裾が括られた短ズボン〕をはいていたという。「彼はちょっと変わってるけど、現代文化に明るい。サルトルやカミュを引用し、フェリーニやベルイマンの映画に言及した。このあたりで生きている俺たちは現代文化に疎いからな。」

マーシャルは、シェーファーのある話の後で個人的にいくつか質問する機会があったと言った。

「聖書はいのちの言葉であり、神はこれを通して直接人々に語られると、あなたはおっしゃいましたね。」

「はい、そうです。」シェーファーが答えた。

「それでは聖書と、たとえばビリー・グラハムやノーマン・ビンセント・ピールとの違いはどうやってわかるのでしょうか。」

「わかるのですよ。」兄はシェーファーの答えに得心がいかなかった。

マーシャルの次の手紙は、それまでの中で最も驚くものだった。兄の送ってきた学校新聞の中に、ある独裁主義的な人物の記事があった。カルト的とも言える教会で、学校の当局者たちが眉をしかめるところだった。マーシャルは好奇心から、その教会を訪れてみた。「神をほめたたえよ！」兄の手紙はこうはじまっていた。「俺は経験した。聖霊のバプテスマと異言の賜物を受けた。これほど力強い経験をしたことがない。神のことがわかってきた。」

こうした手紙にどんな返事を書けばよいのかわからなかった。私の返事を受け取ったころには、兄はすでにまた別のものへと移っていた。変化のペースは週単位で加速し、兄は自らを制御できなくなっているのではないかと私は心配した。兄の精神、兄の人格がコントロール不能になっているように思われた。

事は起きた。最初の学期末にマーシャルの脳が急に機能しなくなったのだ。教科書を読もうとしても、もはや二つの言葉をつなげられなくなった。スクールカウンセラーのところに行くと、差し迫った哲学の試験は延期してもらうから、精神科医を訪ねてみてはどうかと言われた。

兄をいろいろ検査した精神科医が言った。「マーシャル、精神科病院に入らなければ君の治療はできない。率直なところ、君の場合は自殺のリスクがきわめて高い。プロの精神科医として、責任を負うことができない。」

マーシャルは寮に引きこもった。哲学の単位を落とし、代わりにピアノに没頭した。音楽に逃げ道を見いだしたのだ。兄は、同じくピアノを専攻する金髪の魅力的な女子学生ダイアンと出会い、彼女と連弾をすると心が落ち着いた。

その夏アトランタで会うころには、兄は再びコスモポリタンという役柄の兄に戻っていた。二人で毎晩遅くまで兄の経験したことを論じた。兄は一年目のハイライトを次々に語った。シカゴのものすごい雪嵐、ダイアンの寮の屋上で彼女と抱き合ったこと、ミルウォーキーのブルーカラーの投票者たちのところを戸別訪問したこと、タバコを吸うスリル、ウィートンのフットボールのスコアをすべて正確に予言したウィジャ盤〔訳注＝降霊術に使う文字盤〕のこと。

聖霊のバプテスマの話に触れると、まともに語ろうとしなかった。「何が本物で何が偽物か、だれにわかるのだろうか。それは起きた。俺に言えるのはそれだけだ。」

＊邦訳、『若い藝術家の肖像』丸谷才一訳、集英社、四四一頁

Ⅴ　恵みに満たされて

私の凋《しぼ》んでいた心が再び緑に萌《も》えだすとは、いったい誰が想像しえたでしょうか？
朽ちた私の心は、土の下に埋もれていたのです。

――ジョージ・ハーバート『花*』

20　微かな震動

そうこうするうち、私はマーシャルと異なる軌道に乗っていた。私自身の冷笑主義は四年生になってから徐々に和らいでいった。「大学活動」という新しいキリスト教奉仕課題にいくらか安堵していた。鎖につながれた囚人たちに説教する代わりに、毎週土曜日の夜に男子学生四人で近くの州立大学を訪ねるようになったからだ。信仰について学生たちと話をするためだった。

初めて訪れたとき、寮や学生ラウンジの豪華さにくらくらしてしまった。バイブルカレッジの実用的な建物とは大違いだった。それらに心を奪われて掲示板をよく見ると、コンサートや演劇など、学生たちの活動を知らせる派手なポスターでそこは埋め尽くされていた。彼らを回心させるよりも、彼らの仲間になりたかった。気分を明るく、爽快にさせてくれる世界に憧れをいだいた。国境の向こうの韓国にうっすら瞬く光を見つめている北朝鮮の人たちもこんな気持ちでいるかもしれないと思った。ドラッグパーティー、女子寮でのパンティー捕獲作戦、飲み騒ぎといった退廃的なものを目撃すると思っていた。ところが、そんな文化はサウスカロライナにはまだ来ていなかったのか、隠れたままだった。目に入ったのはコーヒーショップで宿題をし、芝生でフリスビーをするふつうの大学生たちの姿だった。リーバイスとTシャツのカジュアルな服装が目についた。いや、バイブルカレッジと比べればどんなものでもカジュアルに見えた。バイブルカレッジでは夕食時にはスポーツコートとネクタイの着用が義務づけられ、ブルージーンズは禁じられていたからである。

キャンパスをぶらぶら歩いていると、中庭に運動選手のグループが車座になっていた。「どこの出身?」私が尋ねた。

「エール大学の野球部だよ。君は?」

「えっと、この先のバイブルカレッジの学生なんだけど、霊的なことについて話をしたい人はいないかと思ってやって来たんだ。」彼らは、気の毒なやつだと言いたげな笑みを浮かべて目を見合わせた。私は言葉を続けた。「知っているかな、神の経済学では……。」

「ほう、それはおもしろい。」選手の一人が遮った。「神の経済学があるとは初耳だなあ。」チームメートたちが笑い、私は顔に血が上った。それでテレビを見に、学生センターに向かった。

証しをしそこなったことを伝えると、仲間たちが慰めてくれた。「気にするな、フィリップ。とにかく君は種を蒔いたんだ。神の言葉がむなしく返ってくることはないよ。」

この最初の伝道の試みの後は、毎週土曜日の夜にはほとんど学生センターでスポーツやニュースの最新情報を見て過ごした。必修の福音伝道レポートを書けるくらいの会話はし、あとは適当に言葉を補った。

授業の課題があったので聖書の学びは続けざるをえなかったのだが、意外なことに私の興味を引くものがあった。「伝道者の書」には自分の陰鬱な冷笑主義が書かれていた。「私は、日の下で行われるすべてのわざを見たが、見よ、すべては空しく、風を追うようなものだ」〔一・一四〕。詩篇とヨブ記を読んで、怒りをぶつけながら神を糾弾する言葉がこの聖なる書物に書かれていることに驚嘆した。「主よ いつまでですか。あなたは私を永久にお忘れになるのですか」〔詩篇一三・一〕、「心に留めてください。私の生涯がどれほどかを。あなたがすべての人の子らを いかにむなしいものとして創造されたかを」〔同八九・四七〕。こうした感情の爆発は聖書のあちこちに書かれているが、教授たちはほとんどの場合、そうした箇所を読み飛ばしていた。

思えば私は日曜学校で学んだ物語以外、イエスのことをあまりよく知らなかった。子どものころに通った教会で教わったのは使徒の書簡と旧約聖書ばかりだった。そして四福音書を学んで、もっと多くのことに驚いた。「あなたがたは真理を知り、真理はあなたがたを自由にします」〔ヨハネ八・三二〕。自由を抑圧するキャンパスで、自由を約束するイエスのこの言葉が皮肉《アイロニー》であることに衝撃を受けた。イエスという人が好きになってきた。イエスは何か問われると、「神は常に祈りに答えてくださるが、その答えが『ノー』であるときもある」といった循環論法を決して使わなかった。イエスは不思議でとらえどころがなく、正体がよくわからなかった。イエスは問いを、それを尋ねた人物に投げ返すことが多かった。

イエスがキャンパスに現れたら、大学の経営陣はこの人をどうするのだろうか。イエスは教師たちにも問いをぶつけ返すのだろうか。

マーシャルにC・S・ルイスの本を勧められていたが、私が熱心にそれを読んだのは、ルイスがキャンパスで好ましくない人物だったからだ。ルイスの著作を読むと、信仰へとそっと導かれていく気がした。最も深く心をとえられた本は、私が高校に入学した年に出版された『悲しみをみつめて』だ。とうてい勝ち目のない癌と闘った妻を偲ぶ悲痛な日記である。「苦しみ、狂おしい深夜の刻」〔西村徹訳、新教出版社、五一頁〕を生き延びようとルイスがもがく様子を読み、そのあと頭を上げて、周囲の幸せそうな表情の学生たちを目にすると、心がカキの殻のようにパチッと閉ざされた。

驚くべきことに、バイブルカレッジにハーバード大学の学位を持つ社会学者がいた。彼の授業を取ると、やがてそれに助けられてバイブルカレッジの閉じられた空間の外に踏み出し、自分の置かれていた環境がよくわかるようになった。

その教授は課題としてアーヴィング・ゴッフマンの『アサイラム――施設被収容者の日常世界』を選んだ。著者が「全制的施設」と呼ぶものの画期的な研究である。ゴッフマンは、刑務所、陸軍士官学校、修道院、精神科病院――そしてバイブルカレッジも？――等の施設は、被収容者が、施設の支配的な環境にどんどん馴染んでゆくようにさせるのではないかと言う。コインが弾むほどベッドにシーツをピンと張る能力や、曹長の顔が映るほど靴をきれいに磨く能力などは、戦場の新兵の助けにはならない。それでも、軍の指揮系統を確かに強めるのだ。「責任者は私だ。おまえは私の言うとおりにしろ」と〔石黒毅訳、誠信書房、一四〜一三〇頁参照〕。

バイブルカレッジは社会的な支配について実証済みの手法を用いていたのである。私の疑いを確証するかのように、私たちとの個人面談で男子学生部長が認めた。単に学生たちに従うことを教えるためにいくつかの細かな規則を保持しているのだ、と。それを聞いて、社会学の研究課題のアイディアをつかんだ。

「この学校に入っていちばん煩わしく思った規則はどれか」と「この学校に対するあなたの反抗的な態度は、入学以降、減ったか」といった非科学的な質問を印刷した調査用紙を新入生と四年生の男子学生全員に配ったのである。私の直観したとおり、新入生が馬鹿らしいと思う規則や方針を四年生は受容し、擁護さえしていた。

学部長がゴミ箱の中にこの謄写印刷したアンケートを見つけると、私は再び学部の要警戒リストに載るようになった。「これは反乱だ。」学長は言った。彼は私の研究課題について指導教授を責め立てた。「彼が新入生の調査をすることは許さない。新入生はこの大学のことがわかっていないのだ！」だからこそアンケートを配ったのに。

この課題のおかげで、私は学校のサブカルチャーと、この学校が妬むほど守ろうとする信仰そのものとを分けることができるようなった。私が抵抗している相手は神ではなく、神の代弁者となっている人たちなのかもしれない。そんな思いが心によぎった。私はすでに、子ども時代に通っていた教会の人種や政治に関する見解を信用しなくなっていた。ほかの何を拒絶すべきだろうか。さらに難しい問いは、何を守り続けるべきか、ということだった。

ちょうど同時期に、兄は八〇〇マイル〔一、三〇〇キロ近く〕離れたウィートンで過度な興奮のスパイラルに陥り、かつてないほどの勢いで耽美主義から無神論的な絶望へ、さらにペンテコステ派へ、そして精神の崩壊へと向かっていた。私は毎日キャンパスの郵便受けに走って行き、最新の報告を捜した。サバイバー仲間であり、私のパイオニアでありガイドであった兄は私を失望させていた。私はひとりぼっちになった気がして、しがみつく堅固な支えを渇望した。浮上させてくれる何らかの道を。

ヨハネの福音書六章のある場面に心がとらえられた。私の思い描いていたイエスは、自分の民に拒絶されて処刑されたメシアだった。ところがヨハネの記事を読むと、イエスが初めは人気があったことがうかがわれる。大群衆がイエスについてまわり、イエスの起こす奇跡に眩惑《げんわく》され、語られる一言一言に耳を傾け、自分たちの王としてイエスに冠をかぶせようと一生懸命だった。イエスはどのように応えたか。ひとりになれる場所、山に退いた。だが群衆はそれでもなおイエスを追った。翌日になると、イエスは非常に厳しい教えをいくつか講じた。群衆を遠ざけるような教えだったので、最も親しい弟子たち以外はイエスを見捨てた。「あなたがたも離れて行きたいのか」と、イエスが最も近かった十二弟子に尋ねると、彼らは答えた。「主よ、私たちはだれのところに行けるでしょうか」〔六七～六八節〕。

神は、腕をねじりあげる宇宙規模のいじめっ子であり、抵抗しようとする者はだれであれ滅ぼしてしまうと思っていた。だが、この記事では、イエスが悲しげで、しょんぼりしているようにさえ見える。信仰を強要するなどということに何の興味も示していない。イエスがゴッフマンの全制的施設の手法を使っていないのは明らかだった。

マーシャルのように、私もいつか神に滅ぼされると心底思っていた。それは、母にかけられた脅しという呪縛だ。だが、反逆者を愛してくださる神をバイブルカレッジで知るようになった。姦淫を行ったダビデや、兄を騙したヤコブ、泣き言を言うエレミヤ、裏切り者のペテロ、そして人権を蹂躙していたタルソのサウロのような人たちを力づけたのである。神のひとり子は、放蕩者たちを神の物語の英雄にする。

そんな神は、私のように冷笑的で卑劣な人間にも居場所を見つけてくださるのだろうか。

州立大学で伝道する課題を終えてバイブルカレッジに戻った、ある土曜日の夜のことだ。二つのキャンパスの違いに考え込んでしまった。町のど真ん中にある騒々しく活気に満ちた文化的なグループと、森林と農地に囲まれた、静かで孤立した小さなグループを比較した。

高校時代を思い返した。「この世」と一線を画していることを誇りにするファンダメンタリズムの教会、その敷地内のトレーラーハウスに住んでいた。楽しそうな活動がたくさんあったにもかかわらず、それらを意図的に避けていた。芸術作品が教会の壁を飾ることはなかった。確かに音楽はあったが、その多くは来生への憧れを表現するものであった。いつか天国に行けるという希望をもって地上の人生を耐え忍ぶのが目的だった。「この世は私たちの家ではありません。この世はただ通り過ぎていくものだからです」と歌っていた。

基本的な疑問が心に浮かんできた。この世でより良い人生を送るための手がかりすら感触を得ていないのに、そうした人生を期待する人がはたしているだろうか。

いろいろな本を読むなかで、アウグスティヌスに出会った。女性、芸術、食べ物、そして哲学に詳しく、創られたものの素晴らしさを称えた人だ。彼は回心する前のことをこう述べている。「私は光に背を向け、光の注がれているものに顔を向けていた。」「良き贈り物」を意味するラテン語の *dona bona* という言葉は、彼の著作に頻繁に顔を出す。「世界は微笑んでいる場所」であり、神は「惜しみなく贈り物を与える御方」（*largitor*）だと書いている。

微笑んでいる場所――この世界をそんなふうに考えたことなど一度もなかった。私には良きものを感知する受信機が欠けているのかもしれない。H先生がほのめかしたように。どうすればその良き贈り物（*dona bona*）を見つけられるのだろうか。

門限の鐘が鳴ると、ときどき寮をこっそり抜け出してチャペルに行き、スタインウェイのグランドピアノの前に座った。並外れた才能をもつ兄の陰で生きてきたので、六年生のときにウィギンズ先生と大失敗をして以来、人前でピアノを弾いたことがなかった。けれども、遅いテンポでサスティニングペダルをしっかり踏んでいれば、モーツァルト、ショパン、ベートーヴェン、シューベルトをだいたい初見で弾くことができた。何時間もチャペルで過ごした。鍵盤の上に小さな明かりがあるだけで、部屋は真っ暗だった。

異なるリズムを同時に弾くポリリズムではいつもつかえていた。左手で二つの音符を弾く間に右手で三つの音符を弾くときなどである。それで、両手を異なる拍子で動かしながら六拍まで数えることにした。一方の手で四つの音符を弾きながら、もう一方の手で三つの音符を弾くのは大変なことだった。それでもある日、数えずにそれができるようになり、初めて左右の手を別々に動かしていた。

夜、ピアノを弾いているとき、鍵盤を叩く十本の指の感触が私の無秩序な世界に秩序をもたらした。

素晴らしい音楽では、次に来るべき音符や和音がだいたい決まっている。それらを飛ばしたり間違えたりすると耳障りだ。だれもいない聖なる場所で、私がじょうずに演奏をすればするほど、その音楽そのままに、荘厳にすら響きわたった。そして、クラシック音楽ははっきりした終わり方をするが、私は満足のいく締めくくりの感覚を得ることができた。それは、私の生活に甚だ欠けているものであった。

私は、たましいを穏やかにする美しいものを生み出していた。疑い、社会に対する冷ややかなまなざし、心の深くにある傷、偽善、不安定感。それらがみな消え失せ、音楽がこれに取って代わった。チャペルを後にするとき、身体の奥で感じていながら正確に表現することはできなかったが、すべてが良くなるという希望に満ちあふれていた。しばらく世界は微笑んでいる場所であった。

ある夜、ドビュッシーを弾いてみた。それまで弾いていたモーツァルトやベートーヴェンと異なり、まったく先の読めない曲で、雲のように軽やかな旋律だった。大胆不敵で実験的な感じがして、心が震えた。それからムソルグスキーの『展覧会の絵』と、ピアノ版に編曲したチャイコフスキーの交響曲を弾いてみた。音楽は私の中から、言葉で言い表せない感情を引き出してくれた。

レーニンがベートーヴェンを聴くのをやめたと言ったという。ベートーヴェンの音楽を聴くと子どもの頭にそっと手を置きたくなるからであるということだった。大学キャンパスに小さな子どもはいなかったが、私にはレーニンの言おうとしたことが理解できた。

チャペルを出て、夜の冷たい空気の中に足を踏み出すと、満天の星が見えた。気分が新たになり、どこかに連れ出されたような気持ちになり、ハミングした。それから開いた寮の窓によじ登って現実に戻った。門限破りで捕まらないことを願いながら。

キャンパスの光の届かない、月と星の明かりだけに照らされた道を就寝前にジョギングすることがあった。そんなある夜、子どものころの記憶がよみがえった。費用は教会持ちで、フィラデルフィアのフランクリン科学博物館に遠足に出かけたときのことだ。私たち子どもは展示物から展示物へと走り回ったが、唯一、静かに座った場所がプラネタリウムだった。部屋が真っ暗になると、星座や星が一つ一つ光りはじめた。やがて天井いっぱいに光が輝いた。

最後に地上が見えてきた。宇宙に吊り下がっている青くて美しい小さな点だ。一瞬、ほんの一秒、自分たちのありのままの姿が映し出された。私たちは果てしなく広がる宇宙の中のちっぽけな惑星上にいる、ちっぽけな子どもたちのグループだ。ドームにきらめく光を不思議な思いで見つめながら、新たな不思議な感じを覚えた。暗闇の中でジョギングしながら、それが、被造物が持つにふさわしい奥深い感覚であることに初めて気づいた。

もっとひとりになれる場所を求めて、四〇〇エーカー〔一六〇ヘクタール〕のキャンパスを囲む森林を昼間にハイキングするようになった。木材の防腐剤クレオソートの臭いにうんざりするまで、枕木に沿って歩き、それから回り道をして深い森の中に入ると、女性のつける香水のようなスイカズラの匂いが空中に漂っていた。サウスカロライナの風景が、少年時代に愛犬を連れて探検したときの記憶を呼び戻した。

ある日、美しい輝きに目がとらえられた。金をちりばめたさなぎの殻が落ち葉の中に抱かれていた。

よりまばゆく輝くものを誕生させるために脱ぎ捨てられていた。屈んで片手を伸ばし、裂けた空筒を握った。最高の秩序を宿した芸術のように見えたが、だれのためのものだろうか、と思った。だれが創ったのだろうか、と。

池を見つけると、静かにそこに座った。動物たちは私がいることを忘れてしまったのだろうか。十分ほど経つと、カミツキガメがはい出して、水に半分沈んだ丸太の上で日向ぼっこをしていた。マスクラットの鼻が、ガラスのような水面にV字型のさざ波を起こした。斑の小鹿が池に近づき、目と耳で周りを警戒しながら、用心深く頭を下げて水を飲んでいた。人間の子どもよりも背丈のある、ひょろ長いアオサギが池の端に静かに降り立ち、浅瀬に入ると、周囲に注意を払いながら片足で立っていた。

ちょうどそのとき、重低音のしわがれ声が聞こえ、顔を上げると、太った緑色のウシガエルが見えた。捕手のミットほどの大きさで、大きく開けた口を閉じた。そしてばしゃっとしぶきを上げて水に飛び込んだ。私は飛びのいた。すると、すべての生き物が目の前からいなくなった。

彼らに感動して息を呑んだ。観察する人間がいようがいまいが起こる自然のこうした筆使い。「古くしかも新しい美よ、わたしがあなたを愛したのはあまりにおそかった。」アウグスティヌスは告白した。神に目を向けるまでどれほど長い時間を要したかを悔いながら。しかし、「わたしは醜い姿をして、あなたの創造された美しいものの中に突進した」〔聖アウグスティヌス『告白（下）』岩波文庫、五一頁〕。

学校の授業はもっぱら目に見えない世界に意図的に焦点を当てていた。全知、全能、主権といった概念である。けれども、ここにある目に見える世界という信仰の余白にいると、そうした美の源を知りたいという願望が不意に掻き立てられた。G・K・チェスタトンは、「無神論者にとって最悪の瞬間は、心から感謝しているのに、感謝する相手のいないときである」と言った。

自然は、主の受肉や勝利するキリスト者生活について何一つ教えなかったが、それがどんな存在であれ、オオカバマダラチョウを創った責任者に会いたいという思いを私の中に確かに目覚めさせた。

「また、神である**主**は言われた。『人がひとりでいるのは良くない……』」〔創世二・一八〕。

バイブルカレッジの一年生だったとき、あてがわれた八十分の「交流」の時間に夕食を一緒にしませんか、といろいろな女子学生に声をかけた。それは、過度とも言える正装した男子学生が歩道を闊歩して女子寮に出向き、厳しい監視のもとで身体が触れ合うことなく話をする「デートの相手」を迎えに行くという、野暮ったい集まりだった。背教者としてすでに評判だった私の誘いを、ぴしゃりと拒絶する女性もいた。拒否しなかった女性たちと過ごした時間は、もう二度と誘うまいと思うほど惨めなものだった。

四年生になっても、あまり恋愛に興味はなかった。ロマンティックな愛が存在するかどうかも定かではなかった。世界中のほとんどの人が見合い結婚であるうえ、恋愛を経ていないことも少なくないのに普通の生活をしている。西洋人の恋愛の概念は十二世紀のイタリアの吟遊叙情詩人たちによる発明だと読んだことがある。私の理解からすれば、恋愛の多くが誤解と傷ついた感情につながるものだった。

学費の足しにするために、キャンパスで最も汚い場所の一つ、暑くて狭苦しいカフェテリアの皿洗い場で働いた。学生は食事が終わると、使ったトレーを戻しに来る。ワーカーは皿から食べ残しをそぎ落とすと、グラスと銀器を分別してスプレーをかけ、シュートッと湯気の上がったベルトコンベヤー式の皿洗い機に通す。ステンレスの流しで肉やパスタや油を大きな調理鍋からこすり落とした。ゴミ収集車で働いていたときのことを思い出させる臭くて汚い仕事だった。

この皿洗い場でジャネットと出会った。転入してきたばかりの新入生だった。お姉さんと一緒に笑いながらカウンターに近づいてきたとき、そのほっそりした姿と外はねした髪形に目が留まった。トレーを手渡すとき、彼女は軽くからかうようなことを言った。歩いてドアの外に出て行く姿を目で追った。夏らしいコットンドレスを着ていたが、丈は規則すれすれの膝の中ほどだった。私は染みだらけの白いTシャツを着ていた。食べ物と汗と、皿を洗った茶色い水がついたTシャツだ。

友人を説き伏せて、次の週末にダブルデートで町に繰り出すことにした。ジャネットは私の誘いに応じてくれた。その夜は予想外のスタートを切ることになった。その日の午後、サッカーの実況を流すラジオ放送室から急いで寮に向かったとき、石に当たって借り物のバイクが宙に舞った。バイクは足に着地し、骨が折れた。

三人が病院に迎えに来た。私は松葉杖を使う練習をしていた。ジャネットから最初にかけられた言葉——「ちょっぴり注目してもらうために何でもする人がいるの」——が私の注意を引いた。彼女はふざけるように生意気なことを言った。とりすましたバイブルカレッジの女子学生の口からは聞けそうにない言葉だった。

私たちはピザ店に腰を落ち着けた。ジャネットと私が座り、友人たちカップルは街を歩き回った。「前からピザを食べてみたかったの。」ジャネットの言葉を聞いて、きっと私と同じように外から隔絶した環境にいたのだろうと思った。ところがまったく違っていた。ジャネットの両親は宣教師で、コロンビアとペルーで育ったという。私が郊外で転校を繰り返していた小学生のとき、ジャネットはアマゾン川の支流でピラニアを捕まえたり、ペットのオウム、オセロット(ヒョウに似たオオヤマネコ)、そして足指が三つあるナマケモノの面倒を見たりしていた。

私は十七歳で、ジャネットはすでに二十歳だったが、実年齢以上に世知にたけているように見えた。五〇年代、六〇年代のポップソングの歌詞を百科事典並みの記憶力で保持していた。ミシシッピ州の私立大学とフロリダ州のコミュニティー・カレッジに一年ずつ通っていた。ミシシッピでは勉強中に起きていられるようタバコを試し、ラム・コークが好きになった。「それで結局ここに来たのはなぜだろうって思っているんでしょう。単純な話よ。お金が尽きたの。父に、自分の母校に転入するなら学費を払ってやるって言われたのよ。」

やがて、私と同じようにバイブルカレッジに不満を抱いている唯一の学生がジャネットであることがわかった。二人で大学の規則やレベルの低い教師、大学の閉鎖的な雰囲気について不平を言いながら、夕方を過ごした。ジャネットは私の冷笑的な態度に脅威を感じていないらしく、私が嘲笑的なコメントをしても、皮肉な調子で軽く受け流した。何についても意見をもっていて、強硬にその意見を擁護した。私は、馬上の槍試合に出ていた——そして敗北した——かのように、松葉杖で寮まで飛び跳ねながらキャンパスに戻った。

痛みにはじまり喜びで終わったその夜のことについて、ベッドに横たわりながら、いろいろ考えた。ジャネットを心から追い出せなかったし、そうしたくもなかった。彼女は、感情は抑えるのでなく、表現されるべきだという珍奇な考えを持っていた。何か気に入らないことがあれば怒り、それをだれにでも伝えた。彼女の喜びにも感染力があった。「思っていることは正直に口に出すの。」初めて聞く奇妙な文言だった。

次の夜も、またその次の夜も一緒に夕食を食べた。ジャネットは衝動的で、自発的で、どんな人とも徹底的に関わった。私の死んでいるような冷淡なふるまいと正反対だった。私が彼女の矛盾を指摘すると、ウォルト・ホイットマンの一節を口にして、それをいなした。「ぼくはじぶんに矛盾するか？／それでよい……ぼくはじぶんに矛盾する、／ぼくは大きい……ぼくは無数のものを含む」〔『草の葉』富山英俊訳、みすず書房、一四七頁〕。ジャネットはそんな人間だった。

その冬、珍しくキャンパスに雪が降った。アマゾンのジャングルと南フロリダで育ったジャネットは初めて雪を見た。バスローブ姿で寮から飛び出し――明らかな規則違反――彼女のルームメートが、ポーズをとらずにうっとりしているジャネットを写真に撮った。両方の手のひらを上にして頭を空に向け、目を輝かせ、大きく口を開けて、落ちてくる白いダイヤモンドを伸ばした舌で捕らえようとしていた。

美、歓喜、優しさ、天衣無縫。彼女があっという間に私の中に奮い起こしたものに驚嘆した。私はためらいがちに過去の話、だれにも言わなかった話を口にした。トレーラー・パークでの暮らし、わざと折った腕、カメの一件、自分の持っていた人種差別主義、母の分裂した性格、マーシャルの神経症。語るたびに、拒絶されないかと緊張したが、ジャネットは共感しながら聴いてくれた。私は最初に思っていたよりも多くを話し、たくさんのことを打ち明けた。

感情を自制するという入念なプログラムは崩壊した。


毎晩のようにラブレターを書いた。ノートに下書きをしてから本物の便箋にいちばんきれいな字でそれを写した。ジャネットは香水のついた封筒と便箋で返事をくれた。私は読む前に、それを鼻先にかざして匂いを吸い込んだ。

女は男に何を見るのだろう。ジャネットが私のどんなところに惹かれていたのかわからなかったし、それについてあまり考えることもなかった。ただ、自分の人生に彼女がいてほしいこと、彼女のいない人生など考えられないことはわかっていた。

私はジャネットにイェイツの詩を送った。


その布をあなたの足もとに広げたろうが。

だが貧しい私には夢しかない。

私はあなたの足もとに夢を広げた。

そっと歩いてくれ、私の夢の上を歩くのだから。

〔邦訳、『対訳 イェイツ詩集』高松雄一編、岩波文庫、八三頁〕

そっと歩いてくれた。ジャネットは、エリザベス・バレット・ブラウニングのソネットの一つを書いた返事をくれた。

そして征服された兵士が、血塗られた土地から
抱き起こしてくれる人に自分の剣を差し出すように、
まさにそのように、「最愛のあなた」、私はついに記します。
ここに私の抗いも終わると。……
あなたの愛をいっそう大きくし、私の価値を増大させてください。

〔邦訳、『エリザベス・バレット・ブラウニング詩集』桂文子訳、丸善プラネット、七五頁〕

何が自分に起きているのだろうか。望ましい女性がその手を伸ばしているというシンプルな行為がすべてを変えてしまった。善というものが信じられるようになった。私は殻から抜け出し、もう一度人類に加わり、逸脱者であることをやめようとする霊感に打たれている気がした。

クリスマス休暇にジャネットの家族をフロリダに訪ねた。陰気な沈黙に覆われていた私自身の家庭と比べると、ジャネットの家はハチの巣のようだった。おしゃべりな娘が六人いる家だったので、私がしゃべる暇はなかったし、しゃべる必要もなかった。

初めて二人だけで長い時間を過ごした。浜辺で、また、ただ近くの公園のブランコに座って。身体の接触を禁じるというバイブルカレッジの破ることのできない規則は、大学から離れると、触れ合い

にいっそう心が躍るという想定外の効果を発揮した。相手の体温を感じるほど近くに座ること、毛布の下で触れ合う指、キャンパスでは退学の危険があるキスといったぞくぞくするスリルは、気軽に肉体関係を持つ今日の文化では想像できまい。

思いつきで言ってみた。「考えたんだけど、この学年を終えたら二人でウィートンカレッジに転入しないか。兄さんが在籍している。ここよりずっと良い教育が受けられると思う。」

ジャネットはいつものようにおおらかに、一も二もなく同意した。「私はもう三つのカレッジに行ってみたのよ。四つ目を試すのもいいじゃない。」

数日後、私はグレイハウンドバスに乗って、母が親戚を訪問している州を横断した。特徴のない平坦な景色を窓越しに見つめていると、一マイル〔六キロ〕進むごとにジャネットから遠ざかってゆく。喉がつかえて痛んだ。目の中に何かあるのを感じて、何度か素早く瞬きをした。そして七年間で初めて、両頰を湿らす涙を感じた。

カレッジに戻ると、もう一つの折れた骨を治す手術を受けた。サッカーの実況放送をしていて怪我をした足の手術だ。病院のベッドに五日間横たわって、薄緑色の天井を見つめていた。ジャネットがキャンパスをこっそり抜け出して見舞いに来てくれた。私の熱っぽい肌に手を当てると、突然泣きだした。私の病院のガウンに涙が雨粒のようにツーッと流れ落ちた。私が震えたのは寒さのせいではなかった。

ジャネットの誕生日が数週間後に迫っていた。私はまだ松葉杖を使っていて、階段をドタドタ下りて寮のキッチンへ行くと、何とか初めてのケーキを焼いた。バターを常温に戻しておくことを知らなかったので、チョコレートのアイシングにバターの黄色い小さな塊が混じってしまった。ルームメートがケーキを運び、私は足をひきずってキャンパスを歩いた。ジャネットはもう一度涙を流した。

その夜は夕食をせず、ジャネットを誘ってチャペルに入った。「プレゼントがあるんだ。六年生のとき以来、僕の演奏を聴くのは君が初めてだよ。」私はスタインウェイの椅子を調整し、ジャネットは床に適当な場所を見つけると、チャペルの前を通り過ぎる人から見えないよう、椅子の後ろに身を隠した。私の手は震えていた。ベートーヴェンのピアノ・ソナタ『悲愴』を何週間も練習した。そしてたった一人の聴衆が、この作品を弾く勇気を奮い起こさせてくれた。これはジャネットへの誕生日プレゼントで、タイトルがすべてを表していた。情緒的、情熱的なソナタ。

最後のコードを弾いたとき、ジャネットの眼は涙できらきら輝いていた。やがて彼女は言った。「ありがとう。一生忘れないわ。」そして私に投げキッスをした。これが唯一許されているキスだった。そして、二人で一緒にいたと告げ口されないよう、別々にチャペルを後にした。

ある晩、ジャネットの祖母の家の車寄せで、借りたフォルクスワーゲン・ビートルの座席で彼女が言った。「あなたはとても美しい手紙を書くわ。でも、あなたの口からそれを聞きたいの。あなたの気持ちを聞かせて。」

私は凍りついた。二人で将来について話し合ってきたし、結婚の話もしてきた。それでも私は自分の気持ちを伝える言葉を口にできずにいた。子どものころから、だれにもそうした言葉を言わずにきた。そんなことは好きでなかったし、自分にそれができることも知らなかった。ジャネットは待った。

一分、もう一分、心臓がバクバクし、舌がカラカラになって十分が経った。私は言葉を絞り出した。

「アイ……ラブ……ユー。」　ジャネットが私の心の深奥から、この言葉を引き出してくれた。

アウグスティヌスは言った。「恋している男を私に見せてください。私は、神を求めている男をお見せします。」　多くの例外が心に浮かんだが、私にとってそれは真実だった。ある晩、寮の部屋でジャネットがくれた本をめくっていた。ブラウニングの『ポルトガル語からのソネット集』だったが、その中に次のような詩があった。


あなたは、もうこの世もこれまでとなった時、私の許に来て下さいました。

ただ「神」のみを捜し求めていた私は、見出したのですあなたを！　〔前掲邦訳、八二頁〕

私はすぐに最後の行を入れ替えた。「あなたのみを捜し求めていた私は、見出したのです神を！」

＊邦訳、『イギリス名詩選』平井正穂編、岩波書店、七一頁

太陽を見たことがなかったら
影をまとっていただろう
しかし光を　より新しい野生が
私の野生が作った――

――エミリー・ディキンソン

21 接触

私の平たい感情と霊は、自然、音楽、恋愛という梯子を上って行った。だが、行き先がわからなかった。森の中を歩いていると、何かに見られている気がすることがあった。目に見えない何か――クマ、クーガー――につけられているかもしれないと、肌にピリピリ感じるものがあった。暗いチャペルでピアノを弾いているとき、不意に超越的な美を感じることもあった。ジャネットと一緒にいると愛しい思いに心が震え、初めて喜びを噛みしめた。それでも梯子の天辺まで上ることはできなかった。

神は、バイブルカレッジのキャンパスにかかる霞のようであった。賛美をささげられ、証しをされ、研究され、恐れられていた。けれども私にとって、家の中であれ教会や大学であれ、信仰を示す外的な行為が当てになったためしはなかった。そもそも私自身が信頼するに値しなかった。クリスチャンのふりをしてはいても、現実としては蒸気のように消え失せるだけのものだった。

とにかくキャンパスの背教者でいることはやめることにした。私は皆が慕っている教授と論争を挑み、チャペルで『エスクァイア』誌を読み、祈禱会の価値を認めなかった。そんな四年生をバイブルカレッジの学生は扱いかねていた。私は避けられることが多かった。ジャネットも同じように見られていた。女子寮で彼女だけがルームメートを持つことを許されなかった。感受性の強い若者に間違った影響が及ばないようにするというのが、その理由だった。

それでも、私に良くしてくれた友人もいた。ルームメートに代わってジョーというポルトガル人の友人が手術後の私を世話してくれた。ジョーは厚紙でテーブル状の台を作り、治りかけの足と掛布団の間に空間を確保してくれた。食事をカフェテリアから運んでくれた。ジョーも大学の奉仕チームの二人も、私が奉仕の時間に大学ラウンジのテレビでスポーツを見ているのを知りながら、咎めだてもせず、告げ口もしなかった。


二年生の二月下旬にH先生が解釈学の授業で課題を出した。「聖書の一節を通して神があなたに語りかけたときのことをレポートに書きなさい。」

何を書けばよいのかわからなかった。聖書を通してはもちろん、神が私に語りかけたことなどなかったはずだった。何も考えずに正しい答えを繰り返し、正しい言葉で祈ることもあったが、人に見せるためにその部分を暗記したという感覚をぬぐえなかった。本物と偽物を識別できなかった。

H先生は論文の締め切りを翌週とした。私は合格点をもらえるものをどうにか書き上げようと、昔、日曜学校で習ったことを振り返ってみた。

数日後、いつもの水曜日と同じように大学の奉仕チームが祈禱会に集まった。ジョーが祈り、クレイグが祈り、クリスが祈る。それから三人が礼儀正しく黙って私が祈るのを待つ。私が祈ることはなく、短い沈黙の後にみんな目を開けて寮の部屋に戻る。それがお決まりのパターンだった。

祈禱会には必ず出なければならなかったので、論文の締め切りが迫っていたが、仕方なくチームに加わった。ジョーが祈り、クレイグが祈り、クリスが祈った。そして三人はいつものように数秒待った。だれもが驚いたことに――私自身がいちばん驚いた――私が声に出して祈りはじめたのである。

「神様……。」そう言うと、部屋に緊張が走った。廊下の先でドアがバタンと閉まって、私の祈りを遮った。

そして、もう一度祈りはじめた。「神様、僕たちはここにいて、地獄に行こうとしている大学の一万人の学生のことを案じているように思っています。でも、あなたはご存じです。彼ら全員が地獄に落ちようが一人が落ちようが、僕がまったく気にしていないことを。僕はこの自分が地獄に落ちても構いません。」

魔術を起こしたり子どもを犠牲にささげたりしたのと同然の祈りだった。それでも、そこにいた友人たちはだれ一人そこから動かなかった。口が乾いた。ごくりと唾を呑み込んで言葉を続けた。どういうわけか良きサマリア人のたとえ話を語りだしていた。ちょうど授業で学んでいる箇所だった。

「あのサマリア人が、血を流して溝に横たわっていたユダヤ人に対して抱いたのと同じ関心を、僕たちは大学の学生たちに感じています。でも、僕はそんな関心を持っていないのです。何も感じていないのです。」　そう祈った。

そして事は起きた。あわれみの対象として示されている人々のことなど気にかけてなどいない。祈りながらそう認めたとき、サマリア人のたとえ話が新しい光の中で見えてきたのである。語りながらその場面を思い描いていた。日に焼けた中東の男、長衣とターバンを身に着けているその人が、溝の中に横たわる血まみれの汚い人の上に身を屈めている。突然、その二人の人物が心の画面に浮かび上がると、サマリア人の顔がイエスの顔になった。強盗の犠牲となったあわれな人物も別の顔になった。驚いたことに、私の顔だった。

イエスがしゃがんで、湿らせた布で私の傷口を拭って止血しているのがスローモーションで見えた。イエスが私のほうに身を屈めると、殴られて怪我をした犠牲者の自分が目を開けてイエスの顔に唾《つば》を吐きかけた。それだけだった。そのイメージに私は――幻も聖書のたとえ話も信じていない背教者が――狼狽した。言葉を失った。そこで祈りをやめ、立ち上がって部屋を出た。

一晩中、昼間の出来事を考え続けた。それは正確には幻ではなかった。鮮明な白昼夢あるいは顕現に近いものであった。にもかかわらず、その情景を心から追い出すことはできなかった。うぬぼれが一打で砕かれていた。私は常に傍観者の立場に安住していた。バイブルカレッジでは、それは信仰の傍観者でいることだった。今、自らを謙虚なまなざしで見るようになった。謙遜なふりをしながら傲慢で、私はだれよりも心貧しい者であったのかもしれない。

恥じ入る気持ちに圧倒された。自制しているという見せかけは覆いをはぎ取られていた。そして、恥の感覚も取り払われた。自分も所詮はこのキャンパスで似たりよったりのクリスチャンかもしれないという恥の感覚だ。

慎重に言葉を選びながらジャネットに短い手紙を書いた。「近いうちに話をしたいんだ。人生で初めて本物の宗教経験をしたのかもしれない。」

H先生は、次の授業は「神があなたに語りかけたとき」のテーマで皆が書いたレポートを読むだけにする、と言っていたが、話が脱線して、時計を見ると終わりのベルまで十分しか残っていなかった。それで残念そうにこう言った。「やれやれ、二人か三人にレポートを読んでもらう時間しかないね。読みたい人はいるかな。」

一人の女子学生が手を挙げて、神は御言葉を通して頻繁に語りかけてくださるので選ぶのに苦労したと言った。彼女が自分の書いたものを読むのに六分ほどを要した。私は自分のレポートを読んでみようかと考えてもいたので、その様子をじっと見ていた。クラスメートがだらだらと読んでいる間、自分の額に汗がにじむのがわかった。そして、発表の時間がもうなさそうなので、安堵した。

女子学生の発表が終わると、H先生が言った。「ありがとう。もう一人分の時間がありそうだ。」教室中でぱっと手が挙がり、私も半分まで手を挙げた。先生は教室を見回すとまっすぐ私を見つめた。個人面談をした後だったので、当てられるとは思わなかった。

「フィリップ、君のレポートはどうかな。」

立ち上がると、他の学生たちが目くばせし合っているのが見えた。何度か咳払いをしてから私は読みはじめた。「かつてC・S・ルイスはこう言った。私たちが神を蹴飛ばしたり泣き叫んだり拳で連打したりしているときに、神は私たちをご自分のもとに引き寄せて、恵みを示されることがある、と。それが僕の話だ。」

手にしている紙が震え、それを抑えようと努めた。教室は静まり返り、だれも身動きしなかった。私は続けた。「H先生がこの課題を出したとき、僕は呻き声をあげてしまった。水曜日の夜まで、何を書けばよいのかまったくわからなかった。でも今、ここにこれがある。」

私は時計に目を向けてから、レポートに戻った。

「この授業が終わったら、ここにいる全員が僕を無視してくれたらと思う。みんなはきっと心から僕を励ましてくれるだろう。でも無視してくれれば、とてもありがたい。ここでは証しをするときに適切なところで少し涙を流せば、たいていどんな人たちにも受け入れられる。

みんなからどんなふうに思われているか、知らないわけではない。僕は笑うことがないし、授業中ひとりで座っている。食事の前に祈らない。チャペルで雑誌を読んでいる。理性を重んじ、すべてのことを合理的に説明しようとする。兄と同じように。Aが取れるのに、テストの前になんで祈らなければならないのか。それに少しも気にかけていない人たちのためになぜ祈るのか。

読み続ける前にもうひとこと言わせてほしい。だれよりも可愛げのない人が、だれよりも愛を必要としているものなんだ。」

尋常でないほどけたたましい音でベルが鳴った。他の教室から学生たちが出て、廊下はおしゃべりであふれた。だが、私たちの教室ではだれ一人、教科書やレポートをしまおうとしなかった。H先生は私に読み続けるよう促した。

私は短く寮の部屋での経験とその場で口から出た祈りのことを話した。

「僕はどれほど人々を憎んでいるか、そしてこの忌ま忌ましい大学が地獄行きになってもまったく気にしていないことを神に語りはじめた。神に言った。僕はあなたを愛していない。愛したことなどなかった。どのように愛すればよいかもわからなかった、と。神がそのことをご存じなかったかのように。

何かが起こった。今度は、神は、僕の目の前で扉をぴしゃりと閉めなかった。僕はどういうわけか神に、良きサマリア人の愛を自分にも下さいとお願いしていた。それまで求めていなかったにもかかわらず。サマリア人は何の理由もないのに、不合理な愛を提供した。人に不快感を与えるほどに汚れた者を愛した。

そして、こんな思いに僕は打たれた。僕がこの汚れた者で、神はそ、の、僕、を助けようとしておられたのだ、と。神が僕のほうに身体を傾けてくださるたびに、僕はその顔に唾を吐きかけた。それればかりか僕は汚れた者のままでいたかった。知性を重んじ洗練された汚れた者でいたいと思っていた。

ヨブはこう言った。『私はあなたのことを耳で聞いていました。しかし今、私の目があなたを見ました。それで、私は自分を蔑み、悔いています。ちりと灰の中で』〔ヨブ四二・五〜六〕。

先週水曜日の夜、神は僕にそんなふうに語られた。」

私は教科書などを鞄にしまい、だれも動かないうちに教室のドアに向かった。そして廊下の騒々しい人混みにたちまち呑み込まれた。他の学生たちはその日一日、私の求めを尊重してくれた。だれ一人私の腕に手を置いたり、仲間に引き入れようとしたりしなかった。頼んだとおりに、私を放っておいてくれた。

　私の一部、それもかなりの部分が、いま経験しているこの思いも消え失せてしまうだろうと感じていた。イエスを心の中に受け入れようとしながら、幾度もこの方を見失ってきた。信仰を取り戻すことに恐れとも言えるものを感じた。だが、知らないうちに自分をとらえたものを認めないわけにいかなかった。それは、こちらが求めもせず、望みもしなかった恵みの贈り物だった。


　家具がまばらに置かれているだけの寮の部屋で持たれたあの祈禱会で私に転機が訪れた。五十年ほど経って今でも、人生の重大な転換点として際立っている。あの水曜日の夜に足もとの砂が崩れたが、次の波が自分をどこに運び去るのか見当もつかなかった。

　この経験を懐疑的な友人に詳しく話したことがある。彼は興味をもって耳を傾け、その出来事は当然別の説明もできると言った。私が長い間、ファンダメンタリズムの考えに反感を抱いてきたので、その思いが心の中に深刻な「認知的不協和」を作り出しても不思議ではない。長い期間祈っていなかったので、伝統的な祈りでないとしても、久々の祈りの言葉が自分の感情を解き放ったことにびっくりしたのだろう。そのことが良きサマリア人のたとえのような「啓示」を引き起こした可能性がある、と。

　そう話す彼に私は微笑んだ。彼の言葉の中に自分の姿を見たからである。私も同様の言葉を用いて、何十人もの仲間の学生の個人的な証しに説明をつけていた。回心した仲間には、回心は十分に納得のいくものである。経験のない者には、不可解なもの、あるいは錯覚として映るのだ。

何年も後になって、回心を研究しているキリスト者の教授から手紙をもらった。自分の回心について大まかに記した返事を送ると、教授からの返信には、私の手紙に得心できる合理的な議論が記されていなかったことに驚いたとあった。そして、「あなたは信仰主義者ですか」と。辞書でこの言葉の意味を調べなければならなかった。そこには「科学的推論もしくは哲学よりも、信仰に基づいて信じる者」と書かれていた。

私は答えた。「わかりません。わかっているのは、そのことが起きたという事実です。それは私の人生で最も確かな出来事であり、自分で計画したものでもなければ、仕組んだものでもなかった、ということです。あの時のことを私の人生から消し去ることはできないでしょう。私は選ばれたと思っています。」

結局、私の信仰の再生は論理や努力とは無関係であり、ただ神の計り知れない神秘と関係するものだった。使徒パウロはこの神秘の前に首を垂れた。「罪人のかしら」〔Iテモテ一・一五〕を自称した彼がなぜ、撲滅すると誓っていたキリストのメッセージを宣べ伝える者として選ばれたのか。なぜ悪だくみをしたヤコブが選ばれ、兄のエサウは拒絶されたのか。パウロは神ご自身の言葉を引用して答えるしかなかった。「わたしはあわれもうと思う者をあわれみ、いつくしもうと思う者をいつくしむ」〔ローマ九・一五〕。

この言葉を読むたびに私がたじろぐのは、兄のことを思うからだ。兄は神を追い求めていた。私がその反対のことをしていたときにも。父のことも考える。私よりもはるかに篤い信仰を持っていた人。人生のすべてを神への奉仕にささげ、二十四歳の誕生日を迎える前にこの世を去った。パウロのように、ヨブのように、私も神に代わって答えることはできない。できるのは、ただ両手を広げて、ただで与えられる恵みを受け入れることだけなのだ。

だれかがそこにいる。大学の寮の部屋であの冬の夜に、そう理解した。しかも私を愛するだれかがいるのだ。私は全能の神がそっと触れてくださるのを感じた。神の指がほんの少し動くのを。それは私の人生を新しい進路に導くのに十分だった。


　そのときジャネットと私は早くも、学年末にウィートンカレッジに転入できるよう動いていた。二人とも転入を認められ、助成金の申請書にも記入を済ませていた。

「転入について考え直したほうがいいかもしれない。」ある晩、女子寮まで彼女を送りながら私は言った。「僕たちにはウィートンの学費を払う用意がない。それに一学期早く卒業するには、その分単位を多く取らなければならない。」

　その学期中も夏に入ってからも、どんな選択があるか話し合った。新学長が新進気鋭の教授を何人かバイブルカレッジに招聘していた。ここで修める学問は以前より質の高いものになりそうだった。最終的に私たちは、クラスメートたちと一緒に三年生に上がることはできないかと大学側にかけ合った。ここで学ぶべきことがまだあると、二人ともやや渋々ではありながら感じていたのである。

教えて。あなたは何をするつもりなの？
たった一度しかない　あなたの自由奔放で貴重な人生で
——メアリー・オリバー『ザ・サマー・デイ』*

22 マーシャル

人生を一変させたバイブルカレッジでの経験も、母の胸には響かなかった。母は、私がキャンプも教会もうわべを繕ってやり過ごしているのを見てきた。私は卑怯者、偽善者だった。あの寮の部屋で何が起きたにせよ、長続きはしないだろう。それに、母はマーシャルの心配をしなければならなかった。兄は、ブレーキのない車のように車体を左右に傾けながら別の道を疾走していた。

一九六八年、多くの大学生と同様、マーシャルも反体制文化に加わった。兄がウィートンで三年生を終えた夏に飛行機で帰省したとき、空港で出迎えた母は、兄の長いもじゃもじゃの髪の毛と口髭を見るなり、背を向けて口をきこうとしなかった。その夏、兄は家に置いてもらえたが、教会に行くことは許されなかった。ヒッピーのような恰好の息子を見られたら、母の評判に傷がつくのだ。兄は喜んで、その指示に従った。

二人の引っ張り合いの中で身動きが取れずに、その夏を過ごした。私は確かな地盤を探し求めながら慎重に、そして少しずつ信仰を回復していった。兄のことも気がかりだったので、母が振りかざす正義のさばきとは距離を置いた。母がはたして実際にマーシャルに「わざわい」を祈ったかどうか疑問に思っていたが、いつ爆発するともわからないその話題を持ち出しはしなかった。

母と兄がかつての争いを蒸し返すときには、私はたいていそのそばで聞いていた。二人の感情の巨人の間で静かにしていた。どんな議論が出ても——政治、宗教、ベトナム戦争——兄は母と対極の立場をとった。「あなたがウィートンに行ったらどうなるかはわかってたわ。ごらんなさい。予想どおりになってるわ。」

マーシャルは最初の学期末に精神が異常をきたしたことに動揺し、精神科医ペニーの診察を受けるようになった。ペニーは毎週の面談で兄の送ってきた人生に耳を傾け、夏の終わりが近づいたころ、「慢性妄想型統合失調症」の診断を下した。兄はその病名を気楽に口にした。私は、腹心の友である兄を見つめた。自分は兄のことを本当に理解していたのだろうか。確かに兄には、気分にも行動にも荒々しいほど幅があった。けれども、まさか精神的に病んでいるとは。

「本当のことを言ってよ。」四年生としてウィートンに戻るためにスーツケースに荷物を詰めている兄に言った。「本当に精神がおかしくなったと思ってるの?」

「わかんないけど、ペニーのおかげで命拾いをしたよ。数週間前に徴兵委員会の身体検査を受けた。検査に楽々受かった後で、『極秘』印の押されたペニーからの封筒を軍曹に手渡した。軍曹は中の手紙を一目見るなり、俺を解放したよ。ペニーの診断書のおかげで軍隊にも、たぶんベトナムにも行かずにすんだんだ。」

ペニーは最終面談でも、マーシャルの助けとなるよう、示唆に富む指摘をした。その晩、兄が言った。「あのさ、ペニーにも、甘ったるい南部女性を思わせる柔らかいアクセントがあるんだ。『マーシャル、でも南部女性じゃない。前のめりになって、まっすぐ俺の目を見ると、こう言ったんだ。『マーシャル、こんなことは言いたくないけれど、精神的におかしいのはお母さんのほうだってこと、あなたもわかっているんじゃない？』」

なおも話そうとする兄の声はかすれていた。「その可能性は何度も考えたよ。俺は答えなかったが、ペニーは俺が少し驚いていることに気づいたようだった。少ししてこう言った。『その事実と折り合いをつけないかぎり、あなたは良くならないのよ。』」

私はバイブルカレッジに戻り、マーシャルはウィートン音楽院での勉強を再開した。その学期はガールフレンドのダイアンとよりが戻って、新たな喜びにあふれた手紙が何通も届いた。二人は少しでも自由な時間があれば、ピアノ・デュエットに取り組んでいた。ダイアンは書いていた。「あなたのお兄さんほど、優しくて繊細でロマンティックな人に会ったことがありません。一曲聴いただけで泣いてしまうのです。」二人は結婚の話をしはじめた。

すべてが崩壊したのは、マーシャルと私がクリスマス休暇でアトランタにいたときだった。兄は毎日ダイアンに手紙を書いていたが、返事が一通も来なかった。ようやく届いたのは別れを告げる手紙だった。両親に兄のことを詳しく話し過ぎてしまったこと、そして「あの長髪の不可知論者」と二度と会うな、と言われたことが書かれていた。

兄は悲嘆にくれた。寝室で考え込んだり、タバコを吸いながら近所を歩き回ったりした。私が何を言おうが、何をしようが、兄の暗い心には届かなかった。再び家の中を沈黙が支配するようになった。

ウィートンに戻ると、兄は学校の精神科医を訪ねた。医師はペニーの診断に誤りはないと言った。マーシャルは大学を中退することにした。最終学期の直前に。ある日、私がキャンパスの郵便受けにあった封筒を切り開くと、こんな謎めいた手紙が記されていた。「雨が降っている。摂氏0度。家、敗北、精神がおかしいと判断された。」兄はアトランタに向かっていた。

一文無しで住む場所もないマーシャルは、希望を失って、母の家の車寄せに現れた。それから数週間、兄は心ここにあらずの状態で過ごした。

調子はどうかと電話で聞いた。辛辣な返事が来た。「どう思うかだって。俺は失敗者だ。カレッジを中退し、精神を病み、耐えがたい母親と暮らしている。」その年度は手紙と電話のやりとりで兄の様子を確認し続けた。役割が入れ替わった。兄が弟で、弟の私が兄の保護者のようになったのだ。

収入が必要なマーシャルは、以前働いていたグレイディー病院に電話をかけ、再びそこで働き出した。どんと構えた主任看護師が、ある程度学問を修めたヘルパーを従えることに心を弾ませながら、何くれとなく兄の面倒を見た。他の男性を呼ぶときと同様、兄のことも「ミスター・マン」と呼んだ。

「死者についてどう思う？　ミスター・マン。私のところで働いている男性のほとんどが死者を怖がるのよ。」最初のシフトのときに兄は、火傷で亡くなった人の手をつかみ、車輪付き担架にその遺体を移した。すると、焦げた皮膚の大きな一片がその手から手袋のように滑り落ちた。兄は取り乱さなかった。そのときから、患者が息を引き取るたびに主任看護師はマーシャルを呼ぶようになった。

兄は、スチールのテーブルに寝かされている遺体安置所の遺体に目を凝らした。私たちの父親もカイロプラクティックセンターに移送されていなかったら、その部屋に寝ていたことだろう。マーシャルは、病気や銃撃や刺傷で死に至るまでに犠牲者たちのたどった人生に思いを馳せた。あるとき電話でこう言った。「俺は遺体安置所が好きだ。一つにはエアコンが効いているから。それに、だれからも邪魔されない。だから昼休みはそこで哲学書を読んで過ごしているんだ。」

別のヘルパーが、哲学と心霊主義をむやみに混ぜ合わせた『ウランティアの書』という二〇九七ページに及ぶ本を兄にくれた。ジミ・ヘンドリックスやジェリー・ガルシアに影響を与えた本だ。『ウランティアの書』は天上の存在の発する言葉を口述筆記したものだそうで、マーシャルは、それがすべて納得がいくと考えた。そうと思ったら、いっときはあらゆることが納得できると考えていた。

マーシャルが仕事を終えて家に入るたびに、母は歯を見せて、にやりと笑った。これが宣教師になろうと思っていたあの息子、ユース・フォー・クライスト・クラブの会長で教会合唱団のピアニストをしていた息子なのだ。今、母の目の前にいるのは長髪の変人だった。兄がジョン・レノンのような細いメタルフレームの丸眼鏡をかけていたときには、母は兄を家に入れようとしなかった。

マーシャルは母を避けて、病院のシフトが終わるとボーリングに出かけ、母と鉢合わせしないよう深夜過ぎても外にいた。暖かい夜は、眠くなるまで外のローンチェアに裸で座ってタバコを吸っていた。兄が定期購読していた『プレイボーイ』誌が家に届くと、大騒ぎになった。

数日後に母が家に戻ると、マーシャルの部屋はもぬけの殻だった。家を出ていた。母には兄の行き先がわからなかった。それから一年、母は兄の姿を見なくなる。

私は五月にバイブルカレッジを出て、マーシャルの足取りを追った。兄は病院を変えていた。ある非公式なコミューンで、良心的兵役拒否者とその恋人と一緒に暮らしていた。そこではいろいろな人たちが入れ代わり立ち代わり床の上で寝袋に入って生活していた。兄が言った。「おい、みんな。バイブルカレッジから来た俺の堅物の弟に会ってくれ。」

兄は「ピース・アンド・ラブ」のマークが驚くほど広まったことについて簡単に説明しながら、あちこち案内してくれた。ある部屋をオレンジ色に、ある部屋を紫色に塗り、発泡スチロールのコップを糊でくっつけて軽い備品をこしらえていた。天井からカラフルなろうけつ染めの布切れが下がり、毛糸で作ったクモの巣という立体芸術品もあった。溶岩で作ったランプ、お手玉で作られた椅子、黒い詰め物をした便座など、彼らが中古で買ったアクセサリー類にも目を向けさせた。

母に憤懣やるかたない思いをさせてはいたが、私は定期的に兄を訪ねていた。兄はついに完全な自由を手に入れたように見えた。新しい友人たちは、兄の行動を監視したり兄をさばいたりすることはなかった。兄は好きなものを食べていたが、ほとんどがマッシュポテトかマカロニ・アンド・チーズだった。黙りこくっている日もあったが、哲学をとうとうと語り、ファンダメンタリストとして育った話を詳しく語っていた。そして廃品をあさって手に入れたおんぼろピアノの前に腰を下ろすと、あらゆる会話は中断した。

やがて兄はロックバンドのメンバーたちとアパートに引っ越した。彼らは兄に音楽と生き方を伝授した。「これをやってみろ。ロックを聴くときには欠かせないぞ。」そう言って鎮静催眠剤のクエイルードを手渡した。音楽もクエイルードも何の効果も発揮しなかった。けれども、翌日の晩に幻覚剤のサイケデリック・マッシュルームに手を出すと、世界が爆発した。兄は薬が効いてくると、十七分間続くヘヴィメタのジャムセッション、アイアン・バタフライの「イン・ア・ガッダーダーヴィーダ」に耳を傾けた。

マーシャルは薬物依存症になった。こんな知らせが来た。「仕事を変える。ロック・オルガニストになるんだ。」兄がウィートンに入った最初の年に送ってきた手紙が脳裏をよぎった。そのころは兄の人生哲学全体が約一週間ごとに変わっていた。兄は再びルーレット盤のように回転していた。

マーシャルはロックンロールに代わってドラッグ、主にLSDに夢中になった。毎週日曜日の午後に何人かの友人と、祖父のヤンシーから相続したばかりの一九四九年式プリマスになだれ込み、ピードモント・パークまでドライブした。そこでLSDを飲み、シャボン玉を吹き、凧揚げをした。

ただ足を組んで草地に座り、周囲の世界が変形するのを見ていることもあった。空に浮かぶふわふわした白い雲が二つに割れて、地球に向かってダリの絵画のように滴り落ちる。太陽の皮がむけてブラッドオレンジ色の切片になる。リードをつけた犬が、地上から離れて空中に浮かんでユニコーンになる。マーシャルは手を伸ばして、本当にユニコーンを撫でている心地よい触覚を感じていた。

LSDをやると、世界がより良いものに見えたり、聞こえたりするようになった。花々が別世界のような強い色に輝いた。黄色い花びらは金の糸であり、赤いバラはエメラルドの葉の中にあるルビーだった。そして何としゃべることもあった！　だれかがマリファナを吸おうとしてマッチを擦った。いい、いい、いい、いい、なんて明るく輝く光なんだ！　近くでバンドが演奏していたが、マーシャルは楽器の音を一つ一つ聞き分けることができた。

マーシャルはLSDの伝道者になった。私にも勧めた。「おまえも少しやってみたほうがいい。ハーバードのティモシー・リアリーが言っている。LSDをやれば統合失調症の治療にいいって。それに俺の心を開かせるって。おまえが霊的なもの、あるいは超自然的なものを探検するにも役立つかもしれないぞ。」 私は丁重に断った。

さばいているように、あるいはやんわり否定しているように受け取られそうな言葉を私は口にしなくなっていた。母の記憶がよみがえって、マーシャルが激高するからだ。


その夏が終わると、私はバイブルカレッジに戻って最終学期を迎えた。ジャネットと私は一九七〇年一月に早めに卒業してアトランタに戻り、六月に結婚式を挙げる計画を立てていた。二人とも国勢調査局に仕事を得て、ウィートンに移るために貯金をはじめた。私はウィートンの大学院に入ることになっていた。

ある涼しい三月の夜、ひとりで家にいた。母は聖書を教えに出かけていた。母は一年近くもマーシャルの顔を見ておらず、私は兄の新しいライフスタイルのことをほとんど伝えていなかった。

電話が鳴った。「ミルドレッド・ヤンシー夫人はご在宅ですか。」 受話器を取ると、男性の声だった。

「いいえ、母はおりません。メッセージを伝えましょうか。」

「フィリップ・デイビッド・ヤンシーさんはおられますか。」

「はい、私がそうです。どうかなさいましたか。」

「ええ。こちらはディカーブ郡警察署です。マーシャル・ヤンシーさんを拘留していますが、かなり悪い状態です。私はわかりませんが、LSDをやっているとのことです。こちらに来てください。そして、お知り合いの中でいちばん屈強な方と一緒に来られることをお勧めします。」

「理由を伺えますか。」

「ええ、非常に暴力的になっているだからです。」

私は反論した。「兄は兵役拒否者ですよ。人を傷つけるようなことはしないはずです。」

男性は気さくな感じで笑いながら言った。「ほう、そうですか。お兄さんはすでに二人を打ちのめしました。そして私の片腕をひねって地面に押しつけました。絶対におひとりで来ないほうがいいですよ。」

電話を切ると、心臓が激しく打って、胸郭に触れているのを感じた。怖かった。動揺していた。そして信じられなかった。マーシャルの精神科医ペニーに電話で助言を求めた。ペニーは兄を安全な場所に連れて行くほうがいいと言い、そのためにだれかを手配すると言ってくれた。そして兄に飲み食いさせるようにとアドバイスをくれた。「お兄さんは幻覚を起こしています。だから、幻覚から覚めるまで、あなたが一緒についていることが大切です。」

次に頼りがいのあるウィンストン叔父に電話をして、アトランタ郊外ディカーブ郡ディケーターの警察署に来てくれるよう頼んだ。

外は華氏四〇度〔摂氏四・四度〕、マーシャルが必要になった場合に備えて、車に予備のジャケットを放り込んだ。赤信号を無視したい気持ちを必死にこらえて制限速度を守ったが、心臓がレーシングカーのエンジンのように激しく鼓動していた。

気さくな警察官は巡査部長だったが、警察署に着いた私に事の次第を語ってくれた。仕切りのない開放的なオフィスの中にいた。周りではラジオがガーガー鳴り響き、警官たちが発泡スチロールのコップでコーヒーを飲んでいた。「つまり、こういうことです。年配の紳士から電話がありました。落ち葉かきをしていると、裸に近い姿をしたヒッピーが庭の中にふらふら入って来たというんです。あなたのお兄さんです。その高齢の人がお兄さんに、何かお困りですかと声をかけると、いきなり顎にパンチをくらったのだそうです。その人は訴えると言っていないのですから、あなたはまさに幸運ですよ。

それで、私たちが駆けつけると、お兄さんが下着姿で芝生に座っていました。お兄さんが地面に押し倒したのは私です。同僚が二人がかりでお兄さんを私から引き離しました。見てのとおり、私は決して小柄ではありません。」

やがて叔父がやって来た。私たちは、マーシャルのたどってきた歴史をいくらか説明しながら、しばらく話をした。最後に巡査部長は言った。「いいですか。今回はお兄さんのことを大目に見ようと思っています。調べたところ、お兄さんに前科はありません。たぶん今回のことがあの手のドラッグについてお兄さんにとって教訓となるでしょう。あなたが保護するということであれば、お兄さんを釈放できます。一つはっきりさせておきたいことがあります。お兄さんの両腕は針の跡だらけです。そのことをお兄さんに尋ねると、献血していると答えました。まさか、あんなにたくさんの献血をする人はいないでしょう。お兄さんはヘロインをやっているのではありませんか。」

「マーシャルは珍しい血液型なので、定期的に血漿を提供して小遣い稼ぎをしているのです」と私は言った。巡査部長はその答えに満足した様子で、私たちをコンクリートの待機房に案内した。兄は裸電球の下、金属のスツールに腰掛けていた。後ろ手に手錠がかけられ、支柱につながれていたので、うつむかざるを得なかった。洗っていない巻き毛の塊が頭からふわっと膨らんでいた。眼鏡はなくなっていた。兄はゆっくり頭を持ち上げて、どんよりした目で私を見たが、私がだれであるかわかっていない様子だった。

兄はじっと見つめていたが、私は首の後ろが突然ヒヤリとした。マーシャルはいつだって教養のある自慢の兄だった。大学主催のディベート・トーナメントでいろいろな哲学者の言葉を引用する姿や、タキシードを着てクラシックコンサートで演奏する姿も私は見てきた。けれども、いま目の前にいるこの人物は野生動物のようだった。

私は片手を壁について身体を支えた。「マーシャル、僕だ。フィリップだよ。それからウィンストン叔父さんだ。兄さんを迎えに来てくれた。」

巡査部長がマーシャルの手錠を外して言った。「さあ、行こう。兄ちゃん。今回は釈放してあげるよ。とにかく、こんな愚かなことは二度とするな。」兄は手首をこすったが、無反応だった。

急いで車に戻ってジャケットを取って来ると、巡査部長はマーシャルのために汚れたスウェットパンツを探してきてくれた。ひんやりとした空気の中に歩き出すと、兄の唇が動いているのが見えた。独り言を言っていた。助手席側のドアを開けてやったが、兄が私にくってかかってこないか確信が持てなかった。兄はその夜初めて私の目を見た。

「大丈夫だよ、フィル。」再びそこに兄がいた。

ペニーは、約束どおり安全な場所を見つけてくれていた。教会で働いているクロエという信頼できる人のアパートだった。私たちはクロエの家まで行くと、マーシャルがもう一度現実に戻ってくるまで数時間待つことにした。兄はぱんぱんに膨らんだソファーに座り、数分ごとに目を上げて私をしばらくじっと見つめていた。瞳孔が開いて虹彩の茶色が縮んでいた。私は目を合わせていられなかった。子どものころ、二人でよく見つめ合いっこをしたが、負けるのはいつも私だった。

「何か食べたくない？　マーシャル。」クロエが聞いた。「ハムサンドなんてどうかしら。」兄は鋭いまなざしを彼女に向けると、わずかにうなずいた。「わかったわ！　マヨネーズは好き？　マスタードは？　チーズは？　どんなパンが好き？」答えはなかった。

私が兄の食べ物の好みをクロエにざっと伝えると、彼女は台所に急いだ。マーシャルの左右の親指が、左右の丸めた人差し指を上へ下へと動いていた。以前、想像上の鍵盤を考案したと教えてくれたことがあった。いつも頭の中で弾いている音楽を、指だけを使って練習する鍵盤で、人差し指にド・レ・ミ・ファ・ソ・ラ・シ・ド、と一オクターブ八音の印がつけられていると考えるということだ。

クロエがサンドイッチを手に戻って来ると、マーシャルは片手でそれを取って、テーブルランプの上に持ち上げた。それを全方向にねじり、調べ、一口もかじらず、だからといって下に置くこともしなかった。兄はそれでもアイスティーを少し飲んだが、毒でも入っているかのように、ためらいがちに一度に一すすりした。

「どこにいるかわかるかい。」兄に尋ねた。こちらを向いた兄のまなざしに、私は再び耐えられなくなった。ペニーの手配したクロエのアパートの説明をした。「心配しないでいいよ。僕たちが車で家まで連れて行くからね。」

十分くらいして兄が尋ねてきた。「俺はどこにいるんだ。」そして私は説明を繰り返した。深夜を過ぎて、ようやくマーシャルが家に帰りたいと言った。さっきより落ち着き、理性的に見え、車の中で、何が起きたか私に聞いてきた。兄は人を殴ったことを覚えていなかったし、逮捕された場所までどうやって行ったのかもわからなかった。住んでいるところから五マイル〔八キロ〕ほど離れていた。

兄の住まいに戻ると、寝ないで待っていた七人の友人が私たちの到着を喜んだ。マーシャルと私はみんなからハグをされ、私はその日の出来事を短く説明した。彼らの反応は熱かった。「おお、すごい！　お巡りを殴ったのに釈放されたのか。おまえはこの世でいちばん幸運な最低野郎だな！」彼らが、釈放を祝って笑ったり兄の背中をぴしゃりと叩いたりしていると、マーシャルは目に見えてリラックスしてきた。

皆が落ち着いたので、私たちは共に、今回起きた出来事を一つ一つ振り返ることにした。あの午後、マーシャルの友人たちは居間でＬＳＤの錠剤を回していた。マーシャルは言った。「なぜだかわからないが、急に君たちみんなが俺を殺そうとしていると思ったんだ。」兄が外に走り出ると、友人二人が追いかけてきた。兄は自分をつかまえた友人たちを何とか振り切ると、荒々しく拳を振り回しながら走り出した。友人たちが最後に見た兄は、アトランタで車や人通りの最も多いポンス・デ・レオン・アベニューの真ん中を全力で走る姿であった。

そうした細かな描写がマーシャルの記憶の何かを誘発し、話を理解した。「ごめんよ、みんな。どこもかしこも危険に見えたんだ。どの車にもグロテスクなマスクをつけた悪霊がいて、俺を狙ってマシンガンを発砲していた。どの家にも大砲の突き出ている燃料庫があった。胸の中にバクバクする感覚があった。悪霊が俺の身体を捕まえた。走り続けないと死んでしまうと思ったんだ……。」兄が口をつぐむと、だれも何も言わなかった。

「やがて俺は本当に死んだんだ。地獄に行って、大法廷で邪悪な神々の会議にかけられた。夢とは思えなかった。この生き物たちは実在するものだった。触れることができた。現実に戻される前に、俺の人生に何らかの価値があり、妥当性があったと証明しなければならなかった。」

兄の声はだんだんと小さくなったので、兄の声を聴くために、みな最大限の努力をしなければならなかった。「それで俺は裁判官の前に裸で立っていた。何も言うことがなかった。俺は負け犬だった。だれともつながれなかった。ひとりぼっちだった。それからすぐ目の前に一人いるのが見えて、彼に手を伸ばした。最後に覚えているのはそれだ。今、その人物は、俺が顎に一発おみまいした老人だったと聞かされている。その人がお巡りを呼んだ人なんだろう。」

マーシャルの友人たちは拍手喝采した。彼らがそれまで聞いたなかで最高の幻覚体験談だった。LSDは「天国と地獄のドラッグ」だ。地獄から生還した兄が、その体験談を語っていた。

マーシャルはその体験をして不安になり、しばらくドラッグをやめることにした。だが、あの幻覚の世界の記憶によって、落ち着くのでなく憂鬱になった。邪悪な神々のさばきは、兄に語り続けてきた内なる声の正しさを確信させた。兄は敗残者だった。兄は生き続ける妥当な理由を一つも見つけることができなかった。

これほど落胆しているマーシャルを見るのは初めてだった。ジャネットと私は六月に結婚式を挙げたら、すぐにウィートンに戻る予定だったが、そんな状態の兄を残していくなど考えただけで恐ろしかった。兄は私たちの結婚式に出席するつもりがなく、兄が来てくれる望みはなきに等しかった。

私はまだ家で暮らしていた。六月が近づくと、母の気分がマーシャルのそれと同じくらい暗く沈んだ。兄のコミューンでの暮らしやドラッグについては母に何も話していなかった。だが、母はウィートンで上の息子がどうなったかを見ていたし、私の将来のことも想像するほかなかったのだ。

私たちは総額三〇〇ドルという安い費用で簡単な結婚式を挙げる予定だった。ジャネットはウェディングドレスをレンタルし、披露宴はナッツやミントなど軽い食べ物を出すことにした。問題を抱える家族のもとから逃げ出し、違う町で新たな人生をスタートさせたかった。ところが、母は最後のある場面で私たちのお祝いを奪い取ってしまった。

教会の扉を開けると、兄が立っていた。アトランタの気温が最高に上がった日に、中古店で見つけたウールの三つ揃いのスーツを着ていた。私は必死に涙をこらえた。あの反体制文化の環境から抜け出して、教会の儀式という真面目な世界に入ることが兄にとって何を意味しているか、とりわけ母がいると知って教会に来るのが、どれほどのことであったかを思った。

伝統的な儀式が進んだ。オルガン曲、短い説教、そして少しだけ現代風にした誓いの言葉。すべてが順調に運んでいたが、教会の地下で開かれた披露宴で、遠縁の写真家があることを思いついた。「ヤンシー家の人たち全員で集合写真を撮りましょう。さあ集まってください。苗字がヤンシーの人はみな。」

部屋の片側で騒ぎが起こり、それから母の大声が聞こえた。「私の息子だとかいう男と一緒の写真に入るつもりはありません！」母がそう告げて大股で部屋を出て行くと、披露宴会場は上階の空っぽの礼拝堂と同じくらい静まり返った。

マーシャルは痛みと当惑の中間のような表情をしていた。私は急いで駆け寄ると、「こんなことになってごめん」と言った。兄は言った。「無理だったんだ。俺はここに来てはいけなかったんだよ。」

翌日、ジャネットと私はシカゴに車を走らせた。貧しい夫婦の新婚旅行だった。最初、教会の地下での場面が雲のように私たちにかかっていた。ジャネットが苦い思いをしているのは当然だった。私は兄の精神状態のほうが心配だった。だが一日ほどすると、そこからの解放感が吹き込んできた。私たちはゆっくりと北へ向かい、アトランタとシカゴの間を楽しく過ごし、家族の騒ぎから遠ざかり、二人の新しい生活を計画しはじめた。

ウィートンのワンルームのアパートに到着し、落ち着いてから、マーシャルに電話をしたが、兄はいつになくしょげていた。結婚式での一件について私の心配は軽くいなし、自殺したいと口にした。「自分の信じていることに従うしかない。俺の人生には何の意味もない。カミュは、自殺が唯一、真に重大な哲学上の問題だと言った。彼の言っていることは正しい。けれども実行しないなら、それはただの問題にすぎない。」

兄は、自分が計画していることを話した。アメリカを車で横断し、その印象をカセットテープに録音し、それからゴールデンゲートブリッジから飛び降りる。カセットレコーダーを私への餞別に置いて。「いつか、ものを書く材料がそこに見つかるかもしれないぞ。」

兄の悲観的な声の調子から、それが根拠のない脅しでないことは明らかだった。話し続けさせるんだ。そう自分に言い聞かせ、自殺ホットラインのニュースで聞いた話を思い起こした。私の動揺を兄に感づかせてはならない。それで、シカゴを通るルートを選んでくれないか、と落ち着いて穏やかに頼んだ。兄がまだ自殺をするつもりでいそうなら、精神科医の助けを借りようと思いながら。兄は約束してくれた。「いいとも。さよならを言いに立ち寄るよ。」

それから数週間、マーシャルは、年会費無料のクレジットカードをすべて申し込み、友人たちへの贈り物を購入した。高価なステレオセットもあった。兄は友情に感謝し、贈り物を渡す最後のお別れパーティーを計画した。兄の計画を知る数人が必死に思いとどまらせようとしたが、まったく効果はなかった。兄は死のうと固く心に決めていた。

お別れパーティーの夜、音楽が大音量で演奏され、カップルたちは踊り、ドラッグとアルコールがふんだんに出された。マーシャルのある友人がマーシャルににじり寄った。「なあ、ＬＳＤをやらないか。」

「いや、ＬＳＤはもうやらないんだ。本当にひどい幻覚体験をしたからね。」

「何を言ってんだ。それはずいぶん前の話じゃないか。一粒ぐらい飲んだって、どうってことないさ。ザ・フーの『トミー』っていうすごいアルバムを手に入れた。ウッドストックでザ・フーが演奏したロックオペラで、君はすごく気に入ると思うよ。」

マーシャルは反対したが、友人たちがみなドラッグをやっているのを見て、自分も加わることにした。ＬＳＤの錠剤を呑み込むと、ステレオのスピーカーの前に座り、効果が出るのを待った。兄がアルバムの解説書を読んで音楽に集中していると、『トミー』の中で、自分の人生が幻覚の鏡に映し出された。トミーは風変わりな子どもだった。母親の洗脳によって五感が閉ざされていた。「耳が聞こえず、話ができず、目も見えなかった。」虐待された生活を送った後、トミーは「ＬＳＤの女王」から魔法の薬をもらい、最終的に霊が解放されて五感が回復する。

再び音楽とドラッグがマーシャルに別次元への門を開いた。兄のたましいは肉体を離れたどこかに漂った。数分後、兄はもう一つの現実に滑り込むのを感じ、自分を何とか地上に戻そうと奮闘する。

翌朝、兄が目を覚ますと、兄の脳の一部が化学的に整理し直されていた。自殺だって？　なんで自殺なんてしたい人がいるんだろう。緑の草、青い空、グルーピーな友だち。人生はすばらしい。」兄は一瞬で、何週間も進んでいた計画を捨て去った。

翌日、兄が電話をかけてきた。「やっぱりカリフォルニアには行かない。大きな借金の支払いがある。副業を見つけなきゃ。」

＊邦訳、『ザ・サマー・デイ』中村佐知訳

過去は決して死にはしない。それは過ぎ去ることさえない。
——ウィリアム・フォークナー『ある尼僧への鎮魂歌*』

23 呪縛

ウィートンで学ぶために家を出てから、私はマーシャルと大きく異なる人生行路に踏み出した。二人とも子ども時代の毒作用から回復しかけていたが、反応の形は正反対だった。兄は誇り高い無神論者となり、すべての宗教を否定した。私はキリスト教誌『キャンパスライフ』で働きはじめた。

今思えば、私がものを書く仕事についたのは必然の流れだった。教会のリバイバル集会やバイブルカレッジで聞いたけたたましい声に比べると、紙に記された文字はそれほど高圧的でなかった。書物は静かな場所を与えてくれた。何を拾い上げ、何を捨てるべきか、自分で決めることができた。

ポール・ブランド博士とおよそ十年の間に何冊か共著を出した。博士はインドのハンセン病患者という、地球の最下層にいる人々に一生をささげた高徳な外科医だった。博士を通して現代ホスピス運動の創設者、ロンドンのキュー王立植物園のディレクターなど高潔なキリスト者たちと出会った。取材を受けてくださったこうした人たちのおかげで、私の信仰はしっかりした土台の上に築かれ、過去の傷も徐々に癒やされていった。

やがて、ほかの人の信仰におんぶするのでなく、自分自身の信仰を探究するときが来たと思うようになった。『痛むとき神はどこにいるか』〔邦訳、『痛むキリスト者とともに』〕や『神に失望したとき』という拙著のタイトルから初期の実験的な段階のありようがうかがい知れる。何年も経つと、より核心に迫る問題に取り組むようになったが、『祈り――どんな意味があるのか』や『教会――なぜそれほどまでに大切なのか』のように、やはり問いを中心に本を構成することが多かった。

執筆中の私には、肩の上であざ笑う悪霊のような兄がとりついていた。「本当にそう思っているのか。それともおまえはただ決まり文句やプロパガンダを並べているだけなのか。」そんなふうに問いかけられた。教会の欠点を聞こえのよい言葉で覆いたい誘惑に駆られても、マーシャルのおかげで私は正直なままでいることができた。何が本物で、何が偽物か。兄は何度も問うた。すべての拙著の中心にその問いがある。バイブルカレッジで受けた扱いを忘れなかったので、疑う人の立場を尊重しようと渾身の努力をした。

マーシャルは過去から逃れようと数年ごとに自らを新しくつくり変えたが、私は過去を発掘する仕事についていていた。

同じ家庭に育ち、同じ背景をもつ二人の兄弟が、これほど異なる道に進むようになったことに驚きを禁じ得ない。マーシャルの自殺へのこだわりは徐々に薄れたが、それに代わってセックスに夢中になってしまった。

結婚後初めてアトランタに帰省した際、兄はその冒険譚をぞっとするほど事細かに語ってみせた。

勤務先の病院の看護師と関係して童貞を失い、やがて数人の職員と乱交パーティーを行った。次に『集団結婚』という本に着想を得て、フリーセックスに基づくコミューンを作り上げた。

「それでリンダという別の看護師を相手に選んだ。魅力的な顔立ちで、いつも優しかった。問題はリンダが太っていることを気にし過ぎていることだった。俺たちはよく一緒に休憩時間を過ごしていたが、あるときリンダが、今まで一度も特定の人がいなかったと打ち明けた。何と罪深いことか。ここにこんなに可愛い人がいるのに、アメリカが馬鹿げた美を礼賛しているせいで彼女は敗北者の焼印を押されている。ちょっと考えて、俺と暮らさないかと誘った。集団結婚の考えを話すと、やってみると言った。」

マーシャルのこの話はそのコミューンの家で聞いていた。リンダがいるせいで家の中はそれなりに整っていた。ワインの空き瓶が転がっていることも、汚れた皿や洋服が積み重なっていることもなく、壁にヌード写真が貼られてもいなかった。

「ここで何人が暮らしているの。」私の問いに兄が答えた。

「その夜によって違うんだ。寝る場所が必要な人なら基本的にだれでも来られる。今いるのはエモリー大学歯学部の学生とそのガールフレンドだ。その子はチェロとサクソフォーンを演奏する。ある夜は、香《こう》を焚いてマリファナを吸い、おまえは気に入るだろうが、賛美歌を弾きながら何時間も起きていたりすることもある。俺はポンコツピアノでクラシック音楽を弾く気はないし、ポピュラー音楽は全然知らないからね。」

兄が中座すると、台所からリンダがやって来た。「みんな仲良く暮らしています。でもお兄さんは汚くても全然気にしない人だから、それについては話し合っているの。あるときうっかり不精者呼ばわりしてしまって、お兄さんは荒れ狂ったわ。お母さんを思い出させてしまったみたい。」

少なくとも兄には何人か友人がいて、もう自殺を口にすることもない。私は自宅のあるイリノイ州シカゴに向かう道中でそう考えた。兄は落ち着いたように見えた。ピアノの調律や修理をする新しい仕事も見つけていた。

だが一年後、「カリフォルニアに行く途中で寄るかもしれない」と兄が電話をかけてきたとき、私ははっと息を呑んだ。「兄さん……兄さんはまたあんなことをしようと思っていないだろうね。」

「ちがう、ちがう。今度は自殺しようなんて思っていない。やり直したいだけだ。リンダに興味がなくなった。俺は飽きた。リンダが太っていることを見過ごせると思ったが、駄目だった。二、三年も一緒に暮らせば、それで十分だった。」 ある雨の降る夜遅く、リンダやピアノ販売店の主人に——もちろん母にも——何も告げず、マーシャルはわずかな持ち物をフィアットの後ろに詰め込んでカリフォルニアに向かった。

それから数週間、半狂乱のリンダに電話で対応し続けた。「そうなんだ。君のもとを去ってから二日間は僕のところに連絡があった。いや、こちらから連絡のしようがない。サンフランシスコ方面に向かったと思う。」

マーシャルと私は数か月後に再び連絡を取り合うようになった。バイブルベルト〔訳注＝アメリカの中西部から南東部にかけての複数の州にまたがる地域で、キリスト教ファンダメンタリズムが熱心に信じられた地域文化の地」から逃れた兄は、他の人の生き方にあまり干渉しないカリフォルニアで活き活きとしていた。地元のオペラ劇団で演奏し、退職するピアノ調律師が使っていた仕事場を手に入れていた。大手のピアノ製造業者ボールドウィンにベイエリアの特別なイベントで仕事を任され、こう自慢をした。「最近二人の有名人にピアノの調律を頼まれた。でも、それがだれであるか、百万年経ってもおまえには想像できないよ。」私は思いつくかぎりの名前を言ってみたが、どの答えも外れていた。二人の有名人とは、アメリカのピアニスト、リベラーチェと、ローマ教皇だった。

マーシャルのカリフォルニア暮らしの中心は女性たちだった。オペラ楽団で出会った女性音楽家の家に転がり込んだ。二人は一年後に別れたが、兄は純粋に性的な関係を続けようと言いくるめ、その関係が一年続いた。関係が終わると兄はパニック状態に陥り、再び自殺を口にするようになった。

ところがしばらくして別の相手を見つけると、気分が上向きになった。私が数か月後に西部に行く予定だと言うと、兄は意気込んであれこれ話しはじめた。地元のクラブでイタリア系のアンドレアという女性従業員に出会った。やはり自由恋愛に大賛成で、セックス中心の関係を持たないかと誘ってきた。アンドレアに、命令と服従というSMプレイを教わり、二人で互いの役割を詳しく書いた契約書に署名した。マーシャルはアンドレアの奴隷となり、彼女の命令すべてに従うことに同意した。

「うまく言えないが、だれかに仕えると、大きな報いを得られる。」明らかに熱狂した声の調子を久しぶりに兄から聞いた。「アンドレアは俺を通して生きているようだ。彼女がすべてを決定し、俺はただそれを実行すればいい。奇妙な形だが、解放的だ。最高に幸せだ。」

マーシャルが何を選択しても驚かなくなっていた私だが、これはさすがに限界に近かった。ためらいがちに言った。「わからないんだ、マーシャル。兄さんは強権をふるう母さんから逃げようとして生きてきた。いま兄さんが使っている言葉は、『勝利するクリスチャン生活』に書かれていた言葉とそっくりだ。その言葉を今は神でなく、女性に適用しているだけで……。」

「わかってる、わかってる。」兄は言葉を遮った。「わかってくれ。そうしたことはもう考えたんだ。俺の人格の何かが、だれかに従えと背中を押している気がする。俺は神の完全な奴隷となるように育てられた。それが何を意味するとしても。だが、少なくとも芝居をせずにそうできたことは一度もなかった。今それと同様な機会が与えられている。ただ女性とそれをするってことだ。どういうわけか、それが俺の心理構造に合っている。」

アンドレアは兄に命じた。早起きしてコーヒーを淹《い》れ、朝のシャワーを終えた彼女にきれいなタオルと熱いコーヒーを用意しているように、と。兄がワインを飲んでいいのか悪いのか、兄がいつトイレに行けるのか、そしていつ二人がセックスをするか、しないか、アンドレアが毎晩決めていた。

マーシャルは弟にショックを与えることをいつも楽しんできた。服従する側が、ほかにどのようなことをするかも語った。アンドレアが兄をひざまずかせてパドルや鞭で叩く。兄に手錠をかけてベッドに縛りつける。身体のあちこちにリモートコントロールの輪っかをつけ、彼女を喜ばせない言動があれば、不愉快な行為の程度によってレベル1から10まで電気ショックを与える。

私は、舌を噛んで反応しないよう最大限の努力をし、話題を変えた。だが、マーシャルにはほかに話題がなかった。聞きたくもないような細かなことを臨場感たっぷりに聞かされていたとき、ふと、兄はいまだにあのルールブックの規則をすべて破る方法を探しているのではないかと思った。

二人の関係は、アンドレアが兄に飽きるまで一年続いた。その後、兄はブレンダに出会う。今度はマーシャルが支配役となり、ブレンダも服従する側をしばらく続けた。だがブレンダはこの変態性に不安を覚えるようになった。「子ども時代に性的虐待を受けた大人」のグループに入り、過去と折り合いをつけるようになった。ブレンダが境界線を引くようになって、二人の関係は瓦解した。

別れるたびにマーシャルは下り坂を落ちていった。ブレンダと別れた後、私は電話でマーシャルと何時間も話をした。兄は言った。「関係が破綻すると肉体関係も終わる理由がわからない。ブレンダに金を払ってセックスしてもらうのはどうかな。金を払ってピアノを調律する予定を組んでもらうようにさ。」 彼女がおそらく「うん」と言わない理由を説明しようとしたが、徒労に終わった。

マーシャルの人生の次の段階は最も予想外の展開を遂げた。反体制文化を信奉していた兄が、カリフォルニアで十年を過ごしてから、少しずつではあったが、中流階級の立派な一員となっていったのだ。ゴルフをはじめて、ワインの鑑定家にもなった。いちばん夢中になったのがトランプのブリッジだった。抜群の記憶力を持つ兄は、出されたカードをすべて把握していた。戦略をしっかり学んで、トーナメントに勝ちだした。

ある夜、ブリッジを終えた後のカクテルアワーで兄はモリーに出会った。三人の子を持つ母親で、二番目の夫と離婚したばかりだった。高収入のモリーと二人で暮らすようになると、マーシャルは人生で初めて経済的な心配なしに生活するようになった。二人は海外旅行に出かけ、クルーズ船に乗り、リノやラスベガスでギャンブルをした。

やがて二人は正式に結婚式を挙げ、私も出席した。モリーが好きなのは、贅沢な車や高価な宝石、恋愛小説で、マーシャルとは趣味趣向がまったく異なっていたが、それでもなぜか二人の結婚生活はうまくいった。依存症の問題を抱えていたモリーの二人の元夫と比べると、マーシャルは勝利者に見えた。

この間、母とマーシャルはまったく連絡をとっていなかった。実際、私がマーシャルと関わり続けていることは、母と私の間に絶えず厄介な緊張を引き起こしていた。母は少しでも兄と親しくすれば、兄のしていることを認めるようなものだと考えていた。私の考えは逆だった。あらなければならない、あり得べきマーシャルではなく、ありのままのマーシャルという人間が愛されている。兄にはそう感じる必要があると私は考えていた。

ウィートンに転入する兄に母がわざわいを祈った話を持ち出すたびに、母は「マーシャルを主なる神にゆだねた」のだ、主がいつかマーシャルを扱ってくださるのだと弁明した。「とにかく、みんなマーシャルが主に仕えるように祈っていたんだから、反逆したあの子の心を神が奪うのはとにかく正しいわ。神から逃げることはできないのよ。」

かつて墓地の盛り土の上で母はマーシャルを聖なる献げ物としてささげた。母にすれば、兄は意図的に反逆行為を繰り返して、その取り引きを台無しにしたのだ。

さりげなく兄の話を出しても、母は決まって無視した。アトランタに帰省したとき、用事をすませたいという母を車に乗せたことがあった。「マーシャルが数年前に結婚したって話したかな。」運転しながら、少しいたずらっぽく尋ねた。母はそれに答えなかった。助手席に座っている母に目を向けた。無表情で長男の話に何の興味も示さなかった。

私はシャツのポケットに手を伸ばした。「ほら、結婚式の写真があるよ。屋外で挙げたんだ。サンフランシスコ近くのガーデンでね。」驚いたことに、母は写真を手に取ると、医者がX腺写真を調べるようにじっくりと眺めていた。

母の第一子——母が最後に見た兄は、六〇年代スタイルの派手な洋服を着て、口髭をはやした長髪のヒッピーだった。今母が見ているのは、スーツに身を包んだ身なりの整った成熟した男性、花嫁衣裳に身を包んだ女性の腰に腕をまわしている男性だった。母の心に何が去来しているだろうかと思った。

たっぷり五分が過ぎた。やがて母が口を開いた。「あの子は下の歯を治したかしら。」

勘当してからも、母は兄のことを親の立場で考えずにはいられなかった。けれども私の手に写真を戻した母は、どうしても嫌みを言うのだった。「この結婚がいつまで続くやら。」

マーシャルと会うと、自分たちの壊れた家庭をどう見ればよいかを一緒に考えた。そんな話をしていたあるとき、パット・コンロイの思い出に基づいて作られた『パパ』という映画〔ルイス・ジョン・カリーノ監督、一九七九年、アメリカ〕の話になった。虐待する海兵隊士官の父親サンティーニに支配された家族の物語である。サンティーニは子どもたちをブタ呼ばわりし、隊列を組んで歩かせた。バスケットボールの試合でサンティーニが自分を負かした息子をぶちのめす場面は見るに堪えない。

「俺はあの映画を見た後三日間、泣いて怒り狂っていた。母さんと暮らしていたときの記憶がごっそりよみがえってきたからだ。」兄は言った。

「あの映画には僕もやられたよ。」私が言った。「でもマーシャル、僕たちよりずっとひどい家庭のトラウマを生き延びる子どももいる。僕たちは、性的虐待は受けなかった。ツーバイフォーで殴られたり、有刺鉄線の向こうに追いやられたりしたこともなかった。」

「わかってるさ。」そう言った兄の顔が苦痛に歪んだ。心に負った傷は、身体に負った傷と同じくらい深く痛むことをその表情が教えていた。

母に手紙を書いて、今まで抱えてきた感情をいくらか下ろしたらどうかと促してみた。「被害者が『受けた被害を外に出すこと』、とりわけ虐待した人と向き合うことが癒やしのプロセスで重要だと言われているよ。」

兄はまもなく手紙を一通書いたので、私の言葉を聞いてくれたのだろう。およそ三十年で兄が初めて母に書いた手紙だった。兄は一通を母に、そしてもう一通を私に送ってきた。


たぶん最後に交わした会話を覚えているだろうね。俺が死ぬか、精神がおかしくなるように毎日祈ると母さんが言った日のことを。そう、母さんは確かにそう言った。そんなことを息子に言う母親がいるなんて、だれも信じなかった。だれ一人信じなかった。母さんは俺を宣教師にすると決めたのに、俺は宣教師になろうとしなかった。ただその理由で母さんは俺にわざわいを祈って呪縛した。

四か月後だったが、母はマーシャルの誕生日に返事を出した。いくつかの誤解はうまく言い逃れていたが、自分のささげた心ない祈りについてはまったく触れていなかった。

マーシャルは自分から接触したことを悔やんだ。「母さんが生きていると思うだけで、いらいらする。」


ジャネットと私はシカゴ都市圏で二十年暮らした後、コロラド州デンバー西の丘陵地帯に移り住んだ。その年の八月にマーシャルが訪ねて来た。

一週間、あちこちを車で回って、新しい環境に備わる自然の美しさを探訪した。最後の夜にマーシャルがスーツケースから高価な赤ワインを引っ張り出した。持ち運ぶためにエアークッションで包んであった。マーシャルは一杯飲み干すごとに不機嫌になった。話が不明瞭になり、突然咳き込みながら泣きだした。

「どうしたんだよ。」私が尋ねた。

「ただ……おまえやジャネットと一緒にいると、おまえたちがなんて意義深い人生を送っているかを思い知らされるんだ。おまえたちは本のツアーで世界中に足を運んでいる。おまえは人々に影響を与え、その人たちはおまえのことを気にかけている。おまえが死んだら、みんな寂しがるだろう。俺だって寂しくなる。おまえのいない人生なんて考えられない。」

マーシャルは言葉を切ると、ワインをもう一すすりして声を抑えようとした。部屋は暖かく、とても静かだった。「俺が死んでも、だれも気にしない。一度も意味のあることをしてこなかった。俺は負け犬だ。俺の人生はどうしようもない失敗作だ。」

ジャネットと私は兄の話を遮り、私たちは気にかけているし、兄さんを心から愛していると伝えた。

「マーシャル、四十五歳だろ。」慰めようとして言った。「まるで人生が終わろうとしているような口ぶりだ。何だよ、兄さんの人生ははじまったばかりじゃないか。何をしたいんだい？　兄さんの人生はちっとも終わってやしないよ。」

兄は身体を前に傾けて、ワインにじっと目を凝らした。涙が一粒こぼれ、グラスの内側に深紅の水滴が散った。「わかってるだろ。俺は変われないんだ。母さんが生きている間はね。それがあの人から俺への遺産なんだ。」

「何を言うんだ。マーシャル、母さんは六十八歳だぞ。白髪頭で皺もあるし、杖をついて歩くことだってある。兄さんが母さんと会わなくなって二十年は経っている。母さんから三、〇〇〇マイル（五、〇〇〇キロ近く）離れたところで暮らしているんだ。まだ母さんに人生を支配させるって言うのか。」

「呪縛なんだ。」兄は言った。「あの人は俺にこの上ないわざわいを祈って呪縛した。一度も俺を信じたことがない。母親が信じてくれないのに、どうして自分を信じることができる。」

「それにウィートンに転入したとき、母さんは、息子の俺が死ねばいいと思った。それとも気が変になればいい、と。母さんはそう祈ったんだ。俺の知るかぎり、今でもそう祈っている。魔女の呪いみたいなもんだ。俺は母さんが生きているかぎり、何者にもなれない。自分が生産的だと思ったときでも、何も生み出せない。俺が生きるか、母さんが生きるか、二つに一つなんだ。」アルコールが言葉とともに感情まで不明瞭にしたかのように、兄の口調は苦々しいというよりも弱々しくなった。

兄はその傷ついた心の深みをそれまで決して私に見せることはなかった。母だけでなく神からもわざわいを願われていると思っていることを。あたかも兄が両者を切り離すことができないかのように。三人で夜遅くまで話したが、私が何を言っても、兄の胸には届かなかった。兄は救いがたいほどボロボロになっている口ぶりだった。

時計が午前二時を打つ直前に私は立ち上がった。「マーシャル、明日のフライトは早朝だ。みんな少し眠っておかないと。でも一つ約束するよ。兄さんのわざわいを母さんが願っていると思っているなら、弟として約束する。次にアトランタに行ったら、母さんと向き合って、その呪縛を解いてくれと言う。」

マーシャルは、荒い鼻息と抑えたむせび泣きの中間のような音を立てて息を吐き出し、「幸運を祈る」と言った。

ジャネットと私はすでにクリスマスをアトランタで過ごす計画を立てていた。私の援助で母が購入したコンドミニアム〔訳注＝分譲マンション〕で過ごす予定だった。飛行機でアトランタに着き、車を借りた。それから数日間はツリーの飾りつけをしたりプレゼントの交換をしたりして過ごした。どうすれば最善の形で兄への誓いを果たせるかを考え、不安でいっぱいだった。

クリスマスの翌日にジャネットがわざと長い散歩に出て、私は台所のテーブルで一緒に座ろうと母に声をかけた。「母さんに話がある。」そう言うと、母は疑わしそうなまなざしを向けてきた。すでに顎の筋がぴくぴく動いていた。

私は口を開いた。「母さん、知ってのとおり、僕はマーシャルとずっと連絡を取り続けてきた。母さんのこともマーシャルのことも気にかけているから、二人の間で立ち往生しているような気持ちだった。兄さんが困難な時期を過ごしてきたこと、間違った決断をたくさんしてきたことは疑いの余地もない。でも母さん、これだけは言いたい。兄さんはとてもまともになった。結婚して三人の義理の子どもがいる。それに今までいちばん安定している。驚くほど変わったんだ。」

母は何も言わずに、怒りに燃えた目で私を見た。氷河でも溶かすようなまなざしで。これほど怒りに満ちた表情をする人がいること自体信じられなかった。私は水を一口すすって唇を湿らせると、八月にマーシャルがコロラドに来た、と言った。最後の晩にマーシャルの言った言葉をほとんどそのまま繰り返した。「だからいちばん言いたいのは、兄さんは母さんにわざわいを祈られてきたと思っているってことだ。その呪縛を解けるのは母さんだけなんだよ。」

母がどんな反応を示すか、ずっと考えてきた。そっけない態度をとるかもしれない。「まあ、だれだって頭に血が上れば、あとで後悔するようなことを言うものよ」と。あるいは、私が二人の会話を全部聞いていたことを知っていながらも、ウィートンカレッジに転入する兄に「わざわいを祈った」、あのときの場面を否定するかもしれない。私は想定可能なあらゆるシナリオを思い描いていた。一つを除いて。

母は少なくとも三分黙っていた。冷蔵庫のモーター音が鳴り、そしてやんだ。ゴミ収集車のうなり声が外で聞こえた。脇の下の汗が冷たく感じられた。とうとう母が口を開いたとき、それは短い音節と、映画『エクソシスト』で聞いたような、どこから発したかわからない声だった。

「私は兄さんに、あの子を打ちのめすために必要なことを神様が何でもしてくださるように祈るって言ったのよ。たとえそれが事故に遭うことだとしても、あの子が自分の命を終わりにできるようにって。兄さんはあの大学に行く自分を祝福してくれと言った。息子が教わってきたすべてに反することをやりたい放題する。それを私が祝福すると思う？　小さな子どもに殺鼠剤を与えるようなものよ。」

耳の中に、そしてテーブルに押しつけている指先に、私は鼓動を感じた。そして、努めて穏やかに言った。「そういった愛を受け入れようとして、マーシャルがどれほどつらい時期を過ごしてきたかわかってる？」

母は激しく襲いかかってきた。「あなたにそんな愛はわからないでしょうよ！　わかってほしいとも思わないわ。」

「そのとおりだ、母さん。僕にはわからない。」

「最近、コロニアルヒルズ教会から来たブラザー・ポールに会ったわ。マーシャルは心の奥底で神を知っていると思うとあの人は私に言ったのよ。ブラザー・ポールに聞いてやった。『ブラザー・ポール、あなたのように聖書をご存じの方が、マーシャルがまだ生きているべきだと本当に思うのですか？　赦しがたい罪があります。死に至るほどの罪が。そうですよね。』」

私は自分の声を抑えようとした。「母さん、母さんはマーシャルに死んでほしいと思ってるの？」ついにそう尋ねてしまった。答えは返ってこなかった。外ではコウカンチョウがあざけるように朗らかに鳴いていた。「どうなんだ。自分の息子が死ねばいいと思ってるのか？」

「あの子には……」　母は口ごもり、そのまま何も言わなかった。そしてコリント人への手紙第一のある節に触れた。パウロがある男をサタンに手渡すくだりだ。「肉が滅ぼされるように」〔五・五〕。

そして付け加えた。「数年後、この使徒は言った。私たちはそのような不道徳な人々とつきあうべきはない、と。」その鋭い矢がまっすぐ自分に向けられているのを感じた私の心は、すぐに自己防衛の体勢を取った。

外のドアが開いて二人とも驚いた。ジャネットが戻って来たのだ。

私は立ち上がると、寝室に戻って母と交わした会話をジャネットに話した。そしてユナイテッド航空に電話をかけてフライトを翌日に変更し、クリスマス休暇を早く切り上げた。この家の霊から逃げる必要があった。神の名で引き起こされた義なる悪から。

帰りの飛行機の中で、すべてがどんなふうにはじまったかをあらためて考えた。悲しみに打ちひしがれた若い未亡人の聖なる誓いが、どうしてここまでひどく腐敗したのだろうか。

あの呪縛を解いてもらおうとしたと伝えると、マーシャルは笑った。「無理なんだよ。やってみようとしたおまえの努力は認めるけどね。」

二〇〇一年九月、母の怒りが再び沸騰した。私は『ソウル・サバイバー』〔邦訳、いのちのことば社〕という本を上梓したばかりだった。人種差別主義者だった自分の過去と、その自分が育った南部のファンダメンタリズムについて書いた作品だ。『アトランタ・ジャーナル・アンド・コンスティチューション』誌は、アトランタで生まれ育ち、今やクリスチャン作家としてそれなりの地位を得た私を、アフリカ系アメリカ人の記者に紹介させるという心憎い企てをやってのけた。

記者は憚ることなく聞いてきた。「あなたは本当にあの人種差別主義の考えを信じていたのですか。

それとも他の人たちの考えに従っただけですか。」多少ためらったが、人種差別主義を信じていたという事実を告げた。「私はKKKについて学校でレポートを書きました。Nワードを使い、人種差別的なジョークを飛ばしたこともあります。高校を卒業するまで、黒人は劣っているという教会の教えを受け入れていました」と。

記者は「かりにお母様に取材して、また、お兄様にも接触しようとしたらどうお感じになりますか」と尋ねてきた。私は微笑みながら、そんなことをしたらどんな会話を聞くことになるかを想像してみた。そしてこう答えた。「私もジャーナリストですし、ここは自由な国です。母と兄の居場所がわかったら、どうぞ取材してください。」

数週間後、日曜日の雑誌が次の段落を冒頭にして特集を組んだ。

フィリップ・ヤンシー氏は五百万部の本を売り上げ、世界中に赴き、キリスト教出版物で最高の賞を受賞した。だが、長きにわたる努力にもかかわらず、七十七歳のアトランタの女性をファンにすることができずにいる。氏の母ミルドレッド・ヤンシー夫人は同じキリスト教信仰を持っていながら、十五冊に及ぶ息子の本を一冊も読もうとしない。またその理由も口にしない。夫人は息子との神学上の違いを尋ねられると、こう答えた。「あの人は父親によく似ている。ヤンシー家の人なんです。この件はそこまでにしておきましょう。」

私は、母が父について話した言葉の意味を考えて、頭をひねった。抑圧された不満でもあるのだろうか。

記事はさらにマーシャルの言葉も引用していた。マーシャルはあらゆる信仰に背を向けたとつまびらかに語っていた。そして記事は、キリスト教に関する私の見解が母のそれとどれほど違うかという質問に対する私の答えを伝えていた。「母はさばきと怒りの神という、旧約聖書の神に心地よさを感じています。神の愛する人はこの世にほんのわずかしかいないという考えです。」

記事が出るまで何日か待った。それから会話が困難になることは目に見えていながらも、母に電話をかけた。その日は二〇〇一年九月十二日で、世界貿易センターへの攻撃というアメリカが経験したばかりの大きな悲劇について数分間話をした。母は無言だった。黙ったままなので、私は言った。

「アトランタ誌に載った僕の記事を見たよね。」

ようやく母が口を開いたとき、その声は、呪縛を取り除いてくれと言って母と対決した、あの緊迫したクリスマスに聞いたと同じ調子のものだった。「母親に対するあれほどひどい攻撃は前代未聞だと医者の友人が言っていたわ。」そしてこう続けた。「やっぱりあのとき中絶していれば良かったのかもしれない。」

その中絶という言葉が私のことだと理解するまで一分かかった。それは、中絶を罪の最上位に置く女性の口から出た言葉だった。

反駁の言葉がいくつか心に浮かんだが、無理やりそれらを押し殺した。ジャーナリストの本能にスイッチが入って、母の言ったことをあとで一言一句聞き直すためにテープレコーダーが欲しいと思った。母の言葉をメモ帳に正確に書き留めて、心を落ち着かせようとした。

「パパが死んだとき、『あなたの代わりに私がフィリップを育てましょうか』と申し出てくれた女性がいた。そうすれば、あなたは計画どおり宣教地に行けるから、と。あの申し出を受けるべきだったかもしれない。そうすれば、みんな幸せになっていただろうに。」

中絶、育児放棄。母は過去を掘り返して復讐しようとしていた。私はその言葉を書き留め続け、自分の感情を抑えた。

会話はマーシャルの話に移った。この三十年、母の友人や家族にとって兄はまるでこの世にいない幽霊のような存在だった。今、その兄の言葉が地元紙に引用されている。記者にこう語っていた。「見つけられるかぎり、様々な種類のキリスト教を試してみた。だれが何を言おうが、やろうが、どれも私の中に変化をもたらさなかった。」

その言葉に母は激怒した。わが子は放蕩者で、自らを異端者と告白していた。「今に主があの子を滅ぼしてくださるのを見るがいいわ！」甲高い声で言った。

私は言葉を遮った。「滅ぼすんじゃなくて、溶かすんじゃないか。」

「いいえ、主はマーシャルを滅ぼすのよ！」

「怒っているみたいだね。」

「怒ってなんかいない。傷ついているのよ！　怒りと傷は違う。怒りは克服できる。消えてゆく。でも傷は心に残る。絶対に消え去らない。」

＊邦訳、『フォークナー全集19　尼僧への鎮魂歌』阪田勝三訳、冨山房、九六頁

……だが、死とともに続くのは、人生の絶望に支えられて進行する不和。
――ウィリアム・クーパー『ザ・キャストアウェイ』

24 兄弟

二〇〇九年六月、サファリ旅行をしていたタンザニアでマーシャルが激しい咳の発作に襲われた。その時のことを、モリーとカリフォルニアに戻ったマーシャルから聞いた。「ほとんど眠れなかった。内臓まで吐き出すかと思ったよ。テントは果てしないサバンナのど真ん中、咳を止める薬もなかった。」

その五日後に、ゴルフをしていたマーシャルの視界がだぶりはじめ、どこを狙ってスイングすればよいのかわからなくなった。週末は頭痛と激しい吐き気に襲われた。寝て治そうとしたが、気分がひどく悪くなり、自分の車で医者のところに行くと、すぐに救急車が呼ばれた。

その日、モリーが病院から慌てふためいて電話をかけてきた。「お兄さん、どうなってしまったのかしら。言葉が不明瞭で歩行も困難なの。医者は脳卒中を疑って抗凝固剤を投与しているわ。」

モリーがマーシャルを電話口に出したので、私はいくつか質問をしてみた。何を聞いても訳《わけ》のわからない答えが返ってくるだけだ。まともにわかる言葉が一つもなかった。「病院は何と言ってるんだ。」私が尋ねると、「あいつら肝心なことは言いやしない！」と、どうにか理解できる文を一つ口に出したが、すぐに訳《わけ》のわからない言葉に戻ってしまった。

やがて医者たちは珍しい種類の脳卒中だと診断した。頸動脈が破れたという。脊柱に触れている首の大動脈が、タンザニアで激しく咳き込んだときに加わった力で押しつぶされ、血管の内側が切り裂かれたのだ。血管の裂片が脳に供給される血液の大部分をブロックした。酸素不足のまま一週間経過した兄の脳は機能を停止した。「ジェット機のパイロットが燃料を持たせるためにシステムのスイッチを全部切るように。」医者はそう説明した。その遮蔽が言語や身体の動きといった重要なプロセスに影響を及ぼしていた。

私はジョージアの老母を訪ねる予定をキャンセルして、カリフォルニア行きの航空券を予約した。空港に出迎えたモリーと一路スタンフォードを目指した。兄が集中治療室で手術を受けようとしていた。そこで見た光景に足の力が抜け、肌が冷たくなった。病院のガウンを着て横たわるマーシャルの身体には、もつれたチューブやワイヤーが十五本余りもつながれていた。昏睡状態で仰向けになり、まっすぐ上を見つめていた。ベッドに近づいたが、兄の開いた目は何も映していなかった。

「反射が見られません。まったくの無反応です。」看護師はそう言って、兄の顔の前で手を叩いてみたが、兄は瞬きをしなかった。

兄の動かない身体を見下ろした。動脈ラインが腕からぶら下がっていた。ピアノを調律・修繕したあの力強い右手が今や萎え、指は内側に巻き込まれていた。栄養が管から鼻に送り込まれ、点滴の袋が、首の皮下に埋め込まれたポートに混合薬をポタポタ注入していた。針を挿入した部分のガーゼはどれも血の染みがついていた。

私が空港へ出発する間際に、ジャネットが一言アドバイスをくれた。「お兄さんに必ず言葉をかけ続けてね。」何の反応を示さない昏睡状態の患者にも聞く力は残っている。ホスピスのチャプレンをしているジャネットは、そのことを知っていた。

その初日、身体を屈めてマーシャルの耳に祈りの言葉をささやいた。「マーシャル、神は兄さんを憎んでいる。そう思っているんだよね。でもそれは違う。神は、僕たちが子どものころ聞かされていたようなお方ではない。神は兄さんを愛しているし、兄さんの回復を願っている。大勢の人にメールを送ったよ。『お兄さんのために祈っています』と毎日、何十人もの人から返信が来ている。」

閉じていた目を開けたとき、電気ショックのような振動が私の身体を突き抜けた。瞬きをしないマーシャルの左目から、一筋の涙がきらきら光りながら片頬を伝い落ちていたのである。私の目もひりひりした。それから数日間、祈るたびに何度も同じ現象を目にした。あの動かず、何も感じない身体の内側に兄の何かが残っていることを示す、たった一つのしるしだった。

その週はモリーと一緒にＩＣＵの外の待合室で過ごしたが、二時間に五分だけマーシャルの部屋に入ることが許された。兄の唯一の希望はＥＣＩＣ（頭蓋外―頭蓋内）バイパスと呼ばれる外科的処置だと医者たちが言った。抗凝固剤を注入しているためその処置は延期を余儀なくされたが、幸運にもスタンフォードにその繊細な技術を要する手術を専門とする神経外科医がいた。その外科医は説明した。「頭蓋骨を開いて頭皮の組織に栄養を運ぶ動脈を切断します。それから動脈を脳の奥深くに埋め込みます。うまくいけば頸動脈が遮蔽されている辺りにバイパスを作って、再び脳に血液を送り込めるようになります。」

手術は七時間近くに及び、マーシャルの剃り上げた頭の側には長いS字の切り傷が残った。モリーと私が面会を許されたとき、私はすぐにある変化に気がついた。兄の目がドアのところにいる私たちをとらえ、そのままベッドサイドまで追ってきたのだ。兄は話せないし、片方の足をわずかに動かせるだけだったが、私が問いかけると、ときどき手を握ってきた。


その年は毎月、カリフォルニアに行って兄の回復状態を確認した。脳卒中のせいで右半身が麻痺し、論理的思考と言語をつかさどる脳の部位が損傷していた。「あなたの名前はマーシャルですか。」言語療法士が尋ねる。「はい。」「あなたの名前はフランクですか。」「はい。」「マーシャル、この文を完成してください。『彼女は○○でドアを開けた。』」兄は少し考えてから自信たっぷりに答えた。「帽子。」「それでいいと思いますか、マーシャル。『彼女は帽子でドアを開けた』でいいですか。」「はい。それでいいです。」

そのうち兄が次第に回復している様子が見えてきた。まず左手と左足で車椅子を操作できるようになった。手術から半年経つと、受話器の向こうで子どものように誇らしげに言った。「立てた！ 立てた！」モリーが後ろで諭していた。「ちがうわ、マーシャル。歩けるって教えてあげて。杖を使って二歩歩いたのよ。」一年以上経過すると、勇気が出て、車椅子を手放して杖を使って歩こうとした。ふつうの歩き方はできず、硬くなった右脚を大きく振り回して歩いた。

言葉の問題がいちばん大きな壁だった。脳が何か考えても、口から出る言葉は無意味なことが多く、兄はいつもいら立っていた。脳卒中に倒れる前、兄は外国に行くときは、訪れる国の言語を事前にいくらか勉強していた。モリーと旅行の準備をしていたときも、スペイン語、フランス語、イタリア語、トルコ語、中国語、そしてスワヒリ語の基礎を学んでいた。そのすべてが失われた今、兄は子どもレベルの英語を話すために懸命に努力していた。

私はコロラドから兄のコンピューターに週に二回アクセスし、脳卒中患者のために考案された一連の練習問題に一緒に取り組んだ。「次のリストの中で、仲間でないものは何ですか。ハンマー、ウサギ、犬、馬」兄は少し考えてから馬だと言った。「なぜ馬を選んだの、マーシャル。」「大きいから、大きすぎるから！」「そうだね。でもウサギと犬と馬に、ハンマーと違う共通のものを考えつかないかな。」長い沈黙の後で兄は言った。「いいや。馬が答えだ。」

モリーは私の提案を受けて、左手のために書かれたピアノ曲の本を買った。マーシャルは何度か試みたが、うまく弾けずに諦めた。脳卒中は兄から言葉、自立、理性的思考を奪ったうえ、さらに愛してやまなかったものまで取り上げてしまった。

最初にマーシャルの症状を聞いたとき、「今回はジョージアに行けないかもしれない」と母に短いメールを送った。その後電話をかけて詳しい話をすると、母は言った。「面白いじゃない。あの子はかつて宣教師になって、アフリカに行きたいと思ったのよ。そしてついにアフリカに行った。旅行者として、そして今は……。」

母は、兄を衰弱させている脳卒中が自分の祈りの答えだと思っているのかもしれない。そんな陰鬱な考えが心によぎった。しかし脳の手術の後で母は兄にカードを送り、それまで一度も口にしなかった言葉をそこに綴っていた。「いつだってあなたのことを大切に思ってきました。」そして、神は「私たちが願うところ、思うところのすべてをはるかに超えて行うことのできる方」〔エペソ三・二〇〕という聖句を書き加えていた。それを思い出して、はたと考えた。母は態度を軟化させたのだろうか。

モリーは電話口でためらいも見せずに怒りを吐き出した。「このカードであなたのお母さんは何を言おうとしているの。お母さんにマーシャルの脳卒中のことは伝えた？　どうしてあなたはあんな邪悪な女とまだ関わっていられるの。」

何が起きたにせよ、マーシャルの母親は息子が生死に関わる危険な状態にあることを知る権利がある、と言おうとした。「君自身も母親だから、それはわかるよね。」

「あの人にそんな権利はない。あなたのお母さんは私の夫が死んだり気が変になったりすればいいと願ったのよ。あの人はマーシャルの母親としての権利をとっくの昔に失っている。あの人に火がついたって、私は道を渡って唾《つば》を吐きかけてやるつもりもないわ。」

私は再び二人の巨人の間にはさまれている気がした。どちらも解決されない過去の裂け目によって分断されていた。

母が九十歳になる二〇一四年、私はもう一度その頑なさを打ち破ろうとした。昔から海が大好きだった母のためにサウスカロライナにビーチハウスを借りた。アルミニウムの歩行器のまま乗れるエレベーターもついていた。母はバルコニーに座って、波や浜辺で遊ぶ子どもたちを楽しそうに見ていた。

ある午後、一緒に座っていた母に言った。「九十歳を迎えたね。すごいことだよ。人生を振り返って、何か後悔していることはない？」母はしばらく考えてから、ようやく口を開いた。「ないわ。」私は強い語調で言った。「マーシャルのことは？　何か後悔してない？」

母は四十年以上も前に、最後にアトランタで兄に会ったときのことに触れた。それは、私の結婚式の少し後で、母が簡単な手術を受けて養生していたときのことだ。マーシャルが、とある女性と一緒に病院に見舞いに来た。「過去は水に流して、新たな気持ちでやっていきましょう。」母は兄にそう言った。それは謝罪であり、兄もそれを受け入れるべきだったと母は思っていた。

私はしばらく黙っていた。マーシャルは明らかにその短い言葉を受け入れてはいなかった。その後二度と母に会っていないのだから、二人の関係を癒やす方向に踏み出しているはずもなかった。

「悲しいことだね、母さん。マーシャルも僕も、母さんから一度も認められたことも、祝福されたこともないと思ってきたなんて。」

「そうね。」母はすぐに答えたが、それきりだった。

「それに母さんが母さん自身の母親から認めてもらった覚えがないのも、悲しいことだよ。」母は無表情にうなずいた。

「再婚は考えなかったの。」

母は椅子で姿勢を正すと、いきなり語気を強めた。「いいえ、私が再婚するなんてマーシャルには耐えられなかったわよ！」

「母さん、兄さんはまだ三歳だった。再婚する人はいくらでもいる。兄さんだって義理の父親に慣れたはずだよ。」

一時間近くも母と話をした。どのやりとりの背後にも古い傷や恨みが潜んでいたので、言葉を慎重に選んだ。私は、母がしてくれたすべてのことに感謝していると言うとともに、母の言葉に深く傷ついてきたことにも触れた。

「母さんの怒りが激しく燃え上がることがあった。マーシャルが死ぬか、身体が麻痺するか、気が変になったりするように祈ると約束したよね。身体の自由が利かなくなった今の状態の兄さんが、母さんのその約束をどんなふうに感じているか、考えてほしい。それに僕の結婚披露宴であんな場面を繰り広げたことを。それから『やっぱりあのとき中絶していれば良かった』と僕に言ったことも。」

母が口を挟まなかったので、私はそのまま続けた。「マーシャルと僕が母さんを傷つけたことはわかっている。マーシャルは人生の選択で、僕は自分の書いたもので母さんを傷つけた。母さんは僕たちを神に献げると誓ったのに、僕たちは母さんを失望させた。それは理解している。でもそれに対して『あなたに傷つけられた』と言うのと、『あなたなんか死ねばいい』――母さんがマーシャルに言った――とか、『あなたなんて生まれてこなければよかった』――僕に言った――と言うのでは、大違いだ。」

それでも母は、私の言葉を遮ることも目を逸らすこともしなかった。「母さん、わかってる？　だれでも自分を抑えられないことがあるし、言わなければよかったと後悔するようなことを言ってしまう。でも、そここそが恵みのポイントだ。だから、マーシャルも僕も母さんの『「完全」の神学』は監獄のようなものだと思う。母さんが過ちに向き合って、それを認め、ごめんなさいと言って、そして……。」

母がまったく返事をしなかったので、私はあきらめた。その週末は、自分の言葉がいくらかでも母の心に浸透しただろうかといぶかしく思いながら虚しい気持ちでいた。

一か月後にアトランタに少しだけ立ち寄って母と夕食を共にした。母は便箋五枚にしたためた手紙を私に手渡した。それは、視力が衰えているにもかかわらず、苦労しながらコンピューターに打ち込んだものだった。「これをマーシャルに送っても、読んでもらえないかね。この次にあの子に会ったら、この手紙を読んでやってくれるかしら。」私は「必ずそうするよ」と言った。

マーシャルは脳卒中を起こしてから初めての飛行機の旅を計画していた。モリーはカリフォルニアの空港まで兄を車で送って、搭乗手続きをした。空港のエスコートがマーシャルを車椅子でゲートまで送り、デンバー行きの便に乗せた。

私は兄が来るまで母からの手紙を大切に持っていた。そしてデンバー空港からわが家に向かう車の中でその話をした。「強烈な手紙だ。いつ読めばいいか決めてくれ。僕の家にいる間なら、いつでもいいから。」

「今夜だ!」その迫力ある応答に驚いた。

「いいのかい。荒れた休暇のはじまりとなるかもしれないぞ。」

「いいんだ、いいんだ!」兄は言い張った。

夕食をすませると、三人で居間に腰を下ろし、私はゆっくり手紙を読んだ。傷んだ兄の精神が母の言葉を吸収できるよう、一段落読むごとに小休止を入れた。母は、心を開いた優しい言葉遣いで書いていた。母は兄がわざわいに見舞われるよう祈ると脅した事実を否定はしなかったが、その脅しどおりに祈り続けることはなかったと綴っていた。

そんなふうに祈ったことは一度もありませんでした。何かを言おうとするとき、それが真剣だとわかってもらうために、意図に反した言葉が口から出てしまうことがあります。一方で、こんなふうに事が運んでしまったことが残念でなりません。こんなふうになるなんて望んでいませんでした。ただあなたの赦しがほしい。

あなたの赦しを求めているからといって、私たちの関係は何も変わらないかもしれません。それでも、とにかくあなたに赦してもらいたい。あなたは私が産んだ最初の子で、九か月近くも私のお腹の中にいました。母親なら絶対に忘れないことです。私はずっとあなたのために祈り、あなたに最善がなされるよう願っています。私はあなたを育てるために人生の黄金期をささげました。やり直せるとしても、やはり同じ選択をするでしょう。たとえあなたに母親だと思ってもらえなくても。

この手紙を読み終えるまで三十分近くもかかった。その間ずっと、マーシャルは動くほうの手で涙を拭い、母の言葉に反論したり、ときには声をあげたりした。兄に言える応答は二つだけだった。

「くそっ!」 いろいろな出来事に対する母の解釈に同意できないとき、兄は必ずそう叫んだ。

そして最も心に触れる部分を私が読んだとき、兄は三度叫んだ。「遅すぎる! 四十五年は遅すぎるんだ！」

翌月、アジアへのブックツアーの途中でモリーからメールを受け取った。モリーがブリッジ・クラブから帰宅すると、マーシャルが床の上で意識を失っていたと書かれていた。片手に半分空になった一ガロン〔三・八リットル〕のウィスキーがあり、そばにカクテルの瓶が転がっていた。

「私はありったけの激しい怒りを彼にぶつけました。マーシャルは自殺するところだったと言いました。言ってやった。車ごと崖から落ちるとか銃で頭をぶち抜くとか、もっと確実な方法を選ばなくちゃって。それからあなたには価値がなく、私の悩みの種なのだ、と。きつく言い過ぎたかもしれない。でも、もう離婚しようかと思っています……前に離婚した相手もアルコール依存症の男だったのに、なぜまたアルコール依存症の男と一緒にいなくちゃいけないのかしら。」

心が沈んだ。眠れない夜を過ごした。時差があるので、翌日まで待ってからモリーに電話をかけた。その時までにモリーは何が起きたかをすべて把握していた。マーシャルはアルコールと一緒に少なくとも三十錠の向精神薬と三十錠の精神安定剤を飲んでいた。何を飲めば自殺できるかインターネットで調べて、そのとおりに実行しようとした。混合物を飲むと致命的なはずだったが、マーシャルの場合は薬への耐性ができていた。脳卒中に倒れて五年、毎日薬を服用してきたのだ。

私は航空会社に電話をして、帰りの便でサンフランシスコに立ち寄ることにした。ツアーはあと十日残っていて、痛みの問題や祈りの力について韓国や台湾の聴衆の前で話した。しかし兄には何が残されているのだろうかと思う私の心は、六、〇〇〇マイル〔一〇、〇〇〇キロ〕近く先にあった。

ようやくアメリカに着くと、砕かれて謙虚になった男がいた。モリーとセントローレンス海路をクルーズしているときに甲板から飛び降りるつもりだったと、マーシャルは言葉を途切れさせながら言った。身体の自由がきかなかったので、手すりを乗り越えられなかった。それで錠剤とアルコールを一緒に飲むことにしたという。

「もうしないよ。最悪の二日酔いだった。」兄はきっぱりと言った。

そのつらい体験を語りながら、まだふらふらしているようだった。割れるような頭痛がして目覚めた兄は、生きていることにショックを受け、それから六日後に医者に行った。自殺未遂をした人がみなそうするように、兄は郡病院の精神科に七十二時間入院した。妄想型統合失調症の人々が廊下を行き来し、窓のところを通り過ぎるときは外にいる想像上の敵から隠れようとしゃがんでいる場所だ。

マーシャルは言った。「地獄だった。カッコーの巣だ。杖を取られて歩けなかった。杖を武器だと思われた。」病院は兄の義歯を取り外したので、ほとんど食べることができなかった。薬も没収されたので、入院中激しい頭痛に悩まされた。夜は別の患者と一緒の部屋に閉じ込められた。身体中にタトゥーのある三〇〇ポンド〔一三六キロ〕のボディービルダーだった。隣の部屋の患者は一晩中叫んでいた。兄は身震いしながら思い起こした。「ぜんぜん眠れない。まったくだ!」

しばらくしてモリーが離婚の申し立てを起こした。こうして今に続くマーシャルの人生の次の段階がはじまった。あわただしく訪問を繰り返しながら、私はソーシャルワーカー、離婚専門弁護士、そして不動産業者を見つけた。キリスト者の友人たちのネットワークの助けでマーシャルは新しいアパートに移った。

何はともあれ私たち兄弟は二人で苦労を共にしてきた。ブレア・ビレッジ、トレーラーハウス、骨折や病気、フェイス・バプテスト教会、バイブルカレッジ、結婚式、六〇年代……。今や私は兄の保護者になった。

三年後にマーシャルが再びデンバーにやって来た。今回は往復の手配をしなければならなかった。空港まで兄を車で送り、荷物を預けてくれる友人をサンノゼに見つけた。マーシャルはどうにかひとり暮らしをしてきた。毎週介護士が来て、掃除や洗濯を助けてくれる。目新しいものを求めなくなったマーシャルは、ブリッジ、理学療法、そして様々なオンライン上の失語症グループというおきまりの予定を守っていた。『ニューヨーカー』誌や様々な本を読んでいたが、ほとんど頭には残らなかった。

マーシャルは引き続き社会技能の習得に努め、言語療法士は今回の旅でジャネットや私と話すときに役立つよう質問のリストを持たせてくれた。私自身も兄への質問リストを携えていた。兄は昔のことも鮮明に覚えており、今回の訪問の理由の一つは、私がこの自伝を書きはじめたことだった。私たちの過去について尋ねると、兄はいつでも正直に詳しく答えてくれた。

一緒にいるときは、「俺のためにピアノを弾いてくれ」と言って聞かなかった。私にとってそれは当惑を覚える気まずい仕事だった。トレーラーハウスで共に過ごした日々を思い返した。兄が苦もなく初見で弾ける作品を、私がつかえながら弾いていると、兄は怒りながら頭を振った。

今回はジャネットが新しい提案をした。「マーシャル、あなたの左手はちゃんと動くじゃない。フィリップが右手で高音域を弾いて、あなたがその左手で低音域を弾いたらどうかしら。」二人でそれをやってみた。別々の脳がコントロールする二本の手が同時に動く様子をジャネットがアイフォンで録画した。

あとでそれを見たとき、こんなことが心に浮かんだ。兄弟でどんなことも競い合ってきた。チェス、ディベート、テニス、ゴルフ。マーシャルの身体が不自由になった今は、二人で一緒に取り組んでいる。兄は毎週のように、自分で解決できないアパートの問題、突然停止したコンピューター・プログラム、そして財政問題について私に電話をかけてくる。かつて常軌を逸した自立で知られた兄が、今では安心して頼ってくる。

私の家族の物語を和解の場面で終えることができたなら、病室で女家長を兄弟二人が囲み、最後の祝福を受けている場面で終えることができたなら、どんなにいいだろう。息子として、弟として、私はそのような和解と癒やしの場面を心から待ち望んでいる。家族に雪解けが見えてはきた。特に母からの。だが、息子二人が母から祝福を受けるというシナリオほど希望に満ちたものはない。人生は、なかなかおとぎ話の筋書きどおりに運ばないものである。

こうして書いているときに、母の九十六歳の誕生日を迎えた。数年前にマーシャルの電動車椅子が壊れたとき、母は貯金から二、〇〇〇ドルを送って、兄に新しい車椅子を買った。兄は毎日のようにその車椅子に乗っている。母が今でも兄をある程度気にかけているしるしである。

「私はずっとあなたのために祈り、あなたに最善がなされるよう願っています。たとえあなたに母親だと思ってもらえなくても。」母は兄とのあのやりとりの中でそう書いた。私はそれをマーシャルに読んで聞かせた。「たとえあなたに母親だと思ってもらえなくても」という最後の一文が今でも母の心にあって、母はもしかすると、それを覆したいと思いながら生きているのかもしれない。

「一つお願いできるかしら。」最近、母から頼まれた。「お願いだからマーシャルに、今でも私を母親だと思っているか聞いてちょうだい。」もちろん私は同意した。

私はマーシャルに何度か尋ねたが、兄はその都度、正しい答えを出そうとしているところだと答える。「何と言えばいいかわからないんだ。」マーシャルに言えるのは、それだけなのだ。

神はご存じだし、世間にも知らしめるつもりだが、
私はかつての自分を捨てたのだ。

——シェイクスピア『ヘンリー八世、第二部』*

25 余波

ある日、ハルから手紙が届いて、胸に痛い記憶がよみがえった。ハルは政治に情熱を注ぐ男だった。私は高校時代の模擬選挙で学生権利党を立ち上げ、完膚なきまでにハルを打ちのめした。ジャーナリズムの仕事をはじめて間もないころ、ある雑誌記事にそのエピソードを書いた。私自身のこともハルのことも魅力的とは言いがたい筆致で描き、彼のファーストネームをそのまま使うという愚かなミスも犯してしまった。何年も経った今、未開封の手紙を指でさすりながら、書かれている内容が怖くて、汗が噴き出てくる。訴訟を起こされるかもしれない。少なくともそれなりの非難は書かれていることだろう。

最初の段落でハルはその古い記事を偶然読んだと明かしていた。しかし私の書いたものに腹を立ててはいないと断言してくれた。私の血圧は正常に戻り、落ち着いてその先を読んだ。

罫線の入った便箋六枚に及ぶ手紙に高校卒業後の人生が詳しく綴られていた。思っていたとおり、

ハルは世界を変革できると心から信じて政治活動に身を投じた。ところが政治に幻滅する。ベトナム戦争でしばらく空軍に勤務したが、結婚生活は破綻した。うつ状態と闘いながら、初めて福音書を読んだ。

「イエスは私のために確かに来られた。そのとき初めてイエスと個人的に出会った。」手紙にはそう書かれていた。私は読むのをやめて、その一文を噛みしめた。私の知るハルは信仰に何の興味もない男だった。

そして、さらに大きな転換があったと書かれていた。政治的野心を手放したハルは神学校に入り、キャンドラー神学校で博士号を取得する。ジョン・ウェスレーを社会的正義の実現を目指して働いた模範的なキリスト教指導者だと認めていた。信じられなかった。高校時代の強敵が今やウェスレーを研究する学者になっていたとは。

ハルの手紙を読みながら、私は涙を流した。ハルは愛のこもった謙虚な姿勢で、私が高校時代に犯した残酷な仕打ちに赦しを差し出してくれた。直接会おうというハルの誘いに応じ、それから私たちは親友になった。

この経験は、何十年も抱えてきた罪悪感という重荷を取り払ってくれた。けれどもハルの恵みの行為をありがたく受けとめるなかで、良心の呵責を覚える別の出来事が心に押し寄せて来た。執筆した記事や作品の中で、傷つけたり不快な思いをさせたりしたかもしれない昔の知人たちと一度も直接対面したことがなかったのだ。

まず、ジョージアに出向いてハルと論争した高校を再訪した。高校の名前はロナルド・マクネイアになっていた。スペースシャトル「チャレンジャー号」の悲劇でいのちを落としたアフリカ系アメリカ人宇宙飛行士の名前である。私の在籍中は、南軍の将軍の名前を冠したこの学校にあえて入ろうとするマイノリティーの学生は一人もいなかった。今廊下を歩いても白人の顔は見えない。この高校は様変わりしていた。

次に子どものころに属していた教会に向かった。母の霊の家であったフィラデルフィアのマラナタ・タバナクル教会は閉じられていた。教会の建物は、様々な人種が構成する会衆に売却されていた。ハムののろいという人種差別主義の理論を教えていた亡きジョージ・H・マンデルにとって、こうした事態は苦々しいものだったに違いない。もう一つの思いもよらぬ衝撃的な事実は、マンデルの息子が逮捕されたことだった。彼は「勝利するクリスチャン生活」という父親の思想を掲げていたが、自分の経営する少年の家でシャワーを浴びている裸の少年たちの写真を撮影したのだった。

コロニアルヒルズ・バプテスト教会の前の牧師ポール・ヴァン・ゴーダーも訪ねた。ラジオやテレビに出演していたゴーダー牧師には全米に信奉者がいた。私の言葉の一部に深く傷ついたと、きつい口調の手紙を送ってきたことがあった。私は自分のもたらした痛みに謝罪をして、コロニアルヒルズ教会には間違いなく、良い思い出もたくさんあったと伝えた。

ヴァン・ゴーダーは北部からの移住者で、南部のその地域の会衆が生まれながらに持つ人種差別主義を共有していなかった。(「彼が人種差別主義者のはずないわ。あの人はペンシルベニア出身なのよ！」母はあくまで主張した。)にもかかわらず、彼のリーダーシップのもとで教会は人種差別撤廃に及び腰で、いっときは黒人がこの教会や学校に来ることも禁じていた。コロニアルヒルズ教会は私が初めてハムののろい理論を聞いたところでもあった。白人の会衆は郊外に出て行ったと知らされた。そして古い建物を今使っているのは、「信仰の翼」というアフリカ系アメリカ人のグループだった。

私自身生まれつきの人種差別主義者だったので、償うべきことがいくらでもあった。ある会議でプリシラ・エバンス・シャイラーに会った。父親のトニー・エバンスはメガチャーチの牧師で、プリシラが生まれる前にカーバー聖書学院に通っていた。しかし、コロニアルヒルズ教会の会員にはなれなかった。私はプリシラと、教会の建物の売却前に執り行われた悔い改めの礼拝について話をした。そしてアトランタがどれほど進歩したかを二人で語り合った。プリシラは信仰を失わず、クリスチャンの著述家として、また人々を勇気づける講演者として活躍していた。

プリシラの弟アンソニー・エバンスはテレビ番組『ザ・ボイス』のスカウトをしている。私は後にアンソニーと一緒にブックツアーに出て、彼に音楽を担当してもらった。私がそのときの話をすると、微笑んで言った。「ああ、覚えているよ。でも昔の話だね。良い方向に進んでいるんじゃないかな。」

ジョン・マクニール・ジュニアと昼食に会う約束をした。彼の娘はコロニアルヒルズ教会の幼稚園に入れてもらえなかった。マクニール博士は、白髪の増えたもの柔らかな口調で話す男性だったが、数時間にわたって、公民権が確立される前に南部で育った時代のことを思い返していた。第二次世界大戦中は空軍に志願し、故郷ジョージアの田舎を後にした。バス停で乗車券を売っていた係員は、彼を見ると言った。「まあ、規則に反するんだが、あんたはこの国のために働くんだから、有色人種用の後ろのドアでなく、前のドアを使ってもいいだろう。」
軍役を終えたマクニールは福音主義の神学校二十校に願書を出した。一校を除いてすべてが人種を理由に入学を認めなかった。彼は、そもそも黒人の学校であったカーバー聖書学院――私の父が教えた学校――で初のアフリカ系アメリカ人の教授となり、さらに学部長にもなった。それでもコロニアルヒルズ教会は、マクニールが望んだにもかかわらず、彼の四歳の娘を教会の幼稚園に入れさせなかった。

マクニール博士は温厚な人で、こう振り返った。「苦々しい思いは抱いていません。神は人々を差別しないと母に教わりました。だから自分が劣っていると思いながら育つことはありませんでした。いつか事態が変わるだろうと思っています。ですから、ただこつこつやっていくだけです。」

彼の話を聞きながら自責の念と恥の意識を覚えた。子どものころ口にしていた人種差別のジョークを思い出した。私はえこひいきをする人間だった。白人だけをえこひいきしていたのだ。彼に謝罪しようとして言葉が喉の奥につかえた。マクニール博士は私を慰めてくれた。その逆ではなかった。

自分が不正義の共謀者であったという認識を新たにして、そのレストランを後にした。マクニール博士はカーバーで任期を終えると、アトランタで教会を設立し、五十年以上も牧会した。かつて自分たちを「所有して」いた奴隷所有者たち、そして自分たちを虐げた白人の子孫たちの宗教を取り入れるアフリカ系アメリカ人たちがいることに驚いた。けれども最終的にイエスの御思いをより多く示したのはだれであったか。

償いツアーの一環として、フェイス・バプテスト教会の最後の礼拝にも出席した。挑戦的なファンダメンタリズムの教会で、私はその敷地内に置かせてもらったトレーラーハウスで高校時代を過ごした。近隣住民の人種が多様化すると、この教会はこの町から遠くへ移転した。しかし移転先でもマイノリティーに囲まれたのだから、移動距離が十分でなかったのは明らかだ。

この教会も建物をアフリカ系アメリカ人の会衆に売却していたのは、何とも見事な皮肉《アイロニー》である。私はこのフェイス・バプテスト教会の最終礼拝に滑り込んだ。かつて出席していた人はだれでも参加できる同窓会であった。二〇〇人ほどの会衆の中で顔がわかるのはほんの数人だった。今では太鼓腹になり、頭が禿げ、中年となっている十代のころの友人たちを見て、過去に引き戻された。

この集まりを四十年牧会してきたハワード・パイル牧師は、「信仰のために闘う」という教会のモットーを繰り返した。「私は闘ってきました。その道を走り終えました。」その姿は、年のせいで腰が曲がり、私が憶えていたときよりも小さくなり、燃えるような赤毛の頭髪も白くなっていた。

普通よりも長い礼拝の中で、人々はこの教会でどのように神と出会ったかを証しした。聞きながら、そこにいない人たちの列を目に浮かべた。フェイス・バプテスト教会のせいで神に背を向けた兄のような人たちのことを。私は立ち上がってその人たちのために声をあげたかったが、教会が閉鎖されるときに、さらに否定的なことを持ち出すのは控えた。

後日、私はスターバックスでブラザー・パイルと個人的に会う約束をした。彼は七十八歳を迎えたばかりで、年を重ねて角がとれていた。妻を亡くし、再婚し、悲劇的な事故で孫娘を失っていた。当たり障りのない言葉を交わしてから、こう尋ねた。「気になっていることなのですが、先生は年を重ねてどう変わられましたか。」

「基本的な信仰はあまり変わっていません。それでも間違っていたところがあったと思っています。あなたもこの教会にあった分裂のことを覚えているでしょう。」

私は自分のふるまいのいくつかを詫びるつもりで、こうした機会を持った。特にサマーキャンプでのふるまいを。そして自分が書いたものの中で彼を傷つけてしまったかどうかを知るために。ところが彼は、「『この驚くべき恵み』を書いてくれて感謝しています」と言うと、物憂げにこう語った。

「神の恵みの側面についてもっと知っていたらよかったのです。十代のあなたが、お兄さん、お母さんと車寄せの向こうのあのトレーラーハウスで暮らしていた日々を思い出します。私は若く、牧師として神の恵みの中でもっと成長する必要がありました。あなたが書いている『恵みでないもの』は、私が示したものではないかと思っています。」


こうした再訪を振り返り、教会は家族のように、愛情を求める人たちの機能障害を起こした集団であると思うようになった。人生は苦しく、私たちは生きていく術を探し求める。フェイス・バプテスト教会の会員たちのことを考えた。毎週日曜日、忠実に礼拝に出席し、地獄の業火や罪の懲罰、迫りくるハルマゲドンで脅しをかける牧師の説教を聞いていた。彼らが教会に来ていたのは確かに恐れという側面があったからだが、人生で直面する激しい攻撃に耐えるため、家族のように互いを必要としていたからでもあった。労働者階級の人々は神学の微妙な問題に心を悩ませながら夜を過ごすことはなかった。どうやって請求書の支払いをし、子どもに食べさせるかを心配していた。家が焼け落ちたり、酔った夫が妻を家から締め出したり、未亡人が十分な食料を買えなかったりしたら、人は教会以外のどこに行くことができただろうか。

母のことも考えた。母の聖書の教えに深く影響を受けたという人に、これまで何十人と出会ってきた。母はまた、問題を抱えた家庭から逃げて来た若い女性たちのためにシェルターを提供したこともあった。母の公の名声は揺るがなかった。母の違う側面を目の当たりにしていたのはマーシャルと私だけだった。

あるとき甥《おい》が送ってきた引用句を呼んで、教会に対する見方を教えられた。「ある考えを信じていると言う人々の責任を、その考えは負うことができない。」私は、福音を信じていると言う人々から聞いた福音のメッセージを再考しながら、成人後の人生を送ってきた。いのちを与える福音のエッセンスそのものであるその「考え」を捜し求めながら。

フェイス・バプテスト教会の最終礼拝に出席したその旅で、バイブルカレッジのクラスの同窓会にも参加した。キャンパスは相変わらず塵一つなく、きれいに整えられていた。勤勉に床を磨き、芝を刈り、ゴミを拾う学生たちのおかげだった。大学時代の若木は、影を作る大木に生長し、目に見える形で時の経過を示していた。学部長が私を尋問し、学部が私を退学にするか議論していたキャンパスに、もう一度足を踏み入れ、戸惑いを覚えた。三十年後に、私は名誉あるゲストとして迎えられた。

夜明け前に起きて、川沿いの見慣れた土の道をジョギングした。早朝の空は水のように澄みきっていて、ほんのり金色が差し、朝の寒さに震えた。ポータブルラジオを大学のラジオ局に合わせると、大学での多くのことと同じように、音楽も様変わりしていた。ボブ・ラーソンが焼却するよう扇動したアルバムが、今では大学のラジオ局でかかっている。コンテンポラリー・クリスチャン・ミュージックを何曲か聞いていると、きれいなソロの歌声が流れてきた。ジョージ・ビバリー・シェーの作詞した古い賛美歌をアカペラで歌っていた。

金や銀よりも　イエスがいい
巨万の富をもつよりも　イエスのものとなりたい……
人々の喝采よりも　イエスがいい
イエスの貴い御思いに誠実でありたい
世界的名声よりも　イエスがいい、
イエスの聖なる御名に真実でありたい

小道を走るうちに静かな感覚が降りてきた。自分はこのキャンパスに適応できない人間だと思い込んでいたが、この賛美歌の歌詞についてはそのとおりであると思う。私もやはりイエスのほうがいい。この学校で経験したどんなことも、神がここで私に出会ってくださったという事実に比べれば、大して重要なことではなかった。

その日に行われた同窓会で、クラスメートたちは学生時代に習った言葉で話していた。「神は僕に勝利を与えてくださっている……僕はどんなことでもキリストを通してなすことができる……すべてが働いて益となる……僕は勝利の道を歩いている。」　ところが、卒業後の人生を話すときになると、使う言葉が違っていた。慢性疲労症候群を患う人もいれば、うつ病に罹《かか》っている人もいた。十代の娘を精神科病院に入れたばかりの夫婦もいた。こうした生々しい個人的な話と、それらに適用される霊的な上掛けとの間のずれに私はたじろいでしまった。

キャンパスにいる間、幾人かの教授や事務職員とも話をした。前の学長に聞かれた。「なぜあなたは私たちの名誉を傷つけるのですか。なぜ否定的なところにばかり注意を向けるのですか。私たちはあなたに卒業生特別功労賞を差し上げました。それなのに、あなたは感謝をするどころか、事あるごとに著作物の中で私たちを痛烈に批判しています。」

不意をつかれて、すぐには答えられなかった。そして、ようやくこう話した。「だれを貶めようとも思っていません。私は、ここで教わったいろいろなメッセージをあらためて考えようとしているのです。」

彼は食い下がった。「キリスト教宣教に携わる人々についての興味をそそる話を私は知っています。けれども、そうした話を書こうとは決して思いません。痛みをもたらしてしまうからです。私は、『人からしてもらいたいと望むとおりに、人にしなさい』〔ルカ六・三一〕という黄金律に従っています。」

後に彼の言っていたことの意味が明確になるにつれ、それこそが、たとえ人に痛みをもたらすとしても、私が自分の過去を綿密に調べる理由なのだとわかった。兄の問いはいまだに私を悩ませている。何が本物で、何が偽物かという問いである。私は、聖書ほど現実的で正直な書物を知らない。聖書は登場人物の欠点を一つも隠していない。私が現実を捻じ曲げたり自分のことを正直に語っていなかったりしたら、ぜひ非難してもらいたい。

バイブルカレッジ訪問は、兄のアトランタのヒッピー仲間五人との集まりとは著しく異なるものだった。五人がコミューンで暮らした日々を振り返って語るとき、一九六〇年代が彼らの人生の絶頂期であったことは明らかだった。彼らは、結婚生活や子どもや仕事などよりも、セックス、ドラッグ、ロックンロールに彩られたあの時代のことを熱く語っていた。

「ジャックはどこ?」子犬のようにマーシャルについて回っていた友人のことを尋ねてみた。

「悲しい話さ。ジャックはここに来られない。脳死も同然で、身体を前後に揺らしながらテーブルに突っ伏している。覚せい剤がなければ役立たずだ。今もフレボトミスト〔訳注＝採血を専門に行う職業人〕として病院で採血を行っているけど、仕事に行く前に薬を大量に打たなければならないんだ。ジャックも奥さんも、病院で手に入れた点滴器具で薬を静脈注射しているよ。」

ほかにも似たような話も聞いた。リンダは、マーシャルがコミューンに招き入れた世間知らずの看護師だったが、坂を転げ落ちまいと闘った。マリファナと抗不安薬に依存するようになったが、その後治療を受け、この二十年は薬なしで生活している。兄の友人たちの話を聞いた後では、バイブルカレッジの同窓生たちが不健康とは思えなかった。

以上の言葉を書き終えてノートパソコンの蓋を閉じると、高齢の母が電話をかけてきた。「マーシャルの最近の写真を送ってくれてありがとう。腕に包帯を巻いているわね。怪我をしたの?」兄は転んで腕に大怪我をしたので、治療のために病院の救急室に行かなければならなかったと伝えた。長い沈黙の後で母が言った。「ねえ、あの子に手紙を書いて、そちらに送ったら、転送してくれるかしら。」

「もちろんだよ。」そう言って、息子の一人がメッセージをその兄に転送するかどうか、聞かなければならない母の不面目を意識した。それから母は悲しげに問うた。「兄さんが読んでくれると思う？」

償いツアーは私の家族ではまだ終わっていなかった。母からの電話を切った後、しばらく静かに座っていた。何がこの小さな家族を引き裂いたのだろうか。

ファンダメンタリスト・アノニマスのウェブサイトに載った記事を読んだことがある。私たちの教会よりずっと厳格な教育をする教会の話だ。私の読んだ回想には、アルコール依存症の父親がテニスのラケットどころか野球のバットを持って子どもたちを追いかけた話が書かれていた。何日も食べ物を与えずに子どもをクロゼットに閉じ込めた母親。医者やラビでなく芸術家になると決めたために子どもを勘当した親。

「私は精いっぱいやったのよ。」母は言った。母の過去を知れば知るほど、母を信じるようになった。だが、その後起きたことの核心には何かほかのものが確かにあった。

母親がみなそうであるように、私の母も裸ん坊の私と兄を抱きしめたはずだ。手の指と足の指の数を数え、愛の行為から九か月経って自分の身体が産み出したものに畏怖の念を覚えながら。私たちが初めてよちよち歩きをしたときや、初めて言葉を発したとき、嬉しそうに微笑んだに違いない。

兄と私が十代になると、歩みも言葉もどんどん母から遠ざかった。それは母には理解できない形であり、必死に防ごうとしても防ぎようがなかった。幼いころあれほど前途有望に見えた息子たちも、今やだらしない恰好をして、ほとんど話もせずに、母の人生に出たり入ったりしていた。わが子たちを知らないものに向けて手放すのは、母親にとってどれほど恐ろしいことだっただろう。新しい人間を産むという驚くべきことを経験しながら、その子たちのことを悔やむというのはどれほど悩ましいことだっただろう。

兄も私も十代には『イスラエル——わが栄光』よりも『MAD』誌のほうが好きだった。二人とも、クラスメートたちが話している映画を見たり音楽を聴いたりすることに憧れた。聖書ばかりを読むのでなく、本物の教育を受けたかった。しかし、母はサタンの働き方を知っていた。だれかを食い尽くそうと探し回る、吼えたける獅子の姿だけでなく、光の天使の姿をとっても働くことを。サタンは徐々に誘惑の手を広げた。タバコの次にヘロイン、エルビス・プレスリーの次にビートルズ、『オセロ』の次にポルノ映画。母はカードをそーっと積み上げて信仰のモニュメントを作り上げていた。そして息子たち、母自身の息子たちが一番下のカードを強引に引き抜いていた。

「最良のものが腐敗すると最悪になる」(*Corruptio optimi pessima*)という古いラテン語の格言がある。実際、愛にはじまったものが腐敗して、愛の反対のようなものになることがある。信じる宗教と祖国への献身から、十歳の娘に自爆ベストをくくりつけるアフガニスタン人の母親。あるいはアトランタの若い未亡人が神の役割を引き受ける。まず鉄の肺の中にいる男にとって何が最善であるかを決定し、それから後に残された息子二人にとって何が最善であるかを決めるのだ。

母の不可思議な行動は、私たちが子どもだったときに母の語ったあの場景に舞い戻ってくる。父の墓の湿った土の上に身体を投げ出し、献身の祈りをささげたあの場面だ。深い悲しみと不本意な思いを背負って、母は自分の将来、そして信仰さえもマーシャルと私に賭けた。母はハンナがサムエルを献げたときと同じように厳粛にささげ物を行った。私たちが自分の道を進みはじめると、母の聖なるささげ物は煙のように消え失せた。

私は、聖書の物語の中でいちばん嫌いだった、ハンナが息子サムエルを祭司エリに任せる話をもう一度読み返してみた。夜遅く、主の家で横たわっていたとき、少年サムエルは「サムエル！」と自分の名前が呼ばれるのを三度聞いた。そのたびにエリのもとに走ったが、エリは言った。「私は呼んでいない。戻って休みなさい。」やがて賢明な高齢の祭司は、少年を呼んだのは主であると理解する。

瞬く間にその場面が全く新しい光の中に見えてきた。エリもサムエルの母親も、この少年を献げてはいなかった。神がサムエルを呼ばれたのだ。マーシャルと私が母の誓いという重しの下で生きてきた人生のすべては、母が行使した権限を超えるものだったのだ。

マーシャルは自分で自分の道を選んだが、その多くは自己破壊的なものとなった。天才であることに苦しんだのであろうか。本当に統合失調症だったのか。私にはわからない。だが、二〇〇九年の脳卒中以降、そうしたことを論じる意味はなくなった。今日にいたるまで、マーシャルは交流のない母と闘い、彼が存在を否定している神と争っている。マーシャルは、自分が「無神論者の教会」と呼ぶ教会に通っている。そこには、存在を信じていない神に反対することに多くのエネルギーを費やしている人間中心主義者たちが日曜日に集まっている。先般訪問したときに、兄のコーヒーテーブルの上には『神は妄想である』という本があった。そしてその著者の講演会のチケットも。

信仰の傷は、永遠に消えないタトゥーのように深く埋め込まれていた。「彼は変わると思うか」と友人たちに聞かれれば、ノーと答えざるを得ない。だが、恵みと赦しを受けるのに遅すぎることは決してない。その人がそう判断しないかぎり。


私たちは一日一日、場面場面で生きている。あたかも全体図を教える絵が箱の上に描かれていない一、〇〇〇ピースのジグソーパズルをしているようだ。時間が経って初めて意味のある模様が現れてくる。この回想録で私が書いてきたのは、私の他の著作の前篇のようなものだ。振り返ってみると、著作のすべてに、苦しみと恵みという生涯にわたる二つのテーマが鮮明に現れている。

作品の中で痛みというトピックを探究したのは、苦しみの中にある多くの人たちが慰めよりも混乱を、それも教会から受け取っているからだ。私たちの信じていることが、永続的な、ときに宿命的な結果をもたらすことを私は早くに知ることになった。父のために祈ってくれた人々、そして父の癒しを確信していた人々は、強い信仰をもって、また真の善意からそのようにしていた。そしてそれは悲しいことに間違っていた。

兄のマーシャルは切断という方法で苦しみに対処した。カレッジを中退し、音楽への野心を捨て、家族を見捨て、二人の女性と離婚し、人々との関係を断った。兄のこともあって、私はあらゆる糸をつないでいこうと思った。善と悪を、健康と不健康を。

新約聖書は苦しみを悪いものとしながらも、それが贖われるものであると描いている。そして、何といってもイエスは癒やしの行為にご自身を献げられた。この壊れた星の上で痛みはどういうわけか役に立ち、贖われるものであるという希望が私たちにはある。

私は、極端なファンダメンタリズムのもとで育った日々に感謝するようにさえなった。私たちの行う選択はきわめて重要で、人生は必ずしも物事がただ次から次に起こるというものではなく、〔その選択によって〕将来が形づくられてゆくのではないかという強い思いを持つようになった。私は音楽と言葉、特に聖書の言葉を愛するようになった。自らを律することを学び、無謀な行為のほとんどを避けてきた。そして、結局のところ何一つ無駄なものはなかった。

恵みが私の二つ目のテーマである。その反対のものが持つ力を知っているからだ。恵みでないものが、兄と母の間の暗いエネルギーに火をつけた。傷つき復讐心に満ちた一方の霊が、もう一方の義なるさばきに抗《あらが》った。どんな力のせいで兄と母は半世紀も口をきかずにきたのだろうか。家族、隣人、政治家、人種、国家はしょっちゅう分断されている。あの頑固なプライドの力である。

若いころは、通っていた教会で神の恵みを歌いながら、ほとんどそれを感じることがなかった。神は厳しいことを課する方、非難し罰するのに熱心な方だと思っていた。やがて私たちの幸せを強く望んでおられる愛と美の神を知るようになった。神に服従することには、恐れをいだいて縮こまるようなことも含まれると思っていた。死後の生に備えながら、誘惑を避け、険しい顔をして「霊的」な事柄に集中するのだと。これとは反対に、神の素晴らしい世界は、恵みに癒やされた目をもって楽しむ贈り物であった。

運転していたフォード・エクスプローラーがコロラドの凍った道を滑り落ちた二〇〇七年、私の信仰は試された。車は全部で五回も転がりながら丘を落ちて行った。私はショック状態でふらふらしながら雪の中を歩き回った。そんななか、通りすがりの車が九一一〔救急〕に通報してくれたのである。救急車で小さな町の病院に運ばれると、医者は私の折れた首の骨の破片の一つが大動脈を傷つけていないかCTスキャンで見定めようとした。「空路デンバーに飛ぶためのジェット機がスタンバイしています。」医者は言った。「でも正直なところ、頸動脈に穴が開いているのでデンバーまでは行けないと思います。万が一に備えて、大切な方たちに電話をして、お別れの言葉を伝えてください。」

七時間、ボディボードにくくられて横たわったまま眩しい蛍光灯を見つめていた。これが、鉄の肺から父が、そしてマーシャルが脳卒中の後何か月も眺めていた光景かという思いにいきなり導かれた。私はこの時間を使って人生を振り返り、もしも生き延びることができたなら回想録を書こうと、その日、固く決心した。

死が目前に迫ったら、かつての恐れが再び押し寄せてくるだろうと常々思っていた。怒りの神を教えられて育った事実は容易には色褪せなかった。ところが、家から七〇〇マイル〔一、一〇〇キロ〕以上も離れたところで仰向けになって死に直面したとき、予期しない静穏を経験したのである。非常に大きな信頼感があった。あわれみといつくしみの神を知っていたからである。

なすすべもなくボディボードにくくりつけられて横たわりながら、私は何ともやるせない孤独感を味わっていた。けれども、曲がりくねった長い旅をたったひとりで歩いてきたのではない、という確かな感覚が強くあった。その二月の深夜に病院を出た。頸椎カラーをつけて、もう一度人生を生きるチャンスが与えられたことを神に感謝しながら。

森の中をさ迷い歩く少年のように、精神的に生き延びるために殻を作っている十代の若者のように、「天の猟犬」〔フランシス・トムソンの宗教詩より〕から逃げている恋煩いの大学生のように、そのあらゆる場所で私は、T・S・エリオットが「至福に満たされたかすかな顫音《せんおん》、天のまたたき、ささやき」〔『エリオット全集2』福田恆存訳、中央公論社、五八頁〕と呼んだものを感じた。恐れでなく、感謝の思いをもって神を愛するようになった。

他の何よりも恵みは贈り物であり、いのちが尽きる日まで私は恵みについて書かずにいられない。

＊邦訳、『ヘンリー四世 全二部』松岡和子訳、筑摩書房、四三六頁

あとがき

執筆の仕事をはじめた五十年前から本書の構想を練ってきた。正統派ユダヤ教、エホバの証人、アイルランド・カトリックとして育った人の優れた回想録を読んだことはあったが、私が育ったアメリカ南部のファンダメンタリズムの特異なサブカルチャーを十分に描いたものはなかった。自分の過去を探索することにはためらいを覚えた。古い傷口を開き、他の人々に痛みをもたらすことが避けられないからだ。

ＫＫＫが十字架を燃やした時代、公民権運動、ビリー・グラハムの時代、ジーザス・ピープル運動、ジミー・カーターの「福音派の年」、ジェリー・ファルウェルによる政治への傾注、そして近年の福音派の人たちのドナルド・トランプ支持という異常な時代を、私は生きてきた。雑誌、新聞、映画という一般メディアは、宗教に対する描写がまったく的外れで、現実よりも風刺画を提示していることのほうが多かった。

若いころ信仰の極端な形に浸っていた私には、部外者には容易にわからない内情に精通しているという感覚があった。長年にわたって、教会が提供してきた最悪のものと最良のものとに出合ってきた。振り返ると、私は自分を形づくった環境だけでなく、自分自身をも理解したかったのだ。執筆という、自分のわかる唯一の方法で、人生の混乱に意味を与えようとする時が訪れたのである。

回想録は、いちばん目立つところに一人の人物がいて、その人の視点を反映させる自撮りのようなものだ。頼りにしたのは手紙、日記、親戚や昔の知人たちへの取材だが、出来事の解釈はひたすら私によるものである。畢竟、それが回想録のポイントだ。バーバラ・キングソルバーは言う。「回想録は複雑だ。真理の親戚だが、真理と双子ではない。」

いくつかのエピソードは二十冊余りの拙著の中に書かれているが、その多くは一部を隠した形になっていた。本書はプライバシーを保護するために名前や細部を変えたところがあるが、できるだけ実際に起きたことをありのままに記そうと努めた。

幼いころのことを思い出せるかぎり書き留めるところからはじめた。増えるばかりの分量を削ぐために、原稿を読んでくれた人たちの助言に大きく依存した。以下の人たちに心から感謝したい。私の著作権管理をしてくれているキャサリン・ヘルマーズ。コンヴァージェント・ブックスの敏腕編集者デレク・リード。彼は労を惜しまず、初稿から最終稿まで私を指導し、本の形にしてくれた。他の同僚や友人たち、ジョン・スローン、キャロリン・ブリッグズ、ティム・スタフォード、エリサ・スタンフォード、ローラ・キャンビー、デイビッド・グレアム、エリン・ランズ、そしてデイビッド・バノン。この人たちは、二十四万語に及ぶ最初の原稿を丁寧に読んでくれ、私はこれを十万語にまで縮めることができた。ハロルド・フィケット、デイビッド・コップ、リー・フィリップス、ミッキー・モードリン、チャールズ・ムーア、ジョン・アバクロンビー、エバンとエリサ・モーガン、パム・モンゴメリー、そしてスコット・ボリンダーは、スリムになったものに、編集者の洞察を加えてくれた。私はこれほど才能豊かで寛大な読者たちに恵まれているのである。そしてペンギン・ランダムハウス

妻のジャネットと

の特筆すべき出版チームにも。

メリッサ・ニコルソンとジョアニー・デグナン・バースという二人のアシスタントは何百時間もかけて、大量のノートと書籍の整理、データベースの入力をし、編集技能も発揮してくれた。そして妻のジャネットは常に明るく、献身的に、この長い作業の最後まで私を支えてくれた。彼女は私の人生ばかりでなく、この回想録にも中心的な役割を果たしてくれている。私たちが結婚五十年を祝った年にこの仕事を終えたのは、まことに好適なことである。

すべての人に感謝をささげたい。

フィリップ・ヤンシー

訳者あとがき

フィリップ・ヤンシー氏の著作に親しんでこられた方は、彼の人生をおおよそ次のように理解してきたのではないでしょうか。父親が早世して、兄とともにジョージア州アトランタの貧しい母子家庭で育った。通っていたファンダメンタルな教会やカレッジの偏狭な信仰に息苦しさを覚え、反抗的な態度をとるようになったが、思いがけない形でイエスと出会い、恵みの信仰に目が開かれた。そして、自身の経験から、主に信仰上の疑問をテーマとする作品で著述家として成功し、世界中に読者を得ている、と。

ところが本書は、ヤンシー氏が今まで公にしてこなかった事実も赤裸々に語っているため、読んだ方はかなり驚かれたと思います。訳者とて例外ではありません。父親の死の真相を知る第1章を読むなり、『神に失望したとき』に書かれていた、インディアナの教会を思い起こしました。この教会の人たちは、神の癒やしを信じるがゆえに、病気の治療を拒否していました。「少なくともヤンシーさんのお父様はそんなふうでなかった」と、わずかな慰めの気持ちを抱いたものでした。キリスト教信仰についていえば、教会やバイブルカレッジばかりでなく、そもそも母親のミルドレッドが厳格な信仰の持ち主で、兄のマーシャルと弟フィリップが家庭の中で大変な重圧を課されながら成長したことが知らされます。たびたび起こる母と兄との衝突は中途半端なものではなく、弟は両者を和解させられないか腐心し続けます。信仰に対して冷笑的になっていた弟フィリップが再び信仰に引き寄せられていったのは、兄に薦められたC・S・ルイスを読んだことがきっかけの一つでした。しかし、その兄が信仰からどんどん遠ざかり、壮絶な人生へと転げ落ちていく様を読んだとき、『神に失望したとき』の献辞が「今でも失望している私の兄に」であったことが、記憶の中から痛烈な痛みとともによみがえりました。

自然、音楽、文学、神学者の言葉、妻ジャネットさん、キリストの愛に生きている人たちとの出会いなどを通して、ヤンシー氏が恵みの信仰に導かれたことは、今までの作品にも書かれていました。けれども、この自叙伝を読んでつくづく思ったのは、あの母親、あの兄、米国南部で彼の通った教会の存在なくしては、私たちの知るフィリップ・ヤンシーは出現しなかった、ということでした。読み終えた方は、母親ミルドレッドと兄マーシャルのことが無視できなくなるのではないかと思います。兄の苦しみ。母の孤独。二人を案ずる弟の心の痛み。

それでも本書のタイトルは「光の注がれた場所」。恵みのレンズを通して自身の人生を振り返ったと、ヤンシー氏は「日本の読者の皆さんへ」に書いています。苦しい人生でも、神の愛なる光はいつも注がれている。その光をとらえることができるか否かが、信仰のポイントなのかもしれません。恵みに気づくこと、恵みを受け入れてわがものとすること、恵みに出合い続けること。キリスト者にとって、これほど大きな課題はないのかもしれない。そんなことを思わされました。

本書に綴られているのは深刻な話ばかりではありません。両親の生い立ちやなれそめ、一家を支えた個々人や親戚、教会。兄の天才的な素質と、弟にも早くから見られた優秀さ。映画『スタンド・バイ・ミー』とオーバーラップするような少年時代。学校、教会、キャンプ。家族旅行のエピソード。人種差別主義を捨てるに至った経緯等々。読者を様々な経験に連れ出してくれる一冊です。

なお、原書は全編を通してほぼ歴史的現在で書かれていることをお断りしておきます。臨場感を狙っての計らいと思われますが、現在形ばかりの文を連ねると、日本語ではどうしても不自然になる——訳者の力量も足りない——ため、過去形も多用しました。

本書の訳出にあたり、多くの方にご助力いただきました。特にいのちのことば社出版部の長沢俊夫さんには、訳語の選定から引用文献の調査まで、一方ならぬお世話になりました。感謝に堪えません。心に染み入る装幀をしてくださったデザイナーの長尾優さん、有難うございました。シェーン・イングリッシュスクール西新井校のピーター・モリス先生には、いつも授業の合間に英語のミニ・レクチャーをしていただき、ここであらためてお礼を申し上げます。埼玉県立図書館まで何度も車を出してくれた娘の前山加奈子と、私の専属シェフを自称してくれている伴侶の山下達美にも、この場をお借りして感謝をささげます。

山下章子

二〇二二年十二月

訳者　山下章子（やました・しょうこ）

東京生まれ。

学習院大学文学部哲学科卒業。

カリフォルニア大学サンタバーバラ校に留学。

英会話語学校講師、翻訳者。

訳書として、フィリップ・ヤンシー著『神に失望したとき』、『私の知らなかったイエス』、『この驚くべき恵み』、『イエスが読んだ聖書』、『祈り―どんな意味があるのか』、『ソウル・サバイバー』、『グレイスノート366日』などがある。

光の注がれた場所

2023年2月15日 発行

著　者　フィリップ・ヤンシー
訳　者　山下章子
印刷製本　日本ハイコム株式会社
発　行　いのちのことば社
〒164-0001 東京都中野区中野2-1-5
電話 03-5341-6922（編集）
03-5341-6920（営業）
FAX03-5341-6921
e-mail:support@wlpm.or.jp
http://www.wlpm.or.jp/

ISBN 978-4-264-04410-9　Printed in Japan